CONTES
D'AUTOMNE

CHAMPFLEURY

CONTES D'AUTOMNE

LE CHIEN DES MUSICIENS. — SOUVENIRS DES FUNAMBULES.
HISTOIRE DE MADAME D'AIGRIZELLES.
LE COMÉDIEN TRIANON. — LES PROPOS AMOUREUX.
LES GRAS ET LES MAIGRES.

PARIS
VICTOR LECOU, ÉDITEUR
LIBRAIRE DE LA SOCIÉTÉ DES GENS DE LETTRES
40 — Rue du Bouloi — 40

MDCCCLIV

L'Auteur et l'Éditeur de cet ouvrage se réservent le droit de traduction
et de reproduction à l'étranger.

A MON AMI SCHANN'

Je suis plein d'orgueil et d'admiration pour moi-même ; mais il faut me comprendre : celui que j'admire est un petit homme mystérieux qui est au dedans de moi. Mon nom, mon enveloppe, ma figure, que seraient-ce sans lui ? Tout appartient à l'*homunculus* ; c'est lui qui travaille laborieusement et obstinément pour me faire un nom. En cinq ans, il s'était agité tellement, il avait tant couru dans tous les coins et recoins de mon corps, que ses sautades et ses processions m'avaient rendu maigre. Alors, trois mois durant, je me suis reposé, prenant de grosses nourritures ; l'*homunculus*, étouffé, s'est tenu tranquille.

Ma figure, elle n'est pas à moi ; suivant que l'*homunculus* est dans mon cerveau, je ris, je pleure, je chante.

Ainsi, il ne faut pas dire que je suis laid, il faut dire l'*homunculus* s'ennuie. Je sors de chez moi pour travailler, j'emporte mes papiers, mes livres, mes plumes, *ne sachant pas un mot de ce que je vais écrire.* Cependant j'écris ; ma plume semble bourrée de choses qui sortent sans peine. Quand j'ai fini, je relis. *Toujours j'ai été étonné.* Étonné à ce point que j'écrivais sur des matières que je ne croyais pas connaître.

Aussi suis-je d'une grande humilité vis-à-vis de ma triste enveloppe, mais aussi ai-je un grand orgueil de ce que l'*homunculus* a bien voulu se loger en moi. De même un charcutier serait honoré de recevoir le pape.

Je ne m'appartiens pas, et je n'ai pas la VOLONTÉ. Ce serait un mensonge de dire : « Je veux. » Il est arrivé que je trouvais un sujet de Conte ; en écrivant ce Conte, l'*homunculus* me joue mille tours ; il est assez malicieux pour m'entraîner à dix lieues de mon sujet. J'avais rêvé un personnage, type principal. Le type principal disparaît ; au contraire, les *utilités*, les figures des derniers plans deviennent *imperator* et étouffent le type principal.

Ainsi l'a voulu l'*homunculus*. C'est donc à *Homunculus* qu'appartient le présent livre, qu'il m'a fait écrire avec tous ses caprices et ses inquiétudes, la nuit, le jour, dans un café, au coin de mon feu, dans des coins de théâtres, en province, me forçant à abandonner les travaux les plus chers, et se sauvant tout d'un coup. Aussi le livre paraîtra-t-il décousu, comique parfois, instructif rarement, et ennuyeux pour beaucoup. Ceux qui aiment la méthode, le didactique, les cravates blanches empesées et les rues tirées au cordeau, ne devront pas aller plus loin.

Il y a une forte ressemblance entre ce livre et l'habit d'Arlequin : ce sont des pièces et des morceaux de toutes couleurs, et je n'aurais pas été fâché de l'intituler : *Contes cousus de fil blanc.*

Tu sais, ami, combien l'ignorance, la mauvaise foi, la niaiserie, me remplissent de colère. On m'a dit souvent : — Le joli spectacle que les Funambules ! — C'est délicieux ! — Vous seriez bien aimable de m'envoyer quelques places.

Je me laissais toujours prendre à ces mensonges de la vie parisienne. A la représentation, je regarde mes gens sans en avoir l'air ; ils s'ennuient, ils sont étonnés. — Qu'est-ce que c'est que ça ? pensent-ils. Aussi ai-je quelquefois passé des journées en combinaisons, ai-je dépensé des trésors de ruse et de mensonge pour empêcher les incroyants d'aller aux Funambules. Deux classes seules comprennent la pantomime et en jouissent : les gens naïfs sans science, les gens naïfs à force de science. Ceux-là ne peuvent comprendre qui n'ont jamais ouvert qu'un livre, le Grand-Livre, qui ne connaissent qu'un dieu, l'Argent, qui n'admirent qu'un monument, la Bourse.

Pour eux, argent veut dire des femmes qu'ils n'aiment pas, des tableaux qu'ils méprisent, et les œuvres de Voltaire bien reliées ; encore n'ont-ils pas grand respect pour les morceaux remarquables du sceptique. Il leur faut un

Voltaire complet, aussi complet qu'un omnibus quand il pleut.

Tu retrouveras, mon ami, une partie des sensations que nous avons éprouvées ensemble ; mais je dois prévenir humblement mes lecteurs que ce livre a souvent le tort d'être écrit pour des enthousiastes, et qu'il n'enseigne pas directement ; il manquera de clarté pour ceux qui n'auraient pas un réel amour de la pantomime. C'est le défaut de beaucoup de livres de notre époque.

Paris, 1849.

CONTES D'AUTOMNE

I

TRUCS ET CASCADES

Un jour, ayant jeté quelques antithèses sur la tombe de Deburau, j'allai trouver le directeur des Funambules. Aujourd'hui, je ne me rends pas compte de cette audace, car je n'étais pas trop ému en entrant chez le concierge du théâtre. Nous avons causé longtemps de l'avenir de la pantomime : le directeur me trouva des idées, et m'engagea à écrire une pièce pour son théâtre; il désirait spécialement une pantomime à cascades.

— Cela vous regarde, lui dis-je, vous ferez venir autant d'eau que vous voudrez à l'apothéose.

— Vous ne comprenez pas, me dit le directeur, qui s'appelait M. Billion, un nom en harmonie avec les places à deux sous de son théâtre.

Cascade pour moi signifiait chute d'eau; mais le directeur m'expliqua que la pantomime à *cascades* est la nouvelle forme de la pantomime, comme qui dirait une forme romantique, une grande scission avec l'école classique.

Cascade appartient au dictionnaire des Funambules; *cascade* contient tout à la fois les coups de pied, les soufflets, les coups de bâton.

— Nous ferez-vous une pièce à trucs? me demanda M. Billion.

— Écoutez, lui dis-je, je suis très-innocent dans cette langue; je ne sais pas ce que c'est qu'un *truc*.

Alors le directeur souleva un coffre mystérieux, qui contenait des petits cartons découpés et mobiles, se mouvant au moyen de ficelles.

Je m'aperçus avec terreur que ces ouvrages très-compliqués demandaient une adresse de forçat. Je n'ai aucune subtilité dans les mains; comment confectionnerais-je jamais de ces *trucs* qui représentent des fusils qui se changent en échelles, des armoires qui se changent en chaises, tout cela exécuté en carton?

Je m'en retournai l'esprit chagrin, trouvant le métier d'auteur funambulesque très-pénible, vu qu'il exige des connaissances profondes dans l'art du cartonnage. Je pensais avec raison que je n'avais qu'à écrire une pantomime en collaboration avec un fabricant de tabatières à surprises. Tout le long du chemin, je me disais : « Il n'est pas possible qu'un auteur fasse un métier pareil. Je comprends qu'il écrive les changements à vue les plus compliqués, qu'il trouve dans sa tête des trucs bizarres, mais ce n'est pas son état de les confectionner, pas plus qu'en écrivant, en tête d'un drame : *Le théâtre représente le palais de l'Alhambra,* le poëte n'a jamais pensé à peindre lui-même son décor. »

Dès lors je vouai une haine féroce au *truc*, et j'eus pour système d'employer les combinaisons les plus simples, de chasser les personnages surnaturels de mes pièces, de m'en tenir à la réalité et de réaliser en mimique ce que Diderot avait fait pour la comédie, c'est-à-dire des pantomimes bourgeoises.

II

PIERROT, VALET DE LA MORT

Je ne crois pas qu'on ait souvent distribué pendant les entr'actes, aux Funambules, de livret pareil à celui qu'on criait deux sous le soir de la première représentation de *Pierrot, valet de la Mort*. Aussi je le réimprime avec ses folies, ses antithèses, son romantisme et son fonds philosophique, me contentant d'indiquer l'année 1846, qui autorisait cet excès de jeunesse.

PIERROT, VALET DE LA MORT

PANTOMIME EN SEPT TABLEAUX

1ᵉʳ Tableau.	—	Steeple-chase des amoureux.
2ᵉ	—	Fâcheux effets des médecins et des médecines.
3ᵉ	—	Le cabinet de la Mort.
4ᵉ	—	Pierrot revoit le soleil.
5ᵉ	—	Le moulin de la galette.
6ᵉ	—	Mort de la Mort.
7ᵉ	—	Apothéose.

PERSONNAGES

PIERROT	MM. Paul.
ARLEQUIN	Cossard.
POLICHINELLE	Vauthier.
CASSANDRE	Antoine.
LE DOCTEUR	Lafontaine.
LA MORT	Frédéric.
LA FÉE VITALIS.	Mᵐᵉ PAULINE.
COLOMBINE	BÉATRIX.

PHILOSOPHIE DE LA PANTOMIME

Je me promenais un matin sur les quais, rêvant à mon libretto d'*Arlequin dévoré par les papillons*, lorsqu'en bouquinant machinalement, je trouvai une brochure ainsi intitulée : « *De la nature hyperphysique de l'homme*, par Wallon; Paris, 1846. » J'ouvris la brochure et je lus :

« La croyance de la société future doit être le développement du christianisme. Tous les peuples modernes cherchent instinctivement comme la France, ou scientifiquement comme l'Allemagne, l'explication rationnelle du dogme chrétien. — Le Verbe doit apparaître de nouveau, se manifester logiquement dans l'humanité, et changer la simple croyance, la foi, en une certitude absolue. La solution du problème du Verbe fait chair nous donnera l'immortalité *consciente*, seule digne de nous. L'homme spirituel se débarrassera définitivement de la mort, il tuera, écrasera la mort pour arriver à ses destinées supérieures ; alors il sera délivré des conditions matérielles et relatives qui arrêtent ses progrès. Les facultés psychologiques ou physiques seules connues et étudiées jusqu'ici se transformeront en facultés hyperphysiques, et l'esprit jouira de toute sa spontanéité créatrice. »

Ces quelques lignes, qui paraîtront peut-être d'un illuminisme digne de Swedenborg, furent pour moi un éclair. J'abandonnai à son malheureux sort *Arlequin dévoré par les papillons*, et, huit jours après, fécondé par le philosophe inconnu, j'avais terminé *Pierrot, valet de la Mort*.

―――

Non pas que j'aie eu l'intention de faire une pantomime avec tirades philosophiques, chose du plus fâcheux effet et qui rentrerait dans l'école du peintre *penseur* et du romancier *socialiste*. Ce *Pierrot, valet de la Mort*, est une œuvre simple comme bonjour, qui a pour but d'amuser et de faire jouir le spectateur d'un nombre illimité de coups de pied au cul et de soufflets.

Mais, de même que la pensée jaillit d'un tableau sans que l'artiste s'en soit inquiété, de même que des idées socialistes naissent de la lecture d'un roman où l'auteur n'aura semé que des observations et des faits, de même une simple farce peut conduire à un monde d'idées. C'est ce qui fait la grandeur, la puissance, et ce qui explique la supériorité de la pantomime sur la tragédie.

―――

J'en veux pour preuve que les esprits les plus distingués et les plus fins de ce temps-ci ont aimé et ont chanté sur tous les tons la pantomime et Deburau.

Feu Charles Nodier fut un des premiers; mais ses amours les plus ardentes, il les réservait pour Polichinelle.

Il y a déjà quinze ans, M. Jules Janin écrivait deux in-12 à propos d'un théâtre inconnu du boulevard du Temple. Le livre fit fortune, et en même temps celle du bouge. Tout le grand monde de ce temps-là courut voir Deburau. Le théâtre, grand comme la maison de Socrate, faisait des recettes de Cirque-Olympique.

Théophile Gautier est allé plus d'une fois aux Funambules en compagnie de Shakspeare et de Gérard de Nerval. Ces impressions laissèrent un germe qui se développa un jour, sous la forme d'une pantomime racontée dans la *Revue de Paris*. L'idée est d'une grande originalité. Pierrot tue un marchand d'habits pour jouir à moins de frais d'un vêtement convenable. Il l'enterre dans une cave sous des bûches. Pierrot est au comble de la joie : il va se marier; mais, dans l'église, une voix bien connue le fait tressaillir : *Rrrrrchand d'habits!!* Cette voix, il l'entend partout; dans les grandes circonstances de sa vie, la voix mystique, — sa conscience, — le poursuit du terrible cri : *Rrrrrchand d'habits!*.

Un jour Théophile Gautier se trouva auteur des Funambules sans le savoir; le librettiste ordinaire de l'endroit avait trouvé le sujet bon, et il l'accommoda en pantomime, sous le titre du *Marchand d'habits*. La pièce eut un grand succès; les voyoux du paradis, qui ont vu tant de chefs-d'œuvre se succéder, parlent encore avec enthousiasme du *Marchand d'habits*, qui cependant n'a pas été repris depuis trois ans.

Gérard de Nerval est allé en Italie, en Angleterre, en Allemagne, uniquement pour étudier la pantomime de ces différents pays.

Aussi, en présence de ces attestations, doit-on peu s'inquiéter des errements des feuilletonistes qui nient Deburau et qui traitent de paradoxe cette grande réputation. Je les renverrai à M. Rolland de Villarceaux : « On a dit quelquefois que la renommée de Deburau était une œuvre du caprice de quelques écrivains; mais ceux qui ont avancé cette opinion hérétique *n'avaient pas un sentiment vrai des choses dramatiques.* » (La *Comédie italienne et Deburau*, Revue Nouvelle.)

STANCES SUR DEBURAU.

I. — Ignorants ceux-là qui regrettent la mort de Deburau. Cette fin est un trait de génie. Il est mort comme Molière, — du théâtre.

II. — Rien ne pouvait ajouter à sa gloire, — quand bien même il eût été nommé membre de l'Institut.

III. — Plus adroit que M. Ponsard, Deburau n'a pas fait de tragédies.

IV. — La jeune génération qui l'a vu peut se consoler de n'avoir pas connu Talma.

V. — Les sculpteurs ont persuadé aux Français que leurs grands hommes n'étaient pas assez honorés. Les mêmes sculpteurs entendent par *honneurs* une statue ou une fontaine. On parle déjà d'élever un tombeau à Deburau.

VI. — Folle idée ! Deburau a été peint et sculpté depuis longtemps par les Égyptiens; il est même très-répandu : on le retrouve, gestes, allures, masque, sur l'Obélisque, sur les boîtes de momies et sur le zodiaque du Denderah.

VII. — Deburau, ce mime d'un talent si comique, tua un jour un homme. Celui-là trouva son jeu brutal.

VIII. — Comme on portait à l'église le cadavre du paillasse défunt, pendant le *Dies iræ*, une foule joyeuse assistait à une noce dans une chapelle voisine.

IX. — La vie est une route bordée d'antithèses.

Qui sait si la vie n'est pas une mort, et la mort une vie? disait Euripide.

X. — Euripide a raison, c'est tout un. J'ai connu un banquier : De son vivant, il était roide, immobile et corrupteur.

Mort, il est roide, immobile et corrompu.

XI. — Le costume de Pierrot était blanc.

Son linceul est blanc.

XII. — Deburau a passé sa vie sur les planches.

Il repose tranquillement dans des planches.

. . . .

LES DERNIERS JOURS DE DEBURAU

On a prétendu que Deburau était mort d'une chute dans le *troisième dessous* des Funambules. Deburau est mort d'un asthme qui le minait depuis cinq années.

Les médecins lui avaient prescrit un repos assez long ; mais il songeait à *son* public. Depuis cinq ans, il toussait à *rendre les poumons*. Sitôt qu'il entrait en scène, la maladie le quittait ; il redevenait pour un quart d'heure jeune, heureux et bien portant. Cependant la terrible maladie attendait dans les coulisses, sous le quinquet huileux, et posait sa griffe sur la poitrine du mime, à chacune de ses *sorties*.

La toux devint tellement impérieuse, que Deburau fit relâche forcément. Un jour, il se trouva mieux ; l'affiche annonça sa *rentrée*.

L'Opéra donnerait une œuvre inédite de Meyerbeer ou de Rossini, que les esprits seraient moins agités au boulevard des Italiens que ceux du boulevard du Temple à cette nouvelle.

Deburau ne jouait pas depuis trois semaines au plus, et la *queue* s'étendait frétillante, grouillante, nombreuse à remplir cinq théâtres.

Notez qu'on donnait les *Noces de Pierrot*, une des moins heureuses pièces des Funambules, une pantomime qui n'est autre que l'éternel *Déserteur* de Sédaine, une farce qui a été jouée six cents fois à ce même théâtre. Il faut de l'enthousiasme comme en a cette foule pour se presser, s'entasser et s'asphyxier par soixante degrés de chaleur. S'il y avait un thermomètre au *poulailler*, les plus osés descendraient à l'instant.

On s'imagine les cris et les huées des spectateurs pendant la première moitié de la soirée. Au dehors, ceux qui n'avaient pu entrer criaient et huaient double. Après les trois vaudevilles, on frappa les trois coups d'usage.

Depuis longtemps je m'inquiète des musiciens des Funambules. La musique est, de tous les arts qui deviennent métiers, le travail le moins attrayant qui se puisse imaginer. Un musicien qui accompagne soixante fois *Robert-le-Diable* est aussi malheureux qu'un musicien qui accompagne vingt-cinq fois le mélodrame de la *Nonne sanglante*. Chefs-d'œuvre ou platitudes ne font qu'un dans ces circonstances.

Mais aux Funambules tout change. Les phalanstériens, qui proclament avec tant de zèle le *travail passionnel*, trouveront dans cet étroit boyau où sont entassés six musiciens la réalisation de leurs prophéties. Quant il s'agit d'accompagner la pantomime, ces musiciens y mettent une ardeur et une fougue dignes d'un meilleur sort.

Le violon fait cabrer ses doigts sur le manche de l'instrument.

Les joues de la clarinette s'enflent d'enthousiasme.

La contre-basse parcourt des *portées* inconnues.

Le cor sonne avec allégresse.

L'alto mélancolique a des larmes dans les yeux. Quant au chef d'orchestre, il ne se connaît plus : de ses cheveux jaillit l'harmonie ; il *nage dans le bleu*.

Le jour de la rentrée de Deburau, l'orchestre se surpassa. Pour fêter ce retour, l'orchestre exécuta pour ouverture un air du vieux Gluck, un fragment d'*Armide*, de la musique grande, simple et immortelle.

La toile se leva avec lenteur. Deburau parut dans son costume de blanc fiancé, un bouquet à la boutonnière, une jolie fille sous le bras. Il est impossible de rendre l'enthousiasme de la salle ; c'était de la frénésie. Les quatre cents têtes du paradis étaient joyeuses ; les huit cents yeux dévoraient le mime ; les quatre cents bouches hurlaient : « Bravo ! » Cela tenait du délire. Ceux qui n'avaient pu entrer applaudissaient à la porte.

Deburau mit simplement la main sur le cœur, au-dessous de son bouquet de fiancé. Une larme coula sur la farine de son visage.

Une vraie larme au théâtre est si rare !

Peu après, un petit incident prouva bien la sainteté de cette représentation. Sur le théâtre, à l'introduction de la pantomime, sont groupés des paysans et des paysannes. A l'écart, le bailli (M. Laplace), qui est un traître, rumine ses projets infâmes. L'orchestre entame la ritournelle de la contredanse.

A l'ordinaire, Deburau se livrait à des danses excentriques, dont il a emporté le secret, qui étaient un mélange des pas du Directoire et des pas plus audacieux du *cancan*. Ému plus que d'habitude, le cœur trop plein de joie, Deburau ne dansa pas.

— La *chahut!* cria une voix de voyou en goguette.

— Non! non! répondit la salle tout entière.

Le peuple grossier a soudain des moments d'exquise délicatesse; il avait compris l'émotion de son grand comédien.

Le soir, à minuit, un rassemblement se forma dans la rue des Fossés-du-Temple, près de la petite entrée noire et enfumée des acteurs. Deburau sortit; il avait conservé, par pressentiment sans doute, son blanc bouquet de fiancé.

C'était son bouquet d'épousailles avec la Mort.

Les mille voix crièrent : « Vive Deburau! » Mais la Mort, la goule cruelle, avait hâte d'étreindre dans ses bras son pâle épouseur...

Il mourut à quelques jours de là.

III

OPINIONS DE GÉRARD DE NERVAL A CE SUJET.

Théophile Gautier a souvent discuté avec un extrême sérieux les farces des Funambules; il fut un de ceux qui m'engagèrent à persévérer dans la voie de la pantomime, heureux de saisir de temps en temps l'occasion de narguer les formes dramatiques consacrées; mais il partait pour l'Espagne le lendemain de la représentation de *Pierrot, valet de la Mort*, et il laissa le soin d'en rendre compte à Gérard de Nerval, qui comprend mieux que personne ces dialogues muets, complaisants auxiliaires d'une imagination folle et vagabonde.

« L'élite de la société parisienne s'était portée vendredi dernier au théâtre illustré par feu Deburau. Il y avait dans cet empressement un hommage à ce grand souvenir, et de plus une double espérance : Pierrot renaîtra-t-il de ses cendres ? La pantomime est-elle morte après lui, comme la tragédie après Talma ? Telle était la *question*.

« Aussi ne vous étonnez pas s'il y a quelque chose de funèbre dans le titre cité plus haut. Un premier sourire à travers un voile de dentelle d'Angleterre, ou, si vous voulez, à travers un haillon de gaze noire déteinte, c'est tout ce qu'on pouvait attendre de cette belle veuve éplorée — la pantomime ! La tragédie a pleuré beaucoup plus longtemps, mais c'était son rôle. — Elle a enfin retrouvé de nouveaux interprètes, inspiré de nouveaux génies ! La pantomime n'a pas été moins heureuse vendredi soir.

« On ne se cachait pas que c'était là un grand événement ; la littérature était à son poste, la critique avait préparé des trognons de pomme ; une opposition aveugle a crié tout d'abord : « A bas les lor« gnettes ! » Nous avons protesté énergiquement. Quoi ! le peuple n'admettra-t-il pas qu'on ait la vue basse ? — en supprimant les lorgnettes, espère-t-il y voir plus clair ?

« Non, ce cri n'était que l'œuvre d'une malveillance isolée, et s'il est au monde un public intelligent, c'est certainement celui des Funambules, — nous n'en voulons pour preuve que la brochure (inédite) qui lui a été dédiée par l'auteur de la pantomime nouvelle, M. Champfleury.

« Il commence par établir l'esthétique du genre et poser clairement l'idée sociale qui préside à l'invention de son œuvre : « *L'Homme* « *spirituel*, dit-il, se débarrassera définitivement de la Mort ; il « tuera, il écrasera la Mort pour arriver à des destinées supérieu« res : alors il sera délivré des conditions matérielles et relatives qui « arrêtent ses progrès ; les facultés psychologiques ou physiques. « seules connues et étudiées jusqu'ici, se transformeront en facultés « hyperphysiques, et l'esprit jouira de toute sa spontanéité créa« trice. »

« Cette explication est pleine de clarté ; mais quel est l'*homme spirituel* ? C'est assurément l'auteur.

« Voici maintenant l'analyse de la pantomime nouvelle :

« Colombine a trois amoureux : Pierrot, Arlequin et Polichinelle. Cassandre est peu touché des avantages matrimoniaux de ces drôles, dont l'un, Pierrot, ne possède que la gourmandise, le second, Arlequin, que sa batte, et le dernier, Polichinelle, que ses bosses. A défaut d'argent, il faut au moins quelque talent à apporter en ménage. Cassandre donnera sa fille au nageur le plus habile. Arlequin saute dans la rivière sans hésiter ; Pierrot, après une longue discussion, jette Polichinelle à l'eau ; pour lui, il n'aime pas l'eau douce, il boit à même la bouteille, pendant que ses concurrents reviennent tout mouillés. On se lance force coups de pieds. Après une danse dans laquelle les trois concurrents rivalisent de souplesse et d'agilité, on apporte une cible. Polichinelle tire le premier ; Pierrot, trop curieux, va voir si son rival a mis près du noir ; mais Arlequin, soit par maladresse, soit par méchanceté, lâche son coup. Pierrot tombe ; il est blessé à mort.

« Au second tableau, ce pauvre Pierrot est dans son lit, encore plus pâle que de coutume. Colombine, sous prétexte de le soigner, donne dans la chambre du malade un rendez-vous à Arlequin, le préféré. Pauvre Pierrot ! à son lit de mort il voit celle qu'il aime faire des signes d'amour à son rival bariolé. Cassandre et Polichinelle surviennent ; mais ils sont tellement bavards et fatigants, que Pierrot est obligé de les chasser de son domicile.

« Le docteur arrive, tout de noir habillé. Il inspecte son malade et juge prudent de lui donner ce qu'une Anglaise n'oserait dire : un *remède*. Mais quel remède abondant, si l'on en croit l'instrument ! Le naïf Pierrot boit le remède au lieu de le consommer comme le prescrit l'usage ; le médecin jette les hauts cris : il faut paralyser ce remède pris à rebours. On apporte des sangsues dans un verre : Pierrot prend le verre et avale les sangsues. Pour le coup il est perdu. Le médecin s'enfuit, emportant, en guise de payement, quelques objets à sa convenance. Pierrot, s'en apercevant, lui jette à la tête ses oreillers, ses matelas ; puis, épuisé par ce dernier combat, il expire.

« Au troisième tableau, nous sommes dans le cabinet de la Mort. La vieille camarde est entourée de son peuple d'ombres. Un cercueil descend des frises. — « Mauvaise recette ! » s'écrie la Mort, qui ne trouve que trois défunts : un enfant, un médecin, un pierrot. Cependant ce dernier possède un violon : c'est quelque chose. La Mort, qui, ce jour-là, a l'*humeur grise*, ressuscite Pierrot l'enfariné, à seule fin de se réjouir un peu. Pierrot a très-peur de tout ce qu'il voit et voudrait bien *s'en aller;* mais la Mort ne le lâche qu'à la condition qu'il lui enverra Arlequin et Polichinelle.

« La fée Vitalia prévient Arlequin et Colombine de se défier de Pierrot, passé à l'état de vampire. En effet, ce dernier arrive, et la première personne qu'il rencontre, c'est son ex-beau-père, Cassandre, qui jette des cris de terreur en croyant avoir affaire à un spectre. Pierrot, pour prouver qu'il n'est pas une ombre, demande à manger. On se met à table. Arlequin et Polichinelle, jaloux de n'avoir pas été invités, se glissent derrière la table et enlèvent les mets chaque fois que Pierrot veut manger.

« Pierrot finit par découvrir la ruse, et il arrête Polichinelle par le collet, bien décidé à lui faire expier sa rivalité; mais il se souvient des paroles de la Mort: « Si tu peux faire chanter trois fois à Polichi-« nelle le même air, il est perdu. » Pierrot fait toutes sortes de câlineries au double bossu, qui chante deux fois un petit air gai, et qui s'arrête par un pressentiment. Sur ces entrefaites, Arlequin ayant appris la résurrection de Pierrot, vient lui chercher querelle. C'est un duel à outrance. Polichinelle trouve plus prudent de juger le combat. L'infortuné Cassandre, qui arrive par mégarde, reçoit les coups des deux combattants, suivant l'usage antique et solennel de la pantomime.

« Au cinquième tableau, Colombine et Arlequin se sont enfuis, peu jaloux de rester plus longtemps auprès d'un père barbare. Colombine s'est déguisée et tient un petit commerce de pâtisseries, — dont l'odeur attire nécessairement le gourmand Pierrot. Il court raconter la nouvelle à Cassandre et à Polichinelle, qui veulent prendre d'assaut la boutique. En présence de ce danger, la fée Vitalia apparaît sur son char et enlève les deux amants.

« Le décor change. — Un palais d'un goût indien équivoque sert de retraite à Colombine et à son amant. On ignore quels moyens emploient Cassandre, Pierrot et Polichinelle pour pénétrer dans cet asile. La Mort elle-même vient y faire un tour et accable Pierrot de reproches sur sa maladresse. S'il n'envoie pas tout à l'heure sous terre Arlequin et Polichinelle, il retournera dans son cercueil encore chaud. Une voix se fait entendre: « Pierrot, cesse de te liguer avec « l'ennemi du genre humain, et ton cœur sera ivre de joie ! » Pierrot n'hésite pas; il rompt son pacte avec la Mort. Celle-ci se fâche à bon droit de ce manque de parole; mais Polichinelle, qui s'inquiète peu de tous ces détails, s'empare de la faux de la Mort et la fauche sans pitié.

« Apothéose. Pierrot, revenu à la vertu, bénit le mariage d'Arlequin et de Colombine.

« Nous avons donné quelque étendue à cette analyse, qui vaut bien, après tout, celle d'un vaudeville; maintenant nous n'épargnerons pas à l'auteur les critiques de détail. — La pièce est bien charpentée: mais les derniers tableaux portent l'empreinte d'une certaine précipitation. Les péripéties sont brusques, l'intérêt n'est point ménagé. Pierrot s'inquiète à peine de remplir les conditions qui lui ont été imposées par la Mort. Son retour à la vertu est trop brusque et n'est nullement motivé. A part ces légers défauts, nous rendrons toute justice au mérite du style (mimique), et nous regretterons surtout que la *danse macabre* du troisième tableau n'ait pas rendu au théâtre tout l'effet que comportait la pensée du poëte.

« Pierrot faisant danser les morts au son d'une viole enrouée, c'était une idée romanesque sans doute, mais d'une valeur *objective* incontestable. Là se réalisait, *a priori*, l'argument qui, selon l'auteur, devait amener, *a posteriori*, cette audacieuse conclusion intitulée par lui : « Mort de la Mort. » Du moment que la Mort s'amuse à écouter les violons, elle est vaincue : témoin la fable d'Orphée. Il y aurait toute une palingénésie à écrire là-dessus.

« Au reste, la philosophie moderne n'a rien formulé de plus clair que cette pantomime en sept tableaux.

« GÉRARD DE NERVAL. »

IV

LE CHIEN DES MUSICIENS.

J'ai souvent rencontré dans les rues de Paris un vieillard qui jouait du basson. Il était long et maigre comme son basson.

Le vieillard avait bien la mine qu'il faut pour jouer de cet instrument : l'œil obscur, les joues caves qui sont les fossettes de la misère, les traits allongés, une peau jaune sur des os pointus. Sa physionomie faisait bon ménage avec la voix du basson, un instrument plein de sanglots et de larmes.

Les musiciens en général se jettent trop vite dans les bras d'un instrument, sans s'être demandé si leur tempérament est analogue à celui d'un morceau de bois simple en apparence, car ce morceau de bois, qu'il soit à cordes ou à clefs, n'est pas une chose morte, une chose inanimée. Le vieillard jouait merveilleusement de son basson. Seulement ses lèvres commençaient à manquer. On ne sait pas de quelles étreintes amoureuses les lèvres doivent serrer ces deux frêles morceaux de jonc, l'*anche;* aussi les musiciens se servent-ils, pour rendre la situation, d'un mot significatif : *pincer* l'anche.

Les dents non plus ne répondaient pas à l'appel de l'anche, qui veut être maltraitée par les trois puissants conducteurs du son : la langue, les lèvres et les dents.

A cinquante ans, cette trilogie demande les Invalides.

Mais, loin de donner du repos à ses fidèles serviteurs, le vieillard les condamnait à la plus rude des tâches.

Jouer du basson dans Paris, n'est-ce pas une folie? Cela rappelle un malheureux guitariste qui allait donner des sérénades à sa maîtresse avec accompagnement de trombone. La belle n'entendit jamais une note de la guitare.

Jouer du basson dans Paris, où, dans les nuits les plus tranquilles, quand toutes les voitures sont endormies, on entend encore des bruits vagues, immenses, nuisibles, qui semblent les ronflements de cette grosse population.

Et le jour! A peine les orgues bruyants ont-ils entamé l'introduction d'une valse de Strauss, qu'un cabriolet arrive, dont les deux roues avalent une phrase charmante. L'omnibus, moins fougueux, mange tout un motif de la valse; vient un pesant chariot de roulier ou une lente voiture de déménagement qui fait ses choux gras du restant de la valse.

Toute musique est donc confisquée par les roues des voitures.

Enfin, le vieillard croyait jouer du basson pour le public, et souvent il regardait en l'air, d'abord au troisième étage, espérant que sa douce musique avait attendri quelque femme.

Il ne tombait rien du troisième étage.

Alors le vieillard reprenait tranquillement son air, braquant son basson dans la direction du second étage.

Il ne tombait rien du second étage.

Mais le premier étage, le *premier* aristocratique, où demeurent les gens riches, les gens qui ont des pianos, qui doivent aimer la musique, c'est de là que viendra l'aumône. On entend, du premier, le basson. Une pièce de dix sous, pour les gens du premier, c'est peu de chose.

Il ne tombait rien du premier.

Le vieillard s'en allait sans maugréer. Il trouvait explication à tout, consolation à tout, excuse à tout. « Il n'y avait personne au premier, » se disait-il. Ou bien : « Je m'en vais dans un autre quartier; on aime mieux la musique. » Ou bien : « Peut-être ma musique n'est-elle plus de mode. »

En effet, cette dernière raison n'était pas la moins sensée. Le vieillard avait un répertoire d'airs anciens qui jurent dans nos temps bourgeois de polkas et de quadrilles. Il savait tout Grétry, tout Monsigny, tout Dalayrac, tout Berton, compositeurs naïfs et simples, dont les inspirations convenaient merveilleusement au basson.

Quand surtout le vieillard entonnait avec enthousiasme : *O Richard, ô mon roi!* cette mélodie si tendre et d'un si grand effet, il aurait tiré des larmes de ses écouteurs. Mais les cabriolets n'ont pas de larmes, et les roues de voiture, dans leur activité fiévreuse, ont bien autre chose à faire que de s'inquiéter d'une mélodie.

Ainsi que le vieillard au basson, j'ai souvent rencontré des gens bizarres, mal habillés, sales quelquefois, mais qui, tous, sont *beaux*. Ils ont souffert; leur figure est tiraillée par les passions, par les vices. Tous ces gens-là ont un drame terrible au bout de la langue. Il ne s'agit que de leur faire ouvrir la bouche.

J'ai presque toujours réussi : ainsi avec Carnevale, cet étrange Italien de la Bibliothèque royale, qui m'a dit le pourquoi et le comment des couleurs de ses *voyants* habits. Ainsi, avec Jean Journet, le Juif errant du fouriérisme, ainsi avec bien d'autres *excentriques*. Je voulus causer avec le basson. Mais le basson avait disparu du faubourg Saint-Germain.

Quand on me questionne sur un des hommes connus du ruisseau de Paris, et qu'on s'étonne de sa disparition, je réponds hardiment :

— Il est malade.
— Où?
— A l'hôpital.

Ou je réponds avec plus de vérité :

— Il est mort.
— Où?
— A l'hôpital.

Toujours l'hôpital, qui est l'inflexible avant-dernière demeure de ces gens bizarres. Après l'hôpital, un trou en terre. Ils n'avaient pas de nom à l'hôpital, ils avaient un numéro. Quand les excentriques sont dans le trou en terre, ils ne *s'appellent* plus. Plus de nom, plus de numéro. L'hôpital avare garde ses numéros comme il garde ses capotes d'infirmerie. Les capotes s'usent, les numéros ne s'usent pas.

Pour moi, le basson était mort, et sa longue redingote

noisette, aux poches béantes et vides, et le long instrument aux clefs de cuivre. Je me disais que je le retrouverais un jour au Temple entre un habit de valet de la Comédie-Française et un vieux bonnet à poil de grenadier; j'étais certain de le reconnaître à son attache.

C'était un ruban que la vieillesse avait rougi et changé en une sorte de ficelle grasse, noire par un endroit, rouge par l'autre, luisante par ici, terne à côté.

Un matin cependant, rue Saint-Honoré, j'aperçus le vieillard près du Palais-Royal, toujours avec sa redingote noisette, mais sans son basson. Cela m'inquiéta; comme, dans mon esprit, l'idée de basson ne pouvait se séparer de l'idée de voiture, je pensai qu'un accident était peut-être arrivé à l'instrument, ou que dans un moment de misère il avait été soit mis en gage, soit vendu.

Mais il n'y avait pas un nouveau chagrin dans les joues creuses du vieillard; il était aussi calme sans son basson qu'avec. Il allait au petit pas, s'inquiétant, comme à son habitude, de tous les chiens qui vaguaient. Depuis longtemps j'avais remarqué cette préoccupation des chiens; même, quand le basson braquait ses mélodies dans la direction du troisième étage, son œil s'abaissait sur le premier chien venu. N'avait-il pas, une fois, interrompu *O Richard!* son air favori, cet air dans lequel son âme passait tout entière, pour suivre un misérable barbet, crotté comme un poëte. Enfin, tous les chiens, il les regardait sous le nez, ou, suivant un mot populaire, il les *dévisageait*.

Trop heureux d'avoir rencontré le vieillard, je le suivis. Il s'arrêta devant un café de la rue Saint-Honoré, qui porte pour enseigne : *Café militaire.*

J'entrai pareillement. Le garçon semblait connaître le vieillard, car il apporta, sans qu'on le lui demandât, un plateau, un bol de porcelaine fêlée et une panetière contenant deux pains à café.

Ce café Militaire est aujourd'hui une singularité en présence des estaminets modernes. Il est décoré de faisceaux romains, comme en portent les licteurs de tragédie ; au-dessus de ces faisceaux sont appliqués des casques de dragons en plâtre peint. A l'époque où fut décoré cet établissement, le carton pierre n'était pas inventé ; les casques de plâtre avaient subi des altérations, non-seulement dans la peinture, mais dans la sculpture.

Le comptoir-empire est orné d'un bas-relief guerrier en plâtre bronzé, qui a pu faire honneur dans son temps à un sculpteur, élève de Dupaty. Au-dessus du comptoir se voit une console, ornée de petits drapeaux flottants, de casques de toutes armes, d'habits et de cuirasses, qui rappellent les tristes bas-reliefs de la colonne Vendôme.

Une console aussi riche en ornementation doit nécessairement avoir l'honneur de porter un objet d'art merveilleux. La pendule qui disait l'heure dans le café Militaire était merveilleuse, en effet.

Elle était simple, mais pleine d'effet. Une pyramide d'Égypte en marbre blanc, et rien de plus. Quatre sphinx femelles en cuivre doré lui servaient de cariatides et étalaient leurs gorges sur la plate-forme d'un escalier en marbre blanc, formé de six marches.

Le cadran trônait orgueilleusement sur la plus large partie de l'obélisque ; il était aussi en cuivre historié et coupé brutalement par deux aiguilles en bronze qui représentaient deux vipères lançant leur venin. Suivant l'heure, ces vipères à l'œil terrible semblaient menacer les quatre malheureux sphinx femelles.

Il serait peut-être bon de faire remarquer que la conquête d'Égypte introduisit, avec les sphinx femelles, le plus abondant des mensonges, car il se reproduisit partout, sur les fauteuils, sur les chaises, sur les canapés, sur les cheminées ; sur les chenets surtout se virent des têtes de sphinx. Si les sphinx perdirent leur caractère mystérieux, en échange les ornemanistes leur firent cadeau d'un sexe. Tous nos sphinx devinrent femelles par la gorge, chose qui n'avait jamais existé en Égypte, où ils étaient d'une troisième race, d'un sexe neutre et bizarre. Peut-être la galanterie, naturelle aux Français, les porta-t-elle à l'adjonction de ces deux ornements féminins.

Malgré tout cet attirail militaire, malgré les canons, les cuirasses, les épées et les casques, les mouches, hardies comme des pages, avaient laissé sur tous les murs des signes de leur passage et de leurs ébats.

Le vieillard ne s'occupait pas de tous ces détails si pleins d'intérêt, qui donnent à l'observateur l'âge d'une maison, l'histoire de ses habitués ; chaque mur n'est-il pas un témoin bavard et muet qui révèle les secrets les plus cachés ? Le basson découpait les pains à café avec une précision et une propreté méthodiques ; il regardait son café à la crème avec les yeux d'un homme qui aurait été privé longtemps de ce régal quotidien.

— Le journal ? dit-il au garçon.

On lui apporta une gazette militaire ; il n'y avait pas grand choix dans le café. Quatre journaux, un pour deux tables, restaient abandonnés, et n'avaient de relations qu'avec leurs planchettes.

Le basson lisait lentement ; il appartenait à cette race de lecteurs qui naquirent dans un temps où les journaux, d'un format très-restreint, voulaient être lus attentivement de la première à la dernière ligne.

Cette lecture dura près d'une heure ; après quoi le garçon apporta, sans se la faire demander, une feuille musicale hebdomadaire. Le basson la lut avec autant d'attention que la *Gazette militaire*. Il paya son déjeuner et sortit.

— Est-ce que vous connaissez la personne qui s'en va ? demandai-je au garçon.

— Beaucoup, monsieur, il vient ici tous les jours.

— Comment s'appelle-t-il?

— Vous ne savez pas son nom? dit le garçon étonné; mais il est très-connu : c'est M. Chalandry, un fameux musicien, le premier de son temps... un fier brave homme. Il a été bien malheureux, et honnête avec ça; il devait plus de cent francs de déjeuners à la maison. Nous avons cru qu'il était mort, il ne paraissait plus. Tout d'un coup il arrive apporter dix francs à madame. Ah! si tous les gens qui doivent lui ressemblaient! Et puis il a continué à revenir, et il donne quarante sous par semaine à compte. Mais, si vous voulez entendre quelque chose de curieux, monsieur, puisque vous paraissez vous intéresser à M. Chalandry, il faudrait venir un soir, n'importe lequel, ces messieurs ne manquent jamais, de six à huit heures; ils prennent leurs demi-tasses et ils se racontent leurs campagnes. C'est tous amis. Il n'y a rien après ça, je ne connais que le Cirque en fait de choses plus intéressantes. Moi, ajouta le garçon, je commence à trop avoir entendu leurs histoires; mais que c'était beau, la première fois, quand je suis entré ici! On parle des journaux! Ces messieurs en savent plus long que les journaux, et ils n'ont pas besoin d'inventer : ils y étaient. Quand ils parlent d'une chose, c'est qu'ils l'ont vue.

— Ces messieurs sont donc d'anciens militaires? demandai-je.

— Oui, monsieur, tous, madame aussi. Vous ne connaissez pas madame?

— Non, lui dis-je. De quelle dame parlez-vous?

— De la maîtresse de la maison .. elle est sortie aujourd'hui, autrement vous la verriez au comptoir. C'est aussi la fille d'un militaire, d'un ami de ces messieurs, qui est mort après avoir fondé ce café... Ils sont donc tous en famille. Dans le temps, le café Militaire était trop petit; on a fait ici des affaires d'or, monsieur; mais maintenant! s'écria le garçon en soupirant et en jetant un regard désespéré sur les banquettes vides.

— C'est vrai, vous ne paraissez pas avoir grand monde.

— Ah! monsieur, dit le garçon, pas l'ombre d'un chat dans le jour. Et le soir, savez-vous combien ils sont? Six! monsieur; six habitués, pas un de plus. Parce que les guerres et tout ça vous ont bien vite retourné un homme. J'en ai vu ici des grands, des gros, des anciens cuirassiers, qui semblaient solides comme du fer. Ils prenaient leur demi-tasse : va te promener! le lendemain ils étaient empoignés par des rhumatismes, des attaques, ils ne reparaissaient plus. C'est qu'on les avait menés aux Invalides ou au Père-Lachaise. Ils sont donc restés six; mais six demi-tasses à six sous ne font pas aller un établissement. Et le loyer, et la nourriture de madame, et sa toilette, et mes gages! Alors un matin madame s'est trouvée dans une drôle de passe; on voyait du monde alors ici, mais des mauvais consommateurs, des huissiers, des avoués, des fournisseurs, et toute la bande. Il a donc été question de chasser madame, qui en a parlé à ces messieurs; c'était tout naturel, en qualité d'amis de son père. Les voilà tous qui se mettent à jurer comme je n'avais jamais entendu jurer; je vous ferai observer que M. Chalandry ne jurait pas. Ils disaient qu'il fallait faire sauter les huissiers par la fenêtre; s'ils ne s'en allaient pas, alors des coups de cravache; s'ils restaient tout de même, des coups de plat de sabre. Tout ça est bon à dire dans la conversation, mais ce n'est pas de l'argent. Madame a été obligée de se remuer, de courir, d'aller voir des connaissances haut placées qui avaient connu son mari et qui sont au ministère de la guerre. Tout n'est pas encore fini, et c'est pour ça que ne vous la voyez pas aujourd'hui à son comptoir.

Le garçon de café aurait pu continuer longtemps. Le malheureux avait de si rares occasions de parler, qu'il devait inévitablement saisir la première personne venue et l'instruire des affaires de la maison ; mais j'en savais assez. Le garçon me fut très-utile comme exposition. Une fois que le Prologue, dans l'ancien théâtre, est venu conter au public ce qui va se passer, adieu le Prologue : il sera très-mal reçu au milieu du drame. Je laissai donc seul le garçon dans ce café, aussi triste pour lui qu'une prison cellulaire.

Ce ne fut que plus tard que j'appris, après avoir fréquenté les six amis, toute l'histoire de M. de Chalandry.

Il était premier basson aux Italiens, sous l'Empire. Et il me parla plus d'une fois de Barilli, de Tachinardi, de Galli, de Crescentini, illustres chanteurs dont je ne me souciais que médiocrement. Qu'importe l'acteur mort? Un habit de général n'est beau que sur le corps d'un général ; après, c'est une friperie. Un acteur enterré est une friperie.

J'ai vu souvent des gens s'inquiéter des traitements miraculeux des comédiens. Ceux-là ont tort ; les comédiens, les danseuses, les ténors, ne sauraient être trop applaudis, trop payés de leur vivant. Car, morts, ils sont finis.

Enfin, ces souvenirs d'illustres chanteurs étaient une faiblesse de M. Chalandry, qui ne se contenait pas d'avoir accompagné, aux appointements de dix-huit cents francs, madame Pasta.

L'empereur aimait ou n'aimait pas la musique ; je crois qu'il la comprenait comme la poésie. Et on sait ses admirations pour le lyrisme de Luce de Lancival ; toujours est-il qu'il voulait des instrumentistes de réputation dans ses musiques militaires.

L'orchestre des Italiens fut décimé par un décret impérial, qui enrôlait forcément dans la vieille garde les meilleurs instrumentistes. M. Chalandry ne fut pas mécontent de ce changement ; on lui servait, pendant son absence, son traitement des Italiens, où sa place était tenue par un jeune suppléant non appointé. En outre, il touchait chaque mois, à la caisse de la garde impériale, cent francs. Chaque musicien était nourri, logé, et jouissait de plus d'un habillement bourgeois par an.

M. Chalandry toucha donc, en sa qualité de basson dans la garde impériale, trois mille francs chaque année.

Il me répétait souvent comme une excellente plaisanterie : « A Paris, il est vrai que, dans les concerts, je touchais des feux; mais, à l'armée, je faisais mieux que de toucher des feux, je les voyais. » Innocent jeu de mots d'un vieillard, qu'il eût été mal de ne pas accueillir par un sourire.

M. Chalandry ne prit jamais les habitudes soldatesques : il resta toujours un bon musicien, plein d'enthousiasme pour son instrument, et vécut en société de ses camarades des Italiens.

Il refusa même, malgré une augmentation de paye, de continuer l'éducation musicale de six nègres. Les six nègres tenaient les instruments à percussion du régiment. Il fallait voir ces nègres, vêtus richement à la turque, accompagner la musique avec leur comique majesté.

Surtout le nègre qui portait sur ses flancs la grosse caisse, et qui regardait avec un souverain mépris ses compatriotes le triangle, les cymbales, le chapeau chinois, la caisse roulante et la caisse claire.

Les nègres ne manquent pas d'instinct musical; mais ils ont des peines infinies à oublier les rhythmes traînards de leur pays. Quand M. Chalandry fut engagé avec ses camarades du Théâtre-Italien, il refusa de se charger de l'école des nègres, car il fallait employer à leur égard des moyens aussi violents que leurs instruments.

Un simple musicien, en compagnie d'un tambour-maître, apprit aux malheureux nègres les deux mesures en usage dans les musiques militaires : la mesure du pas redoublé et celle du pas ordinaire. Encore le précepteur, malgré toute sa science, n'en fût-il point venu à bout sans le puissant auxiliaire du tambour-maitre, qui battait la mesure avec sa canne sur les épaules des nègres. Et il la battait avec fermeté.

M. Chalandry, outre ces bizarreries de nègres, trouva au régiment un musicien d'un nouveau genre qui s'appelait Terrible.

Terrible était un chien.

Tous les régiments ont eu un chien, et tous les chiens un régiment. La peinture, le vaudeville, les feuilletons, ont consacré en l'honneur de ce fait nombre de livres, de toiles et de couplets. J'ai besoin de dire que le long prologue qui amène l'histoire de Terrible a été écrit avec un grand soin pour convaincre le lecteur qu'il n'entre pas de *chauvinisme* dans ma manière. Je raconte l'histoire de Terrible comme elle m'a été dite par M. Chalandry, simplement. Ceux qui seraient trop fatigués par le *Chien du régiment* de M. Horace Vernet, trop fatigués de certaines histoires sur la vieille garde, ceux-là devront s'arrêter ici. Je les comprends et les excuse.

Terrible était un barbet de pure race, ne songeant que peu à sa toilette, les poils frisés, ou plutôt emmêlés comme à plaisir. Ses yeux noirs brillaient autant qu'une braise; mais ils étaient constamment cachés par une touffe de poils pendants sur le nez, qui semblaient des broussailles.

Malgré ses yeux perdus, Terrible avait une bonne physionomie. Il était tout à la fois plein d'intelligence et de mysticisme; de tous les chiens, le barbet est celui qui se laisse le plus difficilement connaître. Il est bon, humain, serviable; mais on n'a jamais su le fond de cet animal.

Terrible! aucun musicien, même les plus blancs du régiment, ne pouvait dire ses commencements. Il fut amené par l'instrumentiste qui jouait du serpent, que M. Chalandry ne connut pas, ce serpent ayant été coupé en deux par un boulet.

Terrible se livra à un violent désespoir; mais, chez les chiens comme chez l'homme, toute douleur a son terme. Peut-être, réellement, quelques chiens se sont-ils laissés mourir de faim sur la fosse de leurs maîtres : je ne l'ai pas vu, et j'ajoute peu de foi aux anecdotiers qui ont raconté le fait.

Le serpent mort fut remplacé par un serpent vivant. Contre toutes les conventions des romanciers de bas étage, Terrible ne donna point son amitié au successeur de son maître. Seulement son amour se développa ; il aima la garde impériale, et il s'attacha spécialement à la musique de ce corps.

Il est vrai que le nouveau serpent était un homme grossier et brutal, et qu'il avait mille affections pour un verre de vin ; pour le chien, pas une.

Terrible faisait partie de la musique à l'arrivée de M. Chalandry.

Il recevait une paye régulière, un sou par jour. Sa place était marquée derrière les tambours, en avant de la musique du premier régiment de la vieille garde.

En général, les chiens, en entendant de la musique, poussent des hurlements plaintifs en tournant la tête vers les nuages, ce qui a fort occupé les naturalistes, qui n'ont osé se prononcer sur cette question. Les chiens ont-ils l'organe auditif si sensible qu'ils ne puissent supporter le son d'un instrument ?

Terrible ne hurla jamais pendant que l'orchestre militaire se fit entendre ; ses oreilles mêmes semblaient se tendre pour mieux accaparer le son et n'en pas perdre la moindre vibration. Le barbet comprenait tellement la mesure, qu'il marchait pour ainsi dire au pas.

Terrible, lui aussi, semblait mépriser les six nègres, leur bruyante musique et leur costume de Turcs. Il avait raison : l'habit ne fait pas le musicien. Combien était plus remarquable le costume des instrumentistes de la vieille garde, trop connu par les gravures pour qu'il en soit donné description, que ces attifements de carnaval des nègres !

Le chef de musique était une petite flûte ; cet homme avait tous les défauts de son instrument. Il ne parlait pas; il glapissait. Il était petit et maigre, criait sans cesse après les musiciens ; il avait ce qu'on appelle un caractère pointu. Il n'eut jamais qu'une médiocre sympathie pour Terrible, qui, au fond, le lui rendait bien. Sans le choix déplorable qui appela cet homme à la tête de l'orchestre de la vieille garde, la musique eût été comparable aux meilleures musiques militaires de l'Allemagne.

Le groupe des quinze clarinettes ne pouvait se trouver ailleurs. Alsaciens d'origine, ces clarinettes, dont huit premières et sept secondes, auraient fait rêver les hommes les moins susceptibles de compréhension musicale. Car la clarinette est un instrument parfait ; son chant est grave, mélancolique, doux et large.

Les sept secondes clarinettes, dont l'emploi, équivalant à celui d'un second violon, ne consiste guère qu'à faire des batteries ou des arpéges, les huit *clarinetto secundo*, malgré cette spécialité modeste et restreinte, faisaient autant de plaisir par leurs accompagnements qu'une belle mélodie.

C'est un Allemand qui a dit du chant des clarinettes : « Il m'a semblé que j'avais douze ans, que le printemps venait et que je mangeais des tartines de beurre. » Mot qui ne sera compris que d'une dizaine de personnes.

Terrible montra toujours de vives sympathies pour ces blonds clarinettes rêveurs, qui apportent dans l'exécution d'un morceau une application, un servilisme, impossibles aux Français.

Terrible assista au couronnement de l'empereur à Milan, circonstance qui surprit au plus haut degré le peuple italien qui se pressait en foule autour de la cathédrale.

Tous s'étonnaient de voir un chien entrer dans une église, surtout en pareille solennité ; mais Terrible ne s'inquiétait guère des commentaires de la populace. La musique de la vieille garde allait à la cathédrale, il allait à la cathédrale. Cependant il comprit qu'il s'agissait d'une grande solennité, le fourniment ayant été *astiqué* ce jour-là avec une sollicitude extraordinaire.

Les musiciens surtout avaient fait la toilette de leurs instruments ; non les clarinettes, les hautbois, les bassons, les flûtes, dont le vêtement de bois est toujours en bon état ; mais les instruments de cuivre, qui faisaient honte au soleil.

Sous le prétexte de se friser et de paraître en grande tenue, Terrible s'était rebroussé le poil comme un tyran de mélodrame. Le jour du couronnement, le chien fut plus barbet que jamais.

Il ne se passa rien d'extraordinaire à cette solennité ; de Milan, l'armée passa à Gênes, où Napoléon se faisait couronner une troisième fois. Le même étonnement s'empara des Italiens à la vue du chien. Cette fois, deux hallebardiers appartenant au clergé s'aperçurent qu'un animal se disposait à entrer dans l'église.

Ils firent un mouvement pour s'avancer vers Terrible et le chasser. Terrible les regarda tour à tour d'un œil fier et descendit la première marche dans la nef ; l'un des deux hallebardiers, plus courageux que son compagnon, alla droit au chien en levant sa grosse canne à pomme d'argent.

Le chien n'était pas dans le programme, et les hallebardiers avaient des ordres sévères ; leur consigne portait de ne laisser passer, outre les régiments, qu'un certain nombre de grands dignitaires munis d'une carte.

Le barbet n'avait aucun cordon, aucune décoration ; il ne semblait pas un grand dignitaire. En dernier ressort, on ne pouvait le supposer porteur d'une carte d'entrée ; mais Terrible, se voyant en face d'un Italien, d'un *ennemi* (il le flairait), n'attendit pas que la grosse canne retombât sur ses flancs, il marcha droit sous la canne, s'arrêta à un pied du hallebardier, et ouvrit une gueule menaçante où brillaient des dents blanches, solides comme des avirons, pointues comme des clous.

Le hallebardier, magnétisé, laissa passer le chien.

Cette scène ne dura qu'une seconde et ne dérangea en rien l'ordre du cortége. Les musiciens de la vieille garde avaient tout vu ; au besoin ils auraient pris parti pour leur *camarade;* mais Terrible sortit seul de ce pas difficile.

M. Chalandry ne savait trop admirer la conduite du barbet, qui mit fin à un obstacle par des moyens aussi simples, par une pantomime aussi énergique. Un autre chien eût aboyé !

Cependant il faut tout dire, même les défauts de son héros. En revenant en France, Terrible se conduisit de la façon la plus malhonnête : il déplut à Napoléon. L'empereur, entouré de sa vieille garde, fut harangué par le maire de je ne sais quelle ville française. Le maire débita son discours avec les adulations, les plats-de-ventre les plus monstrueux. Il termina ainsi : — *Dieu créa Napoléon, et se reposa.*

Et Terrible aboya.

Je n'ose dire que le chien eût compris tout le ridicule de ce mot, et qu'il se posât en critique audacieux.

A Paris, le chien suivit M. Chalandry chez lui. Le basson, ayant quelques moments de repos, reprit sa vie et ses vêtements bourgeois. M. Chalandry fut heureux de retrouver sa place aux Italiens, ne fût-ce que quinze jours. C'était plutôt de la musique que celle de la vieille garde.

Il emmena Terrible au théâtre et le présenta à ses anciens amis de l'orchestre ; mais le chien ne parut pas goûter la musique italienne. Il s'étalait sous la chaise du basson et dormait. Il ne semblait même pas écouter les *solos* de *fagotto primo* que M. Chalandry exécutait aux applaudissements de la salle entière.

A cette époque, les militaires étaient les rois de Paris; ils prenaient le haut du pavé, méprisaient profondément le *bourgeois* et se plaisaient à l'insulter. Un officier n'aurait pas voulu se montrer dans Paris en costume civil; le soldat était tout, on ne parlait que de lui.

M. Chalandry, au contraire, fut content de mettre une quinzaine au portemanteau son habit de la vieille garde. En bourgeois il se sentait plus basson; il n'avait, du reste, aucune humeur belligérante, et ne tenait pas à passer aux yeux de Paris pour un des vainqueurs d'Italie, d'autant plus que son basson n'avait servi que médiocrement à remporter des batailles.

Tous les jours il allait se promener, vers midi, dans la galerie de bois, accompagné de Terrible. Un militaire passa, qui trouva l'air ridicule au basson; il le heurta violemment.

M. Chalandry pensa que le gros de la foule avait seul produit ce choc; mais il se trompait. Au bout de la galerie, le militaire recommença. Cette fois, le basson se crut en droit de faire quelques observations polies au militaire: celui-ci le reprit sur un ton très-haut. M. Chalandry s'éloignait, ne tenant pas à avoir une affaire.

Le militaire continua de marcher sur les talons du bourgeois en l'insultant grossièrement; mais tout à coup il poussa un cri de rage et de douleur, et il porta précipitamment la main derrière son dos. Il frémit en palpant une tête poilue accrochée aux basques de son habit; c'était Terrible qui, non content de déchirer l'habit, avait commencé par sauter dessous, à un endroit fort sensible.

En un moment, la foule s'arrêta et fit cercle autour du militaire, qui avait dégaîné son sabre pour châtier l'auda-

cieux animal. Mais le chien, profitant du tumulte, avait
lâché prise et fui dans la direction opposée.

M. Chalandry était revenu seul à son logement, désolé
d'avoir perdu Terrible ; il le retrouva le soir à la porte des
Italiens. Le basson raconta toute la soirée quel service lui
avait rendu le barbet en le débarrassant de l'insolent militaire.

Il fallut bientôt renoncer à cette tranquille et douce vie
parisienne qui rendait M. Chalandry si heureux ; il fallut
reprendre l'habit de musicien de la vieille garde. L'empereur ne s'arrêtait pas dans ses conquêtes ; c'était le Juif errant de la victoire, et une voix semblait lui crier : « Marche !
marche ! »

Après bien des combats, bien des victoires, auxquels avait
assisté M. Chalandry dans le bataillon carré, l'armée française fit le siége de Dresde et s'en empara.

Terrible entra en vainqueur dans la capitale de la Saxe.
Ce n'était plus le Terrible de la cathédrale de Gênes. Les
ans avaient passé sur le corps du chien ; son poil, quoique
toujours d'une frisure excentrique, grisonnait ; ses sourcils
s'étaient épaissis et masquaient de plus en plus ses yeux ;
cependant il avait encore un pas ferme ; aucune infirmité ne
se décelait dans la démarche.

Le régime militaire, qui abêtit l'âme, semblait avoir produit un effet contraire chez le chien. La physionomie disait
bien des souffrances, bien des privations dans les camps,
mais qui avaient plutôt renforcé son moral. Terrible jouissait alors de cette expérience que l'homme ne connaît qu'a-
près une vie labourée par le malheur.

M. Chalandry, lui aussi, portait sur sa figure de nombreux
chevrons de fatigue. Il avait parcouru, en soufflant dans
son basson, les trois quarts de l'Europe. Ses nombreux états
de service obtinrent une récompense. Quelque temps avant
le siége de Dresde, il fut nommé chef de musique, la petite

flûte ayant péri, l'instrument à la bouche, d'une balle égarée.

Qu'étaient devenus, hélas! tous ces braves musiciens de la vieille garde?

Seuls restaient debout M. Chalandry et le chef des nègres, le basson et la grosse caisse. Encore le nègre avait-il laissé çà et là des traces de sa couleur. Le nègre, à la peau noire et luisante dans le principe, était devenu d'un ton gris verdâtre. En revanche, il avait grandi en talent. Il battait la grosse caisse de la façon la plus savante et la plus carrée. Maintenant il mettait des nuances avec sa main gauche, qui tenait une espèce de verge, et obtenait certaines imitations d'un effet plus délicat.

Quatre nègres étaient morts au champ d'honneur, un à l'hôpital.

Les quinze clarinettes périrent en traversant un étang mal gelé. Pauvres et blondes clarinettes! On entendit sous la glace comme quinze *mi* bémol.

Le serpent eut la tête coupée par un Autrichien qui le surprit oublié dans un cabaret; il paya de sa tête les nombreuses faiblesses qu'il avait pour le vin.

Souvent, pour se distraire, M. Chalandry jouait seul un grand morceau de sa composition. Et le chien écoutait avec une grande piété ce morceau sublime, d'une tristesse indicible, écrit en souvenir des musiciens de la vieille garde. C'était leur messe des morts.

Ceux qui l'auraient entendu, s'ils avaient été initiés au drame, eussent compris et pleuré, quoique la musique imitative soit blâmable; j'entends ces terribles livrets de symphonies qui vous imposent leurs idées de lever de soleil, de soleil couchant, d'oiseaux à queues rouges.

A eux deux, Terrible et M. Chalandry se comprenaient. C'était d'abord la petite flûte joyeuse qui s'en allait comme à la fête, en sifflant sous les arbres. Fi fre li! Une balle aussi sifflait et faisait un trou dans le front joyeux de la petite flûte. La charge battait, les chevaux marchaient au pas, tran, tran, tran, tran; tout à coup ils hennissaient. Les nègres tombaient l'un après l'autre; celui-là avec ses cymbales, jetant un dernier soupir; celui-là presque gelé, agitant en l'air, pour se réchauffer, son chapeau chinois, dont les grelots insultaient à son martyre. On entendait encore la glace qui craquait tout d'un coup sous les pieds des quinze clarinettes, prrrac! et le chant du cygne, du serpent, un cliquetis de verres, du vin, un air à boire, puis les Autrichiens lui coupant la tête pendant son ivresse.

M. Chalandry avait fait ce morceau sans y penser; homme très-naïf et très-simple, il ne s'était pas dit : « Je vais écrire une symphonie en souvenir de mes malheureux camarades. » Seulement les chagrins, les regrets, s'étaient accumulés dans son cœur et s'exhalèrent un jour par la voix du basson.

Quelle fut sa joie, à Vienne, d'entendre dans un concert de la musique comme jamais il n'en avait rêvé. Quelle surprise! cette musique ressemblait à la sienne. M. Chalandry n'osa se mettre en parallèle avec le grand compositeur inconnu qui s'appelait Beethoven sur l'affiche, mais que personne ne connaissait dans la ville.

Le basson s'était enquis auprès de ses voisins de la réputation de Beethoven; on lui répondit qu'il y avait à la tête de l'orchestre une espèce d'homme exagéré qui, seul, pouvait lui donner des renseignements.

M. Chalandry attendait avec impatience la fin du concert pour s'entretenir avec le chef d'orchestre.

C'était HOFFMANN.

Je respecte tellement les gens de génie, que je me garderai bien d'essayer de reproduire la conversation qui eut lieu entre le musicien français et le *grand* allemand. Un *oui*, un *non* même, placés dans leur bouche, me semblent un sacrilége

Hoffmann, avec ce sens si délicat que possèdent les artistes, surtout les artistes qui meurent jeunes, comprit tout de suite le basson.

M. Chalandry fut un moment surpris de cette nature si enthousiaste, si rêveuse, si sardonique, si pleine de mépris pour la foule; cependant il comprit qu'il avait devant lui une âme supérieure, qui ne s'arrête qu'un moment sur la terre, mais qui brille d'une lueur éclatante et laisse pendant son court séjour des œuvres éternelles.

Il invita le même soir Hoffmann à venir entendre son morceau de basson; le romancier lui prit le bras et le conduisit plus sûrement à son logis. Car M. Chalandry ne savait que peu l'allemand, et encore moins les détours de Dresde, aussi d'habitude enfermait-il Terrible, craignant de le perdre.

L'homme qui a écrit le dialogue du chien Berganza regarda tout de suite Terrible avec intérêt. Terrible n'était pas un chien; par instant il était plus qu'homme. Il y a tant d'hommes qui sont moins que chiens.

Pendant que Hoffmann passait sa main sur la tête de Terrible, M. Chalandry ajustait les diverses pièces de son basson.

Il commença tout naturellement, sans préparation, sans rien dire; il fit tout bonnement un accord parfait. Les préludes *brillants* ont été inventés par les musiciens intrigants qui veulent *effrayer* le public.

Hoffmann écoutait le basson, assis dans un fauteuil, les épaules un peu voûtées, la main droite errant dans les poils de Terrible.

Après le morceau, il remercia d'un mot M. Chalandry de lui avoir fait entendre ce chant nouveau pour lui, et il l'invita à venir au grand théâtre de Dresde écouter son opéra d'*Ondine*. Le basson accepta avec enthousiasme, se croyant libre pour quelque temps; mais, dès le lendemain, Napoléon avait donné des ordres concernant la musique de la vieille garde.

Mademoiselle Georges et Talma étaient arrivés et devaient jouer tous les deux jours la tragédie; le jour suivant était réservé à l'opéra. L'empereur ne goûtait pas la musique allemande; il était habitué à l'italienne. Aussi Hoffmann fut-il bouleversé de tous ces changements.

Un jour la tragédie.

Un jour la musique italienne.

Un jour la tragédie.

Et un jour la musique allemande.

Comme on le voit, l'insipide tragédie eut le droit de montrer les dents tous les deux jours; M. Chalandry reprit ses fonctions à l'orchestre improvisé des Italiens, ce qui ne l'empêchait pas de diriger la musique de la vieille garde aux revues.

Terrible, à l'une de ces revues, s'arrêta tout court devant une petite fille juive en haillons qui marchait devant la musique. Le chien n'avait jamais souffert la présence d'aucun étranger entre les tambours et les musiciens. Aussitôt qu'un enfant hardi voulait s'introduire dans cet espace, il le remettait à sa place plus vite que ne le fait d'une brebis un chien de berger.

L'enfant, avec ses grands yeux noirs et son teint citronné, apaisa cependant la colère de Terrible. Il avait commencé par gronder; son œil finit par s'adoucir.

La juive n'était qu'une petite mendiante; sous sa robe courte et déchiquetée sortaient deux jambes grêles, dont l'une était nue.

Elle marchait fièrement comme si elle eût été vêtue de soie. La faim la rendait légère. Terrible la flaira longtemps; il l'étudiait, et il n'imita pas ses confrères aristocratiques, qui montrent les dents aux haillons et aboient aux pauvres gens.

Derrière le dos de l'enfant, une mauvaise guitare à cinq cordes dénotait sa manière de vivre ; peut-être le chien fut-il ému par la guitare, cette malheureuse chose en bois, fendue d'un côté. La plupart des portées de cette guitare avaient disparu ; il ne restait plus que les traces de colle forte, désagréable à la vue et au doigt.

La petite guitariste écoutait avec grand plaisir la musique de la vieille garde ; c'était nouveau pour l'enfant, qui ne se doutait pas quelle trahison elle faisait à la musique allemande, aux valses amoureuses jouées par une clarinette dans un cabaret.

Le régiment était arrivé à l'endroit où l'empereur devait passer la revue ; Napoléon parut à cheval, suivi de son brillant état-major ; aussitôt qu'il eut traversé les rangs de la vieille garde, la guitariste fit mine de s'en aller dans une direction opposée. Terrible s'approcha d'elle et la tira par sa robe. L'enfant regarda sans crainte le chien ; elle ne craignait pas que sa robe fût endommagée par les dents de Terrible. Elle hésita et paraissait chagrine de quitter aussi vite un ami improvisé en un quart d'heure. Le chien la regardait avec des yeux tristes ; l'enfant se baissa et donna un gros baiser au nez de Terrible, qui se laissa faire.

Après cet adieu, la petite guitariste partit.

Terrible était inquiet ; il baissait la tête et réfléchissait. Tour à tour il regardait M. Chalandry, qui soufflait dans son basson avec le plus pur enthousiasme, et qui, très-occupé de diriger ses musiciens, n'avait rien vu, puis le chien suivait des yeux la petite guitariste qui diminuait dans l'éloignement.

Terrible faisait trois pas en avant, trois pas en arrière.

Enfin, comme une personne qui a pris une grande résolution, il profita d'un *fortissimo*, dans lequel M. Chalandry appelait dans ses joues tout le vent qui était en lui, et il se sauva de toutes ses jambes. La petite guitariste ne paraissait plus qu'un point à l'horizon. Terrible, dans sa course qui semblait un éclair, renversa un Autrichien, qui jura de la façon la plus accentuée. Dans une autre occasion le chien aurait livré un combat; mais des affaires plus importantes ne lui permettaient pas de s'arrêter.

En une minute il rejoignit la petite guitariste, qui poussa un cri de joie en revoyant le chien. Terrible courait autour d'elle; il l'entourait d'un cercle fantastique; il lui sautait au cou; il sautait après la guitare; jamais l'amant le plus joyeux ne se livra à semblables folies.

L'enfant comprenait, du reste, ces marques d'amitié, et paraissait heureuse d'inspirer une si violente admiration au chien. La marche n'en était pas interrompue pour cela, et elle fut longue.

Tout d'un coup la petite guitariste fouilla dans sa poche et en retira une petite sébile de cuir bouilli. Le chien regarda attentivement la sébile et sauta brusquement après; il la saisit avec les dents.

La sébile rendit un faible son, le son d'une malheureuse pièce de cuivre abandonnée qui gémit de n'avoir pas de compagnes, car il n'y a rien de plus triste que l'or ou l'argent quand il se trouve seul; aussi manifeste-t-il sa joie en chantant dans les poches à l'arrivée d'un frère. Sitôt que plusieurs pièces d'or se trouvent réunies, c'est un bavardage à n'y pas tenir; et c'est pour les faire tenir tranquilles que les avares les enferment.

Terrible comprit tout de suite le peu de valeur de ce rond de cuivre, qui se battait les flancs dans la sébile. La petite allait passer les portes de la ville; le chien la tira encore une fois par la robe. Depuis quelque temps il regardait attentivement chaque maison. Une surtout, peinte en vert brillant, d'où sortaient des chants de buveurs, l'inquiétait. Il fit signe à la guitariste d'y entrer.

Et, pour lui donner du courage, Terrible entra le premier, la tête haute.

La salle était pleine de buveurs qui chantaient à tue-tête en buvant de la bière ; l'enfant passa timidement sa tête par la porte, et les buveurs l'interpellèrent brusquement :

— Allons, la guitare, entre ou sors.

L'enfant regarda Terrible, qui s'était installé fièrement dans le cabaret, et entra.

Ces buveurs si bruyants étaient des Français qui suivaient l'armée. Il n'y a que les Français qui parlent, crient et chantent en buvant de la bière. Ils boiraient de l'opium en Chine qu'ils trouveraient encore le moyen de faire tapage. Terrible, avec son instinct si fin, avait compris dans la rue que le cabaret était fréquenté par des compatriotes ; il reconnut leur langue.

— Une jolie fille ! dit l'un.

Un autre s'écria :

— Un vilain chien !

L'enfant détacha sa guitare et se mit à chanter un petit air allemand dont je regrette de ne pouvoir donner la notation. Voici les paroles :

« Sur le pont de Coblentz était une grande neige ; la neige a fondu, l'eau coule dans la mer.

« L'eau coule dans le jardin de ma chérie, personne n'y demeure. Je pourrais attendre encore longtemps ; ce serait toujours en vain : deux arbres y murmurent seuls.

« Leur tête verte sort et regarde au-dessus de l'eau. Ma chérie doit y être, je ne puis aller la trouver.

« Quand Dieu me salue dans l'air bleu et dans la vallée, ma chérie me salue du fond du fleuve.

« Elle ne passe pas sur le pont de Coblentz, où passent tant de belles dames. Celles-là me regardent beaucoup ; mais je ne veux pas les voir. »

— Ah ! dit l'un, quel fichu charabia on parle ici !

— Ils ont l'air de se comprendre, dit le malin de la bande, mais c'est une frime. La preuve, c'est que tous les Allemands parlent français quand ils ont absolument besoin de se dire quelque chose; alors ils le disent tout naturellement.

L'enfant ne saisissait pas le sens de ces paroles; mais elle devinait qu'on s'occupait d'elle et de son pays. Elle rougissait et hésitait à présenter la sébile aux buveurs. Terrible passa derrière et la poussa en avant. Alors la petite guitariste, s'étant avancée à contre-cœur de la table des Français, fouilla dans sa poche et en retira sa boîte de cuir.

— Tiens, dit le plus malin des Français, tu veux que je te paye pour ta chanson qui ne se comprend pas... Elle se moque de nous, la petite, et elle demande encore l'aumône!

— Moi, je lui donne dix sous, dit un autre, si elle veut me les demander en français.

— Ce n'est pas bête, ça. Allons, la guitare, parle clairement!

L'enfant écoutait sans se rendre compte de tous ces grossiers propos; Terrible fronçait les sourcils.

— Elle fait celle qui ne comprend pas, reprit un des Français, la rusée.

— Peut-être n'est-ce pas assez de dix sous pour lui délier la langue, dit un second. Moi, j'en mets vingt.

— Moi aussi, dit un troisième.

— Allons, reprit celui qu'on écoutait avec déférence, la main à la poche, tous! Cette enfant peut croire que nous n'avons pas le sou; il faut au moins lui prouver le contraire.

Tous les buveurs sortirent leur bourse et remirent une pièce de monnaie à celui qui avait porté la parole en dernier. Il compta six francs.

— Eh! la guitare, il y a six francs, dit-il en posant la petite pile de monnaie sur la table.

L'enfant avança timidement la main vers ce trésor.

— Hein! une minute! comme elle y va, l'enragée... Avant de toucher les six livres, tu sais que tu dois parler français.

L'enfant restait aussi muette que sa guitare.

— Vous voyez bien, dit le plaisant, qu'elle s'y connaît, puisqu'elle prendrait volontiers de la monnaie française. Qu'est-ce qu'elle en ferait, si elle ne savait pas la langue?

— Je mets vingt sous de plus, dit un autre... je gage qu'elle ne parlera pas.

— Je parie que si!

— Je parie que non!

— Eh bien! cinq livres pour la guitare.

— Cinq livres contre.

Deux pièces de cent sous vinrent grossir le tas.

— Allons, petite, hardi.

— Parle.

— Elle ne parlera pas.

— Elle parlera.

Tous les buveurs criaient ensemble. L'enfant fut effrayée et recula de quelques pas. Elle crut qu'on lui demandait une nouvelle chanson et se disposait à satisfaire à cette demande, lorsque Terrible la poussa de sa tête vers la porte. C'était ce que demandait la guitariste, qui se sauva, pleine de terreur et de mépris pour les Français.

— Ah! cria d'une voix la bande, elle est fière l'Autrichienne, elle a tenu bon.

— Mes cinq livres? demanda un des parieurs.

A peine le plaisant de la bande allait-il mettre la main sur le tas de monnaie, qu'il sentit un coup violent porté à son pouce. C'était Terrible qui, d'un bond, était sauté sur la monnaie, la prenait dans ses dents; il avait failli emporter en même temps le pouce du buveur. Il disparut plus prompt que l'éclair. L'argent fila comme par enchantement; les buveurs se regardèrent tous, se croyant le jouet d'un rêve.

— Ah! l'enfant de chien! s'écria l'un d'eux quand il eut rassemblé ses esprits, il a mangé la grenouille.

— Où est-il, que je le crève?

Mais Terrible ne courait aucun risque ; il fuyait comme le vent dans la direction qu'avait prise l'enfant. Il la retrouva bientôt, se mit en arrêt devant elle, et haussa la tête pour lui montrer le trésor qu'il portait entre les dents.

La petite guitariste le regardait avec une joie mêlée d'étonnement et de crainte. Terrible se fit donner la sébile, lâcha l'argent dedans, et tira l'enfant par la robe en courant. Il craignait d'être poursuivi par les Français, qui pouvaient bien ne pas avoir pris la chose en riant.

Enfin ils arrivèrent de la sorte au plus pauvre faubourg de Dresde. La petite guitariste s'arrêta devant une mauvaise porte en caressant le chien et l'invitant à entrer. La porte ouverte laissa voir une chambre basse, noire, enfumée, qui n'avait pour plancher que la terre.

Devant un feu pâle de *poussier*, une vieille se livrait à une cuisine qui n'aurait pas fait entrer un affamé. Des cordes étaient tendues dans la chambre ; des linges éraillés et jaunes s'y dandinaient.

La misère et la saleté se donnaient constamment le bras en ce logis, habité par des juifs... Aussitôt l'entrée du chien, la vieille se répandit en grognements et en injures contre l'enfant.

—C'est ça que tu apportes, vilaine bête, dit-elle à l'enfant, un chien.. il n'y a donc pas assez déjà de bouches inutiles à la maison ? Quand je te dis que tu as la tête à l'envers. Attends, Maryx, si tu crois que je vais garder ici un oiseau pareil, fais-le sauver bien vite, ou je l'assomme.

Maryx laissa un moment sa mère se livrer à sa colère, et elle fit sonner, comme par hasard, l'argent dans ses poches.

—Hein ? dit la mère, dont les yeux se réveillèrent à ce son, qu'est-ce que j'ai entendu ? Viens ici, Maryx, viens m'embrasser.

L'enfant se jeta d'un bond au cou de la vieille, qui se

laissa faire, mais en dirigeant ses longues mains dans la poche de sa fille.

— Tant que ça! dit-elle... où donc que tu l'as pris, cet argent? Ah! petite *cachottière*, tu ne le disais pas en entrant.

La vieille juive retira sa main fermée de la poche de Maryx et pesa l'argent comme dans une balance; puis elle le fit chanter en desserrant un peu la main, puis elle regarda, puis elle le compta.

— Seize livres! s'écria-t-elle.

Les juifs les plus pauvres connaissent la valeur de l'argent de tous les pays.

— Seize livres! Mais dis donc, Maryx, où as-tu trouvé ça? Qui t'a donné cet argent?

Maryx montra le chien, qui suivait cette scène des yeux.

— Ah! le monstre, il est encore là... Comment! tu dis que c'est le chien qui t'a donné l'argent... Tu mens, Maryx.

La petite guitariste raconta alors l'aventure de la matinée; et, tout en contant, elle allait du chien à sa mère et les embrassait tous les deux.

— C'est égal, dit la mère, nous ne pouvons pas garder le chien... il aurait bientôt mangé les seize livres... Ou bien, garde-le deux ou trois jours pour t'amuser; après nous tâcherons de retrouver son maître, qui nous donnera encore beaucoup d'argent... Tu n'as pas d'autre argent? reprit la vieille insatiable.

— Non, dit Maryx.

— Dans l'autre poche, par hasard? dit la juive.

L'enfant secoua le côté gauche de la robe, qui ne rendit aucun son.

— Vois-tu, Maryx, c'est qu'il ne faudrait pas me tromper... d'abord on ne me trompe jamais, je devine tout. Je suis sûre que tu en as dépensé dans ta route?

— Mais non, maman.

— Ah!... tu as mangé, alors... avoue que tu as mangé?

— Je n'ai pas mangé, dit l'enfant.

— Tu sais pourtant que je te recommande de ne jamais revenir le ventre vide à la maison... c'est si facile d'entrer quelque part et de demander un peu de pain, un peu de choux... on vous le donne plus facilement que de l'argent, au moins je ne serais pas obligée de me ruiner en nourriture. Au fait, tu as payé ton déjeuner aujourd'hui, je vais te régaler... mais que cela n'arrive plus.

— Et le chien, il a faim aussi, dit Maryx.

— Comment! il a faim, reprit la vieille... c'est donc un chien de pauvre; si je savais cela, je ne le garderais pas une seconde.

— Oh! maman, dit Maryx, il est si bon, mon chien! Bien sûr qu'il appartient à quelqu'un de riche, au contraire; il y a une petite plaque à son cou.

La vieille appela le chien pour prendre des renseignements; mais Terrible n'obéit pas; il méprisait la juive et se contentait de regarder l'enfant. Celle-ci se roula par terre en prenant la tête du chien dans ses deux mains, et regarda la plaque sur laquelle était gravé en creux : *Terrible, du 1er régiment de la vieille garde.*

— Je ne sais pas lire ça, dit Maryx.

— Bon, répondit la juive, nous ferons déchiffrer l'écriteau par quelqu'un de savant.

Après la revue, M. Chalandry regarda inutilement de tous côtés après son chien; il le demanda à ses musiciens. Personne ne l'avait vu. Le basson devint triste à mourir; jamais Terrible n'avait fait d'absence si longue. M. Chalandry allait accompagner aux Italiens, mais sans apporter d'attention à sa musique. Chose incroyable! un soir il oublia de jouer un *solo*, accompagné par les cors, les hautbois, les flûtes et les clarinettes. Le public fut tout surpris de n'entendre que des accompagnements; le chef d'orchestre sau-

tait sur sa haute chaise en criant le moins haut possible :
« Eh bien ! le basson, eh bien ! » M. Chalandry avait sa tête
dans ses mains ; il sortit tout à coup de ses réflexions, et ne
s'aperçut de sa distraction que par les regards de colère
du chef d'orchestre.

— Mais vous avez perdu la tête, monsieur, lui dit le
chef d'orchestre à la fin de l'acte ; comment ! vous faites *tacet*
dans l'ouverture... Je le comprendrais encore de la part des
trompettes et trombones, qui ont quelquefois trois cents
mesures de pauses ; mais c'est impardonnable pour un
basson.

M. Chalandry expliqua que, depuis quatre jours, il avait
perdu son seul ami, son chien, et que toutes ses idées étaient
déroutées.

— Si c'était un chien ordinaire, dit le basson, je me dirais : Il est débauché, il reviendra ; mais il n'a jamais eu de
faiblesses. Les Autrichiens l'auront tué... Pauvre bête ! je
l'aimais comme mon enfant... Tout le monde l'aimait dans
notre vieille garde. Ah ! si vous l'aviez vu, mon pauvre Terrible... Car, s'il n'était pas mort, il serait revenu ; même
on l'aurait ramené : il porte au cou ses titres et son nom.

— Comment est-il votre chien ? demanda le chef d'orchestre, compatissant à la réelle douleur du musicien.

— Oh ! il n'est pas beau au premier abord ! C'est un
barbet tout frisé, noir et des grands sourcils sur les yeux.

— J'en ai rencontré un singulier avec une petite mendiante qui joue de la guitare.

— Une mendiante !... Une guitare !... s'écria M. Chalandry... je me rappelle maintenant, c'est lui, c'est bien lui...
Il n'est donc pas mort. Je vous remercie bien, allez...
vous êtes un brave homme, vous... ce pauvre Terrible... je
ne dormirai pas de joie... tenez, je vais jouer ce soir du
basson comme jamais... Si vous voulez, nous recommencerons l'ouverture pour le lever du rideau.

Le lendemain, aussitôt la pointe du jour, M. Chalandry se mettait en route d'après les quelques indications du chef d'orchestre. Il parcourut toutes les brasseries, toutes les tabagies, tous les bouges de Dresde, et ne trouva nulles traces de la guitariste ni de Terrible. Son chagrin était un peu apaisé, malgré le peu de succès de ses recherches; cependant, en se couchant, il traita le chien comme une infidèle maîtresse.

— Ingrat, disait-il, il n'est pas mort, et il m'a quitté pour une petite mendiante!

M. Chalandry apprit une mauvaise nouvelle; l'ordre du jour portait que l'armée partirait de Dresde sous trois jours. M. Chalandry abandonna ses musiciens et se fit remplacer par le sergent de musique : il était bien décidé à ne pas quitter la ville sans avoir retrouvé son chien mort ou vif.

Et il se remit à parcourir dans tous les sens les ruelles et les détours de Dresde. Un jour, accablé de fatigue, il entra dans un cabaret pour se reposer; il aperçut sur la porte un Français qui fumait.

M. Chalandry le regarda, étonné de trouver encore un de ses compatriotes dans la ville; pour lui c'était plus qu'une connaissance, presque un ami.

— Vous n'êtes pas parti avec l'armée, monsieur? lui demanda-t-il.

— Non, j'ai été blessé à la jambe; j'ai trouvé une brave famille d'Allemands qui a soin de moi, et je passe ici ma convalescence.

— Vous êtes bien heureux, dit le basson.

Et il avait la mine si triste en parlant de bonheur, que l'autre ne put s'empêcher de lui demander ce qui semblait le tracasser.

M. Chalandry raconta ses malheurs et la fuite du chien; il avait les larmes aux yeux.

— Je voudrais bien vous être utile, lui dit le fumeur;

mais je ne connais pas plus Dresde que ma poche, et j'aurais vu votre bête, que je ne suis pas assez fin pour distinguer un chien allemand d'un chien français.

M. Chalandry eut l'air de continuer sa route.

— Mais, dit le Français, les gens qui me soignent connaissent mieux la ville, ils vous diront sans doute où on pourrait avoir des nouvelles de votre musicienne à la guitare... Peut-être a-t-elle une permission de la police, on ne sait pas.

Il entra dans la maison et revint bientôt en disant au basson qu'il y avait non loin de là un cabaret où se donnaient rendez-vous tous les musiciens ambulants.

M. Chalandry voulait entraîner le Français malgré sa blessure; il fallut qu'une servante le conduisît. Ils entrèrent au cabaret, qui était le même où Terrible avait emporté si brutalement la recette.

Le basson riait et pleurait en entendant raconter cette histoire.

— Voilà l'argent, dit M. Chalandry; qu'on apporte à boire, et menez-moi vite vers mon chien.

— Oh! nous ne savons pas où il demeure, mais il passe tous les jours à la même heure devant le cabaret. Il est six heures moins un quart, il ne sera pas long.

— Je vous laisse boire, dit le basson; pour moi, je vais l'attendre à la porte.

Un quart d'heure après, les buveurs entendirent un grand cri.

— Eh! dit la cabaretière, le monsieur se trouve mal.

On courut à la porte: M. Chalandry était étendu sur le banc; Terrible, inquiet, gémissant et sautant sur lui. La petite guitariste ouvrait de grands yeux. Le basson revint bien vite à lui; il embrassait le chien, et ses longues mains le palpaient convulsivement.

— Ah! Terrible, s'écria-t-il, tu m'as fait bien du mal!

Terrible baissa la tête et la tourna vers Maryx.

— Est-ce que tu l'aimerais mieux que moi? dit tristement le basson.

Le chien continuait de baisser la tête.

— C'est que, vois-tu, nous partons après-demain... tu viendras, n'est-ce pas?

Terrible avait saisi dans ses dents la robe de l'enfant et ne semblait pouvoir s'en détacher.

— Comment! tu ne veux pas venir, dit M. Chalandry, tu m'abandonnerais, moi qui te connais depuis quinze ans, tu quitterais la vieille garde, la musique, ingrat?... Ah! c'est mal, Terrible, c'est bien mal!

Le vieux basson ne put continuer; son gosier se serrait, et il se sentait prêt à fondre en larmes.

Le chien tira Maryx par la robe et l'amena devant M. Chalandry; puis il mit ses deux pattes sur les jambes de son maître; il semblait, à genoux, demander son pardon.

La cabaretière, qui avait écouté ce dialogue, était tout émue.

— Mais, monsieur, lui dit-elle, pourquoi n'emmenez-vous pas avec vous la petite, si le chien y tient tant? Comme ça, vous serez tous heureux.

— Au fait, dit le basson, vous avez raison. Et les parents de cette enfant?

— C'est la fille d'une vieille juive, dit le cabaretier; elle sera bien heureuse de s'en débarrasser pour une petite somme. Ses sœurs ont toutes pris la volée, et ça ne rapporte rien à la vieille.

M. Chalandry n'hésita plus; il accompagna Maryx et Terrible au faubourg de Dresde et trouva la juive; mais il montra un tel désir d'emmener l'enfant, que la vieille se montra revêche au marché.

Le basson donna le lendemain mille francs, qui étaient la somme convenue. L'armée partit de Dresde. La petite guitariste, après quelques jours de marche, se fatigua tellement, qu'on la fit placer dans les voitures des équipages militaires.

Terrible ne voulut pas la quitter; de temps en temps il grimpait dans la voiture pour voir son amie.

Un jour les équipages furent attaqués; ils se rendirent.

M. Chalandry n'eut jamais de nouvelles de l'enfant ni de Terrible.

V

TOUT CE QUI TOUCHE A LA MORT EST D'UNE
GAIETÉ FOLLE

Il est certain que la jeunesse s'amuse beaucoup à rire de la mort : les squelettes, les danses macabres, les têtes de morts viennent perpétuellement à l'imagination, sans doute parce que la jeunesse sait que la mort est loin et qu'elle peut en rire sans que l'autre le sache. Je n'ai pas absolument peur de la mort aujourd'hui; je la vois, au contraire, comme la déesse du calme, et je ne lui demande qu'une chose : c'est qu'elle ne fasse pas de fausses entrées, puis de fausses sorties; c'est qu'elle veuille bien ne pas jouer un épilogue trop long quand elle viendra. Trop souvent la mort arrive dans une maison et tient des discours sans fin qui durent plusieurs mois; là je la trouve insupportable, et je préférerais l'entendre me dire : « Bonjour, me voilà, partons! »

Autrefois je n'avais pas ces idées, je voyais la chose à travers le romantisme et je la voyais mal. La mort ne me semblait qu'un prétexte à littérature, et surtout son appareil, ses serviteurs et son mobilier. Un peu trop enthousiaste de ballades allemandes et de Français goguenards, je ne rêvais que croque-morts, que pompes funèbres, que cercueils.

C'est sous le coup de ces idées que j'écrivis *Pierrot, valet de la Mort*, ma première pantomime, qui obtint un certain succès romantique. Je n'avais guère fourré dedans que trois cercueils, et je comptais sur un effet immense. C'était surtout un discours prononcé par la Mort, en paroles très-distinctes, qui me remplissait de joie ; je ne sais si, en fouillant tous mes souvenirs dramatiques de théâtres étrangers, je trouvai quelque chose de supérieur au troisième tableau, qui était intitulé le *Cabinet de la Mort*.

Le théâtre devait représenter un souterrain garni de têtes et d'os de morts; sur la table était un grand sablier. La Mort, habillée d'un grand manteau noir flottant, une toque à plume sur la tête, une faux à la main, ses pieds de squelette passant sous le manteau, était assise sur son trône. Nécessairement l'horloge sonnait minuit.

Au coup de minuit, trois cercueils descendaient des frises du théâtre, deux grands et un petit. D'une voix grave et lente, la Mort disait :

— Il n'y a que trois cercueils aujourd'hui... mauvaise recette ! ça ne va pas là-haut... on vit trop longtemps maintenant... J'aurais presque envie d'abandonner le métier, d'autant plus que ces gredins de cadavres n'apportent pas avec eux de quoi payer leur bienvenue. Ils ne sont bons qu'à fumer la terre... S'ils amenaient seulement dans leurs boîtes la moitié de ce qu'ils possèdent ; mais rien, pas une obole... ils laissent leurs biens, leur argent, leur fortune à des parents qui rient avant de leur avoir vu l'œil fermé.

Ayant ainsi parlé, la Mort descendait de son trône et marchait vers le petit cercueil, dont elle soulevait le couvercle.

— Un enfant ! s'écriait la Mort, à quoi bon ? J'aime mieux

un gros homme qui pèse un peu; mais un enfant orphelin, qui n'a laissé de chagrins à personne! — Et le chagrin m'amène des pratiques. Bath! voyons un peu l'autre.

Elle passait au second cercueil.

— Au diable!... Un médecin! où avais-je la tête quand j'ai fauché celui-là... un homme qui m'était si dévoué et qui m'envoyait tous les jours tant de visiteurs! Ah! pauvre médecin, mon vieil ami, tu as eu bien tort de te laisser mourir?

Dans le troisième cercueil était Pierrot, étendu roide, immobile, dans ses habits blancs.

— A la bonne heure! disait la Mort, celui-là... je l'ai déjà manqué trop souvent; mais, cette fois, il est en ma possession. Voyons, ressuscitons-le pour quelques instants.

Elle prenait une petite fiole, en frottait les narines de Pierrot, qui éternuait, ouvrait un œil et le refermait aussitôt en apercevant la Mort.

— Pierrot, disait celle-ci, sors de ton cercueil et reviens à la vie.

A un coup de tonnerre, Pierrot se levait et montrait une grande joie d'être ressuscité.

— Tu n'étais donc pas heureux entre ces quatre planches? disait la Mort.

Pierrot faisait la grimace.

— Cependant il faudra y retourner là dedans! disait la Mort.

Pierrot se jetait à ses pieds, l'implorait, demandait grâce, faisait mille câlineries à la Mort, la caressait, dansait autour d'elle; la Mort se laissait prendre à ces amabilités, souriait autant que peut sourire la Mort.

— Tu me divertis, disait-elle, je te rends la vie.

Pierrot, sans en demander davantage, tournait les talons; mais la Mort le rattrapait :

— A une condition cependant : j'ai besoin d'un valet intelligent, qui veille là-haut à mes envois ; je te prends à mon service... Mais il y a longtemps que tu n'as mangé, Pierrot, tu dois avoir faim.

Sur le désir de Pierrot de boire :

— Holà ! valets de mon noir royaume, s'écriait la Mort, qu'on apporte de la boisson.

Deux squelettes apportaient une bouteille et des crânes en forme de coupes. Pierrot refusait cette boisson lugubre et manifestait une certaine inquiétude sur la qualité du vin qu'on devait boire dans cet endroit ; cependant ses instincts l'emportaient, et il buvait la bouteille, sans s'inquiéter d'en verser dans le verre de la Mort, qui voulait trinquer avec son valet.

— Ta blessure, à ce qu'il paraît, disait la Mort, n'a pas fait tort à ta soif... Ne veux-tu pas manger un peu ?

Mais la vue des squelettes, du souterrain, effrayait Pierrot, et il refusait.

— J'ai l'humeur grise aujourd'hui, disait la Mort ; avant de t'en aller, amuse-moi.

Pierrot allait chercher un violon et préludait. La Mort agitait sa faux et ricanait.

— Que mes sujets viennent se livrer à un quart d'heure de joie ! s'écriait-elle. Que la plus grande gaieté paraisse sur toutes les figures !

Ayant ainsi parlé, la Mort remontait sur son trône ; les ombres et les squelettes entraient en foule. Pierrot jouait un air de danse ; il se formait un ballet étrange, pendant que la Mort marquait la mesure avec sa faux. Ombres et squelettes formaient une ronde de plus en plus remuante et tumultueuse. La Mort riait aux éclats, sautait sur son trône, et finissait par se mêler à la danse. Pierrot profitait de cette grande débauche pour se sauver dans les airs à cheval sur son cercueil.

Tel était à peu près le tableau le meilleur de la pièce, celui sur lequel je fondais mes espérances, comptant sur une mise en scène ossuaire et distinguée, lorsqu'un matin le directeur me dit :

— La censure ne veut pas entendre parler de cercueils.

Je fus pris d'un grand serrement de cœur ; j'admettais plutôt l'existence de l'invalide à la tête de bois que ma pantomime sans cercueils. Je pris ma course, faisant des enjambées de géant sur le trottoir, cherchant de tous les côtés après Gérard pour lui demander des conseils sur cette coupure inepte.

Théophile Gautier, qui aime beaucoup l'appareil de la mort, me donna une lettre pour la censure, après que je lui eus raconté mes chagrins. J'arrivai ainsi au ministère, et je trouvai que les censeurs étaient allés se promener. Il n'y avait là qu'un vieux garçon de bureau d'une mine assez estimable.

— Comment! m'écriai-je, on m'a coupé mes cercueils, de quel droit?

Le bonhomme dressa la tête en entendant parler de cercueils, car il ne savait qui j'étais ni d'où je venais. Quand il apprit qu'il avait affaire à un auteur des Funambules, il prit un air grave.

— Nous allons chercher le manuscrit, dit-il ; s'il y a des ratures à l'encre rouge, je n'y peux rien faire ; il faudra une décision du ministre.

Nous fouillons les tiroirs et nous trouvons le manuscrit de *Pierrot, valet de la Mort*, qui était visé, approuvé, prêt à être envoyé au théâtre, et sans la plus petite rature à l'encre rouge.

— Ces messieurs ne trouvent rien à redire, me dit le garçon de bureau.

— Alors, lui dis-je, on me trompait au théâtre, quand on me disait que les censeurs exigeaient la suppression des cercueils.

— Des cercueils ! s'écria le garçon de bureau d'un air atterré ; et pourquoi faire, monsieur ?

— C'est un effet, lui dis-je.

Le vieil employé me regarda, réfléchit et se mit à feuilleter le manuscrit ; il tomba justement sur le passage où la Mort parle devant le cercueil de l'enfant.

— Ah ! monsieur, monsieur, qu'avez-vous fait là ? me dit-il avec un accent de supplication ; songez donc au mal que vous pouvez faire à une mère de famille qui aurait perdu un de ses enfants.

— Dans cette affliction, une mère de famille ne va pas au spectacle.

— C'est égal, monsieur, croyez-moi, retirez ce petit cercueil, dans votre intérêt.

— Oui, oui, oui, lui dis-je, feignant d'accéder à ses conseils et me sauvant avec mon chef-d'œuvre dans la poche.

J'arrivai au théâtre en criant : « Victoire ! les cercueils nous restent ! » Mais, le jour de la représentation, à la répétition générale, où apparaissent les accessoires, je remarquai avec inquiétude un grand coffre carré qui descendait du haut des frises.

— Et mes cercueils ? dis-je au régisseur.

— C'est la même chose, me dit-il.

— Comment, la même chose ! Un coffre-fort carré au lieu de trois cercueils, dont un petit !

— Nous mettons les trois morts dans la même boîte, dit le régisseur, et la Mort leur parle comme dans votre manuscrit ; rien n'est changé.

J'avais envie d'envoyer un huissier arrêter la représentation si on ne faisait pas descendre les trois cercueils ; on ne sait pas ce qui se passe dans la tête d'un jeune auteur à la moindre mutilation.

— D'ailleurs, me dit le régisseur, cette grande boîte est

vide et ne reçoit l'acteur que par une trappe du dessous du théâtre; il serait impossible au machiniste de faire descendre trois cercueils avec des acteurs dedans; d'un autre côté, les acteurs n'aiment pas à descendre des frises, de peur d'accident; et puis, nous n'avons pas de cercueils en magasin.

— Mais il y en a ici tout près, à l'administration des Pompes, près du canal Saint-Martin, dis-je; je m'en vais en emprunter; on m'a dit que ce sont des vaudevillistes qui sont à la tête de l'administration, ils comprendront mes raisons.

Le directeur survint, qui me donna à entendre que la censure avait interdit tout accessoire ayant rapport au culte, ainsi que les croix fichées en terre, et qu'on les invitait à représenter des cimetières le moins possible.

Je sortis du théâtre furieux, ne comptant plus sur le succès de ma pièce, me promettant de ne pas me laisser nommer, et honteux d'être rencontré par des amis, auxquels j'avais tant parlé de mes effets funèbres.

Le coquin qui jouait la Mort était un comédien sans éducation, qui ne savait même pas lire, qui était tout à fait démonté par le genre de pantomime que j'inaugurais; il passa trois ou quatre phrases de son monologue de la Mort, et termina par une violente faute de français; j'étais dans la coulisse, plus mort que vif.

— Cet homme compromet ma pièce, dis-je au directeur, il joue son rôle de la Mort en dépit du bon sens.

— Ah! me dit-il en soupirant, il est si triste de remplir un pareil emploi!

Fiorentino me dit:

— Je n'aime point la Mort dans une pièce de ce genre. En Italie, tout le monde eût déserté la salle à l'apparition de la *Senza-Naso*.

Il est vrai que l'acteur qui jouait la Mort était très-bien

grimé; son masque rendait à merveille la tête de mort; il ne s'était pas inquiété de ma description de costume, et entrait en squelette nu, sans manteau et sans chapeau. J'aurais voulu cependant le voir avec cette allure triomphante et à panaches de la Mort dans les danses macabres des fresques du moyen âge.

Gozzi, dans ses Mémoires, rapporte une aventure que j'ai cru devoir citer :

« Le jour de la représentation de mon *Roi des Génies*, l'indignation de l'invisible ennemi se manifesta clairement. Je portais une culotte neuve et je prenais une tasse de café dans la coulisse. La toile se leva. Une foule attentive et compacte remplissait le théâtre. L'exposition de la pièce était commencée, et tout annonçait un succès, lorsqu'un frisson involontaire, une crainte insurmontable, troublèrent mes sens. Mes mains tremblaient, et je laissai choir ma tasse de café sur ma culotte de soie. En me retirant, consterné, dans le salon des acteurs, je trébuchai sur une marche et je déchirai au genou cette culotte déjà gâtée. Une voix inconnue me souffla aux oreilles qu'il n'était pas bien à moi d'avoir mis en scène le *Roi des Génies*, et que je ne tarderais pas à me repentir de cette insolence. Je me demande encore si, en effet, je ne méritais pas des reproches pour avoir traité avec une légèreté évidente des êtres qui ont droit à nos respects, bien que privés de corps.

« Je ne conseillerai à personne de s'exposer aux périls que j'ai courus. La littérature féerique est bornée, sans doute parce que les poëtes sont plus sages ou mieux avisés que moi. Le monde occulte rit de l'ignorance et de la simplicité des nourrices, qui inventent des fables sans sortir des bornes du respect, et ne mêlent point à leurs récits d'études sur les caractères et ridicules. Quant aux conteurs arabes, qui ont pénétré fort loin dans ce monde terrible, ce sont des voyageurs curieux et intrépides qui se sont apparemment dévoués à l'amusement des mortels ; mais je gagerais qu'ils en ont été punis, et il est remarquable qu'on ne sache pas même leurs noms. Il m'en a coûté assez cher pour avoir voulu suivre leurs traces. »

J'avais d'abord cru que Gozzi feignait cette terreur des génies ; mais ce qui m'arriva trois ans après la première représentation de *Pierrot, valet de la Mort*, me fit comprendre la sincérité de son récit. On reprenait ma pantomime, j'allai dans les coulisses, et je me trouvai tout à coup en présence de l'acteur qui sortait de sa loge, habillé en squelette. Je fus pris d'un frisson violent, et je retournai dans la salle : deux femmes se plaignaient vivement de la représentation de la Mort, et insultaient l'auteur. J'avais envie d'entrer dans la conversation, et de traiter le librettiste de *Pierrot, valet de la Mort*, avec encore plus de dureté.

Mais ma terreur vint d'un effet nerveux passager, et je ne me repens pas d'avoir écrit cette pantomime, qui représente mes convictions d'alors.

VI

LA MORGUE

C'est à cette époque que je me promenais effrontément dans Paris, sans rougir d'avoir signé de mon nom je ne sais quels essais de prose particulière que j'intitulais *Ballade*, et qui étaient un dernier reste de la littérature de cimetières, de Montfaucon, d'âne mort et d'abattoir, que, j'espère, on ne lit plus du tout aujourd'hui. Il est peut-être curieux de réimprimer cet aimable chef-d'œuvre. On reconnaîtra les préoccupations d'un homme de bonne foi qui ne vit clair qu'au demi-siècle, en 1850, et qui eut beaucoup à faire pour se débarrasser des fâcheuses lectures et des courants funestes qui s'emparent des esprits les moins disposés à les ressentir.

Un bâtiment bourgeois et carré qui baigne ses pieds dans la Seine, — voilà la Morgue au dehors.

Huit lits de pierre, huit cavaliers dessus, — voilà la Morgue au dedans.

La Morgue aime la Seine, car la Seine lui fournit des épaves humaines.

Ce qu'elles consomment à elles deux, ces terribles recéleuses, on l'ignore, mais le nombre en est grand.

Elles ne tiennent pas à avoir des amants beaux et coquets, roses et blonds. Ouich! elles veulent la quantité.

Aussi la Morgue s'entend-elle avec la Seine pour défigurer les hommes, afin de les garder le plus longtemps possible.

Ce n'est pas dans Paris que la Seine est une gaie rivière, et il faut marcher loin pour retrouver les *bords fleuris* de madame Deshoulières.

La Seine de Paris est une rivière fétide, verte l'été, jaune l'hiver, obscure comme une chambre noire.

Quand la Seine empoigne un homme, elle vous le prend au collet comme un sergent de ville et l'emmène dans son lit. Les matelas de ce lit sont rembourrés de tessons de bouteilles, de bottes moisies, de clous rouillés, de chiens et de chats sans poils, enfin la quintessence des immondices de Paris, la ville aux immondices.

La Seine est capricieuse comme une femme; elle a des fantaisies. Elle garde son nouvel amant quelquefois un jour, quelquefois une semaine, quelquefois un mois, selon que le cavalier lui plaît. Puis, fatiguée, elle le lâche en le parant de ses couleurs. Il revient vert ou jaune.

Alors la Morgue ouvre ses grands bras et s'empare des restes de la Seine. Elle commence par ôter au cavalier ses habits qui pleurent.

Elle l'étend sur un lit de pierre après l'avoir bien nettoyé, bien lavé, bien *ficelé*, disent quelques-uns.

Et tous les jours la Morgue ouvre ses portes au public. Elle ne craint pas, l'impudique, d'accuser le nombre de ses amants.

La foule, gourmande d'émotions, y court, surtout les femmes. Par hasard j'entrai un jour.

Sur un lit était étendu un vieillard que la Seine avait teinté de rose. Ses cheveux étaient blancs, rares et hérissés. Sur la poitrine se dressaient quelques poils, blancs et rares aussi. Le ventre était gonflé sous le masque de cuir, — qui est la feuille de vigne de la Morgue.

Parmi les curieux se trouvait une femme portant dans ses bras un enfant. La femme aurait voulu avoir dix yeux pour voir. L'enfant sommeillait. — Eh! petit, dit la mère en montrant du doigt le vieillard plus terrible que la plus terrible toile espagnole, regarde donc, vois-tu le *beau monsieur*?

VII

PIERROT PENDU,

Pantomime mêlée de potences, de bourreaux, de filouteries et autres choses agréables, analysée par Théophile Gautier.

Certes les abonnés de la *Presse*, les auteurs dramatiques, les comédiens des grands théâtres, ont dû maudire leur feuilletoniste plus d'une fois, quand il emplissait son feuilleton par le résumé d'une simple pantomime. Je crois très-utile aujourd'hui d'imprimer une fois de plus cette belle prose, qui se plaît, tout aristocratique qu'elle soit, à descendre dans les lieux les plus malsains, et qui ne dédaigne pas de s'encanailler en narrant avec complaisance les exploits des hercules de foire, des clowns du Cirque, des marionnettes, des animaux savants, des paradeurs de toute espèce. Un coin des derniers tréteaux de notre époque sera illuminé non pas par un lampion, mais par le soleil d'un grand style :

« C'est une grave épreuve à subir que de reparaître dans la lice après un succès inespéré, inouï, comme celui du *Désert*, de *Lucrèce*, ou de *Pierrot, valet de la mort*. — On craignait pour Champfleury, l'auteur de cette magnifique pantomime, un *Moïse*, une *Agnès*, ou quelque mésaventure analogue. Plus fort que Félicien David et que Francis Ponsard, Champfleury est descendu de la montagne vainqueur, et n'a pas eu son Pierrot de Méranie! sa gloire est sortie pure de ce creuset terrible, auquel peut seul résister l'or le plus pur d'alliage.

« La mission que s'est imposée Champfleury est vraiment belle et digne d'un poëte. Il veut renouveler la pantomime ou plutôt lui rendre son ancien attrait; car il faut avouer cette triste vérité, la pantomime s'en va comme toutes les grandes choses! On joue maintenant aux Funambules des vaudevilles identiquement pareils à ceux des Variétés, du Vaudeville, du Gymnase et du Palais-Royal. La seule différence qu'on y pourrait trouver, c'est qu'ils sont meilleurs, étant faits par de jeunes auteurs pleins de poésie et de verve adolescentes. — Ces vaudevilles dégénèrent souvent en opéras-comiques, ce qui est triste. Le peuple, dont le goût s'est corrompu à la longue, regarde la pantomime comme une chose frivole, et traduit son opinion à l'endroit d'Arlequin et de Colombine par cette phrase peu académique : « Tout ça, c'est des bêtises. » — O Béotiens en blouses et en casquettes de loutre, qui préférez le bruissement fêlé des grelots de Momus au silence éloquent de Pierrot et de Cassandre qui parlent à coups de pied et chantent à coups de poing!

« La foule a perdu le sens de ces hauts symboles, de ces mystères profonds qui rendent rêveurs le poëte et le philosophe; elle n'a plus l'esprit assez subtil pour suivre et comprendre ce rêve éveillé, ce voyage à travers les événements et les choses, cette agitation perpétuelle, cette turbulence sans but qui peint si bien la vie.

« La pantomime est la vraie comédie humaine; et, bien qu'elle n'emploie pas deux mille personnages, comme celle de M. de Balzac, elle n'en est pas moins complète. Avec quatre ou cinq types, elle suffit à tout. Cassandre représente la famille; Léandre, le bellâtre stupide et cossu, qui agrée aux parents; Colombine, l'idéal, la Béatrix, le rêve poursuivi, la fleur de jeunesse et de beauté; Arlequin, museau de singe et corps de serpent, avec son masque noir, ses losanges bigarrés, sa pluie de paillettes, l'amour, l'esprit, la mobilité, l'audace, toutes les qualités et les vices brillants ; Pierrot, pâle, grêle, vêtu d'habits blafards, toujours affamé et toujours battu, l'esclave antique, le prolétaire moderne, le paria, l'être passif et déshérité qui assiste, morne et sournois, aux orgies et aux folies de ses maîtres.

— Ne voilà-t-il pas, en admettant les nuances nécessaires et que chaque type comporte, un microcosme complet et qui suffit à toutes les évolutions de la pensée, surtout si, comme l'a fait Champfleury, on y ajoute le Polichinelle à favoris blancs, à figure écarlate, à la double bosse, qui symbolise les appétits grossiers, les penchants immondes, la jovialité brutale, le Polichinelle qui est à l'Arlequin ce que Mayeux est à don Juan, le vice à la passion, le cynisme à l'esprit, l'aplomb du parvenu à l'aisance du grand seigneur ?

« A propos de ce type si brillamment remis en lumière, faisons cette remarque que la supériorité de Deburau avait insensiblement repoussé dans l'ombre plusieurs figures importantes de la pantomime. Avec lui, le rôle de Pierrot s'était élargi, agrandi ; il avait fini par occuper toute la pièce, et, cela soit dit avec tout le respect qu'on doit à la mémoire du plus parfait acteur qui ait jamais existé, par s'éloigner de son origine et se dénaturer. Pierrot, sous la farine et la casaque de l'illustre Bohémien, prenait des airs de maître et un aplomb qui ne lui convenaient pas ; il donnait des coups de pied et n'en recevait plus ; c'est à peine si Arlequin osait lui effleurer les épaules de sa batte ; Cassandre y regardait à deux fois avant de le souffleter.

« Il embrassait Colombine et lui prenait la taille comme un séducteur d'opéra-comique, il menait l'action à lui tout seul, et il en était arrivé à ce degré d'insolence et d'audace qu'il battait même son bon génie. — Oui, Pierrot, enivré de gloire, d'applaudissements et de triomphes, tirait la savate avec Arimane et donnait des renfoncements à Oromaze, sans respect pour la flamme bleue de son diadème ; il traitait comme on traite de simples gamins les symboles de la cosmogonie de Zoroastre et les mythes du Zend-Avesta. Le génie a ses priviléges ! Mais l'ancien Pierrot, lui, si timide, si poltron, eût été bien effrayé de semblables hardiesses !

« La personnalité si forte du grand acteur débordait le type,

Et du Pierrot blafard brisant le masque étroit,
Le front de Deburau perçait par maint endroit.

« Deburau mort, l'usage s'est continué. Champfleury n'a pas cru devoir s'y soustraire, et Pierrot, dans les pièces, occupe encore la première place. C'est une faute, bien qu'autorisée par un grand nombre d'exemples. Que diriez-vous d'un don Juan qui primerait Sganarelle?

« En voyant annoncer *Pierrot pendu*, notre imagination avait travaillé ; ce titre nous ramenait à des souvenirs de jeunesse communs à tous ceux qui ont miroité les bancs d'un collége quelconque. Qui n'a remarqué le soin religieux avec lequel les écoliers dessinent au premier folio de leur rudiment, de leurs dictionnaires et de leurs *Gradus ad Parnassum*, un hiéroglyphe mystérieux représentant un Pierrot attaché à une potence, sous laquelle on lit, en manière d'avertissement, cette légende justificative en latin macaronique :

> Aspice Pierrot pendu
> Quod librum n'a pas rendu ;
> Si Pierrot librum reddidisset,
> Pierrot pendu non fuisset.

« Qui a fait ce quatrain bizarre, dont le style rappelle celui de Merlin Coccaie, et accuse une origine ancienne? — L'auteur en est inconnu comme le sont toujours les auteurs de choses éternelles ; car les enfants de l'avenir, jusqu'au refroidissement complet de notre planète qui s'éloigne du soleil dans une proportion mathématique, écriront sur leurs livres de cette poésie impérissable.

« De ce quatrain il résulte une chose, c'est qu'à une époque que nul ne peut fixer, et qui se perd dans la nuit des temps, Pierrot a volé un livre, ou tout au moins n'a pas rendu un livre prêté : le texte n'est pas très-explicite ; les deux derniers vers semblent indiquer que, sans son opiniâtreté dans le mal, Pierrot aurait pu éviter le supplice. La phrase est tout à fait facultative :

> Pierrot pendu *non fuisset*.

« D'autre part, c'est une peine bien rigoureuse que la hart pour un bouquin non rendu ; surtout avec cette circonstance atténuante que Pierrot devait avoir pris un *Epitome*, un *De Viris illustribus*, un *Jardin des racines grecques*, ou quelque autre production de même farine, — *ejusdem farinæ*, puisque ce sont les seuls livres permis au collége. — Il est plus croyable qu'il a volé ce volume.

cause de sa perte, et qu'il l'aura vendu pour acheter des friandises. Mais qu'allait-il faire au collége? Sans doute conduire les petits de Léandre. Les traditions ne nous représentent pas Pierrot comme lettré; nous ne voyons nulle part qu'il ait fait ses études; il est ignorant quoique rusé, crédule bien que sceptique, et sa position sociale consiste à recevoir des soufflets de Cassandre. Cependant, un couplet d'une ballade bien connue contient les renseignements suivants :

> Au clair de la lune,
> Mon ami Pierrot,
> Prête-moi ta plume
> Pour écrire un mot.

« De cette strophe il résulte que Pierrot possédait une plume et qu'il était connu pour cela, puisque, lorsqu'un amoureux avait besoin de griffonner un billet au clair de lune, il s'adressait à l'ami Pierrot.

« S'il avait une plume, c'est qu'il savait écrire, et s'il savait écrire, il savait lire.

« Du couplet macaronique et de la sérénade on peut inférer que le pâle valet de Cassandre n'était pas dénué de toute instruction. Le vol du livre prouve le désir de s'instruire, la volonté de connaitre ; mais, hélas! Pierrot est le symbole du prolétaire, le type du peuple : il n'a pas plus d'argent pour acheter le pain de l'esprit que pour acheter le pain du corps; s'il écrit, c'est au clair de lune, pendant que son maître est endormi ; il prend sur son repos et cultive son âme au seul moment où s'arrête la grêle de gifles et de calottes. De ce travail nocturne vient peut-être la couleur livide de son teint. Quel dommage que ses élucubrations se soient perdues! et comme les œuvres de Pierrot, reliées en vélin blanc, eussent produit un bon effet sur les rayons des bibliothèques !

« Serait-ce une témérité, d'après ces différents textes, de croire que Pierrot a été cuistre de collége, et ensuite grimaud et barbouilleur de papier ?

« Il est difficile, nous l'avouons, de concilier ces diverses manières d'être dans le même personnage, à moins de supposer qu'il y a eu plusieurs Jupiters et plusieurs Hercules. Les figures typiques sont ordinairement collectives. Une foule d'individualités se résument et se fondent en elles. L'humanité entière palpite sous une demi-douzaine de noms.

« Nous voilà un peu loin du Pierrot pendu de Champfleury ; mais à propos de quoi fera-t-on de l'esthétique et se livrera-t-on à des pensées philosophiques, si ce n'est à propos de pantomimes ? L'origine de Pierrot n'est-elle pas aussi intéressante que tous les sarcasmes qui ont excité la curiosité des Bochart, des Pères Kircher, des Cluverius, des Champollion, des Creutzer, des Franck ? Une histoire bien faite d'Arlequin, de Pierrot, de Polichinelle, serait des plus instructives et des plus intéressantes. L'érudition moderne n'a-t-elle pas retrouvé le roi des Elfes dans Arlequin ? Maintenant, laissons parler le poëte lui-même ; le libretto d'un ballet ou d'une pantomime est un rendu-compte fait d'avance.

« Cassandre désire marier sa fille, Colombine, au plus offrant et dernier enchérisseur. — image de la civilisation actuelle. Un écriteau, portant la légende suivante : « Celui qui apportera 1,000 fr. « épousera Colombine, » formule à tous les yeux le désir du père Cassandre, plus avare encore qu'Harpagon, qui se contentait du *sans dot*.

« Arlequin, Pierrot et Polichinelle aspirent au glorieux hymen de Colombine ; mais chacun des membres de ce trio a la bourse tellement vide, qu'on y ferait tenir un salon de cent cinquante couverts, ou une écurie de cinquante chevaux. Arlequin, à la bonne heure ! mais la main de cette charmante Colombine peut-elle s'unir aux phalanges enfarinées de Pierrot et aux griffes de bois de Polichinelle ?

« Pierrot fait rencontre d'un certain capitaine inconnu, qui n'a pas l'air en demi-solde, à flairer le sac d'écus qu'il porte fièrement sous son manteau. — Celui-là ferait un gendre admirable, avec sa sacoche enflée d'une hydropisie d'argent. — Pierrot lui propose une partie de cartes dans le cabaret du père Cassandre, mais Pierrot perd des sommes qu'il n'a pas, et laisse en nantissement sa blanche casaque, ses blancs souliers et aussi ses blanches culottes ; il reste dans un déshabillé de tableau vivant, lorsqu'arrive le seigneur Polichinelle, faisant claquer ses sabots et siffler son éternel *brr brr*, à travers le fer-blanc de la pratique.

« Ce turbulent personnage renverse les chaises, monte sur les tables, et, comme le renard tournant autour de l'arbre sur lequel sont perchés les dindons, éblouit l'homme qu'il veut duper par sa pétulance affectée. Comment se défier d'un gaillard qui ne peut tenir une minute en place et passe à travers l'existence en cabriolant comme une chèvre? Polichinelle remplace Pierrot à la table de jeu, et comme ce gentilhomme à double bosse a pour maxime que tous les moyens sont bons, aidé de Pierrot, il se livre à un honnête trafic qui a pour résultat de gagner à coup sûr, cas que les tribunaux ont prévu.

« Planté derrière l'inconnu, Pierrot indique à Polichinelle, par une pantomime expressive, les cartes de son adversaire. L'inconnu est détroussé de son argent avec autant de facilité qu'au coin d'un bois. Malgré ce compérage, Pierrot ne profite pas de son vol, et l'inconnu lui jette, en fuyant, cette prédiction, qui revient plusieurs fois, comme un refrain sinistre, comme le cri de la conscience : « Pierrot, tu se-« ras pendu! »

« L'effet de cette phrase, la seule qui soit parlée dans tout l'ouvrage, est immense.

« Arlequin, qui s'est procuré de l'argent avec l'aide de la fée protectrice, va épouser Colombine. Tout est prêt pour la noce ; Cassandre, enrubané de la tête aux pieds, va et vient, tapant joyeusement la terre de sa canne à pomme d'ivoire; les joueurs de violon passent de la colophane sur le crin de leur archet ; les filles d'honneur posent l'oranger virginal sur le front de la fiancée ; le notaire est arrivé avec tout ce qu'il faut pour instrumenter. On avait compté sans Polichinelle et sans Pierrot. Ces deux mauvais sujets jettent le trouble dans la noce. Pierrot surtout ne respecte rien, ni les violons, ni les rubans joyeux de Cassandre, ni les victuailles, ni les emblèmes d'innocence de Colombine, ni même le notaire, le drôle avale le contrat.

« Tous ces méfaits n'ont qu'un but, le retard du mariage de Colombine, et Pierrot réussit jusque-là. Il ose toujours espérer se marier avec la fille de Cassandre, désir insensé, ambition folle, amour d'Ixion embrassant la nuée, et dont le Pierrot primitif eût été incapable. Un fiancé doit se vêtir décemment ; aussi rien ne coûte à Pierrot pour s'habiller, ou plutôt ses habillements ne lui coûtent rien. Par des procédés à lui connus, il se procure une magnifique paire de bottes à l'écuyère qui tranche d'une manière bizarre sur son pâle vêtement ; il a trouvé aussi le moyen de se nourrir de la façon la plus économique, en mangeant beaucoup et souvent, — il est vrai qu'il boit encore davantage. Cela ne peut durer. — L'inconnu apparaît de temps à autre, prononçant d'un ton impassible sa sentence funèbre. — Pierrot, poussé par Polichinelle, le Bertrand de ce Raton, n'écoute pas la voix qui lui crie : Arrête! et s'engage de plus en plus dans la voie fatale.

« Reposons nos yeux sur un tableau plus doux, et entrons, s'il vous plait, dans la mansarde de Colombine. C'est l'asile du bonheur et de l'innocence comme toutes les mansardes possibles. La fenêtre est encadrée de cobéas et de capucines; un rosier y sourit à l'aurore, un serin fredonne dans une cage l'air du *Postillon de Lonjumeau*. La charmante fille réunit à elle seule Fleur-de-Marie et Rigolette. Si Arlequin pénètre dans ce joli nid de fauvette, croyez que c'est en tout bien tout honneur. Arlequin est galant, mais il respecte sa maîtresse, et ce Grandisson à museau noir ne veut pas déshonorer celle qui doit être sa femme.

« Quant à Polichinelle, qui lui aussi fréquente chez Colombine, prenez-y garde, ce double bossu, avec son nez aviné, tout fleureté de bubelettes, tout bourgeonnant de rubis, sa figure cramoisie, allumée d'instincts brutaux, n'indique pas un homme bien délicat et bien scrupuleux. Polichinelle a l'air d'un de ces anciens traitants qui aiment la bonne chère, plus encore les belles filles, et qui emploient tout pour satisfaire leurs penchants.

« Pierrot, quoique maigre et blême, ne vaut pas mieux que Polichinelle. Les passions bouillonnent aussi bien dans ce corps de Rossinante que sous le ventre de Falstaff de son pair et compagnon. Pour pénétrer auprès de Colombine, Pierrot, toujours un peu timide à l'endroit du beau sexe, se sert des moyens les plus ténébreux, des moyens de ramoneur, — profond symbole, car pour arriver au crime il souille de suie la blancheur immaculée de ses vêtements : de blanc il devient noir; voilà ce qu'on gagne à s'introduire dans le sein des familles à la façon de don César de Bazan. Colombine le trouve affreux; Cassandre arrive, et alors a lieu entre Pierrot, Arlequin, Polichinelle et le vieillard, un de ces combats prodigieux, une de ces homériques mêlées où les coups de pied, les coups de poing, les soufflets tombent dru comme grêle. Arlequin, mieux avisé que tous, attrape, au milieu de tout ce désordre, un baiser de Colombine; Pierrot reçoit le plus beau de la volée sur ses maigres épaules qui ne sont pas protégées par une bosse rembourrée comme celle du difforme Polichinelle.

« Le malheureux, assommé de coups, traqué de toutes parts, en est réduit à vivre dans la gaine d'une horloge ; comme le misanthrope :

> Il cherche un endroit écarté
> Où d'être une canaille on a la liberté.

« Vous pensez bien que l'addition de Pierrot aux rouages et aux contre-poids du coucou produit les plus singuliers désastres. Le cadran roule des yeux terribles par les deux trous de ses clefs ; les heures extravaguent ; le timbre sonne à chaque minute ; on ne sait qu'imaginer de cette horloge folle qui éternue et qui soupire.

« Cependant Pierrot est relancé dans cette boite, et, pour se soustraire à la justice, il se sauve chez un peintre et se déguise en mannequin, ainsi que Polichinelle, son ami, qui se coiffe d'un casque à la romaine et se vêt d'un manteau de pourpre. Le naturel malicieux des gredins ne tarde pas à se réveiller, le premier effroi passé, et l'atelier du peintre semble habité par des myriades de ces farfadets que M. Berbiguier de Terre-Neuve du Thym poursuivait avec tant d'acharnement et saisissait entre deux brosses.

« Les vessies de couleur éclatent comme des bombes, les portraits de femmes sont généralement ornés de moustaches et de barbes de sapeurs ; — les appuie-mains vous donnent des coups tout seuls ; les mannequins, si inoffensifs autrefois, vous soufflettent au passage ; des têtes bizarres se montrent inopinément à travers les toiles crevées.

« Colombine vient chez ce malheureux peintre poser pour son portrait. Pierrot et Polichinelle en font tant, qu'ils sont reconnus et obligés à fuir.

« Ne sachant plus où donner de la tête, Pierrot se déguise en matelas. Vous dire toutes les terreurs qu'il fait naitre et toutes les tribulations qu'il éprouve sous cette nouvelle forme, cela serait trop long. Arlequin et Colombine, devisant d'amour, viennent s'asseoir sur lui ; il se retourne subitement à leur grand effroi. Un instant après, des cardeuses paraissent et font passer au pauvre Pierrot un mauvais *quart d'heure* ; être cardé, quel sort ! c'est à en perdre l'*haleine*. Excusez ces calembours, qui ne peuvent pas être dans la pantomime, ce qui prouve la supériorité de ces sortes d'ouvrages sur tous les autres.

« On le découvre encore, et il recommence sa course désespérée, poursuivi par des remords moraux et des remords physiques, appelés communément gendarmes.

« Dans sa fuite, il noie une innocente créature qui en réchappe miraculeusement, puis tâche de traverser les mers sur son matelas. Son voyage n'est pas un voyage au long cours, car, quelques instants après, nous le voyons dans un cachot, comme Piranèse les entendait, piliers trapus, voûtes surbaissées, murailles vertes d'humidité par le bas, escaliers plongeant dans de mystérieux abîmes. Une cruche et un pain noir sont posés à côté de lui par un geôlier au bonnet de peau d'ours. Une dalle se soulève, et l'inconnu paraît, répétant la phrase sacramentelle : « Pierrot, tu seras pendu ! » Pierrot, furieux, se jette sur le spectre aussi hardiment que don Juan sur la femme voilée, et le fait rentrer sous terre, image ingénieuse d'un criminel endurci étouffant le remords.

« Le dénoûment approche : Pierrot est conduit devant les juges, qu'il insulte avec le cynisme le plus révoltant. — O Pierrot, honnête et candide Pierrot, pourquoi as-tu connu cet infâme Polichinelle? Avant lui, tes plus grands vols étaient des vols de fruits et de tartelettes.

« Tous les témoins sont des témoins à charge; le pauvre Pierrot est condamné sans pouvoir invoquer le bénéfice d'aucune circonstance atténuante. Comme il n'a ni coupé sa sœur en petits morceaux, ni scié son père en deux, ni donné treize coups de couteau dans le même trou, il n'intéresse pas l'auditoire féminin. Ses crimes, — de simples vols, — n'ont rien de romanesque, de passionné, de séduisant; nulle voix ne s'élève en sa faveur, et il s'achemine piteusement vers le lieu du supplice, un Tyburn ou une grève fantastique.

« Dans le lointain, sur un fond de ciel lapis-lazuli, se dessine un affreux coude en bois qu'on appelle la potence. Quoi qu'on dise, la nature ne s'occupe guère de nos petites méchantes actions, de nos petits malheurs et de nos petits événements; certes, la nature sait que Pierrot, un charmant garçon, doit être pendu, puisque la potence est plantée depuis ce matin; eh bien, le rossignol perle ses roulades, le rossignol fuit joyeusement dans l'herbe avec un éclair de soleil sur le dos, les buissons embaument sous leur neige d'aubépine; tout est joie, parfum et rayon; le temps pousse la beauté jusqu'à l'ironie.

« Désolé de quitter cette belle nature, Pierrot tire la ficelle tant qu'il peut ; il demande du poulet, une bouteille de bordeaux et une omelette soufflée ; il dit avoir des révélations à faire, dénonce son complice Polichinelle et mord l'oreille du juge ; puis il veut haranguer le peuple. Enfin il faut se décider à sauter le pas. Il se remet en marche, portant son panier de provisions sous son bras, sans doute pour ne manquer de rien dans ce voyage de l'éternité, dont il va faire la première étape. Bref, le mariage funèbre de Pierrot et de la potence s'accomplit. — La légende est justifiée : — *Aspice Pierrot pendu*.

« Tout est fini, — pour le corps du moins, — quant à l'âme, c'est autre chose ! Un génie apparaît et emporte la tremblante Psyché du défunt Pierrot dans les profondeurs d'un enfer demi-chrétien, demi-païen, tout rouge de flamme et tout noir de fumée. Là, les tribulations de l'infortuné recommencent, il reçoit des soufflets de mains griffues, des ailes onglées de démons lui fouettent la figure, et il est en proie à une variété de supplices à lasser Dante le nomenclateur.

« Tout à coup, une douce lueur scintille à la voûte ; la fée bienfaisante paraît et tire Pierrot repentant de ce séjour de pleurs et de grincements de dents.

« Puis la pièce se termine par le mariage obligé de Colombine et d'Arlequin, à la lueur bleue des feux de Bengale, au milieu de soleils à lames métalliques qui tournent en sens inverse, de génies dont les ailes roses palpitent et battent l'air, blanchi par la fumée des cassolettes.

« Paul, qui joue Pierrot, est admirable de mimique dans les dernières scènes. Cossard nous a paru un peu lourd dans l'Arlequin ; mais Vauthier est un Polichinelle admirable : on le croirait vraiment de bois et pris dans une baraque des Champs-Élysées. Nodier en eût été content ; Guignolet s'avouerait vaincu.

« Mademoiselle Béatrix, qui représente Colombine, est une jeune personne charmante, dont la grâce et la décence ne seraient déplacées sur aucun théâtre de Paris.

« Espérons que le grand succès de *Pierrot pendu*, à la première représentation duquel assistaient toutes les notabilités de l'art et de la critique, fera rentrer les Funambules dans la voie de la pantomime, spectacle traditionnel, instructif et philosophique, digne de tout l'intérêt des gens sérieux.

THÉOPHILE GAUTIER.

VIII

MON PORTRAIT

A cette époque je comptais beaucoup d'amis en littérature; quand je dis *littérature*, j'entends par là le petit journalisme où les jeunes gens s'escriment et attaquent avec une grande facilité tous ceux qui portent un nom dans les arts et dans les lettres; mais la plume est une arme terrible qui tue le plus souvent ceux qui s'en servent. La plupart de tous ces jeunes gens ont disparu aujourd'hui, ne se sentant pas la force de lutter plus longtemps.

Mes succès aux Funambules, tout chétifs qu'ils fussent, les inquiétaient déjà; on m'attaquait sourdement dans le journal même où je travaillais, et je retrouve dans la collection un mot assez comique qui montre qu'il n'y a si petite gloriole qui ne trouve son détracteur :

« La seconde pantomime de M. Champfleury, le Ponsard des Funambules, ne fait pas dans la petite presse autant de bruit que sa première. Voici l'explication de ce fait étonnant, pour qui ne connaît pas l'*amitié hostile*, si pratiquée dans la jeune littérature. Pendant l'intervalle qui a séparé les deux premières représentations de *Pierrot, valet de la Mort*, et de *Pierrot pendu*, M. Champfleury s'est brouillé avec une portion de ses amis assez influente dans les feuilles publiques de la *blague parisienne*. Il a même été décidé par le redoutable cénacle qu'on ne parlerait plus de *l'ennemi*. Cette décision, ignorée encore hier par un des amis de M. Champfleury, — personne qui vit fort retirée et loin des petites intrigues de l'actualité littéraire, lui a été signifiée en ces termes par un des membres de la coterie : — Eh! d'où sortez-vous, mon cher? On voit bien que vous descendez de la butte Montmartre! Champfleury n'est plus à l'ordre du jour parmi nous ; — nous avons *décommandé* Champfleury. »

Quelques jours après, un second article plus violent éclata contre ma personne ; rien ne m'amuse plus aujourd'hui que de relire ces petites malices entre confrères de la république des lettres :

(Mars 1847.) « On a dit, quand Paris, la littérature, la philosophie, la poésie et les beaux-arts ont eu la douleur de perdre Deburau, que Pierrot était mort, mort à jamais! On s'est trompé. Pierrot n'est pas mort, puisque M. Champfleury existe. Pour les gens qui voient clair, ceci ne doit point avoir besoin d'explication ; mais, comme il est encore quelques personnes de la rue des Fossés-du-Temple qui voient un grand homme en M. Champfleury, quelques lignes d'éclaircissements ne seront pas à dédaigner. — Donc, voici :

« M. Champfleury est passé Pierrot, hier au matin, au moment où le journal la *Presse* faisait son apparition. M. Théophile Gautier, qui continue à se moquer de l'auteur de *Pierrot pendu* avec une gravité digne d'un meilleur but, avait entrepris de rendre compte d'*une Vie de Polichinelle*, pantomime nouvelle, afin de pouvoir, pendant qu'il parlerait funambulerie, sacrer Pierrot M. Champfleury. M. Gautier a procédé à cette cérémonie avec un rare aplomb. « A
« force de songer à Pierrot, a-t-il dit, Champfleury est par-
« venu à ressembler à son héros favori. Regardez cette blan-
« che figure piquée de deux petits yeux noirs, et cette
« bouche à la grimace facile, c'est Champfleury; non, c'est
« Pierrot lui-même! »

A cette époque, on ne signait pas les articles de petits journaux, et je n'ai jamais cherché à m'inquiéter de l'auteur, qui, à l'heure qu'il est, est sans doute employé dans quelque bureau, indifférent aux querelles littéraires.

Pour ce qui est des yeux noirs que m'attribue Théophile Gautier, je proteste : il a mal vu. Les personnes qui me disent cruel trouvent mes yeux verts; d'autres les voient gris; mes amis disent qu'ils sont bleus; et ma dernière amie soutenait qu'ils étaient lilas. Craignant cependant de passer à la postérité avec la description de ma figure qu'a donnée Théophile Gautier, je prends la liberté, dans un livre non illustré, de joindre à ma prose un exact crayon de ma personne à cette époque.

IX

DE LA MANIE DE PARLER DE SOI-MÊME

Certes, les personnes modestes et humbles, qui préfèrent parler des autres et non d'elles-mêmes, doivent me plaindre en craignant la forte indigestion de *je* que je me suis préparée. Heureusement, comme toutes les épidémies s'adoucissent à mesure qu'elles reparaissent plus fréquentes, l'épidémie du *je* est tellement passée dans le sang des écrivains d'aujourd'hui, qu'ils s'en trouvent à peine incommodés. Cette maladie, qui remonte à Montaigne et qui a pris une puissance considérable au dernier siècle, chacun de nous la porte en soi; chacun écrit ses mémoires de son vivant, expose sa conduite en plein public, rend compte sans pudeur de ses sensations, de ses impressions, de ses affections, de ses passions.

J'ai voulu montrer la maladie dans toute sa force; et ceux qui liraient ce livre avec un œil sérieux, ceux-là courraient grand risque de n'avoir pas compris la pensée de l'auteur, qui, au moins une fois dans sa vie, a voulu se donner le plaisir de railler pendant quatre cents pages. La raillerie! ai-je dit, qui peut démêler ce que la raillerie contient de sérieux et de sincérité? Là où on croira que l'auteur se moque, il ne se moque pas; là où il ne se moque pas, il se moque. Le rouage d'une montre est bien compliqué, le rouage du corps l'est davantage, et le rouage de l'esprit l'est encore plus.

X

LA TRAGÉDIE DES GRAS ET DES MAIGRES,
PAR PIETER BRUEGHEL

La caricature est de tous les arts du dessin celui qui renferme le plus d'idées; les auteurs de féeries ignorent quels trésors ils puiseraient dans les cartons du cabinet des estampes. Pour moi, j'étudiais tout à la fois les idées, le geste, le comique chez les vieux maîtres, et je n'ai jamais trouvé de matinée mieux employée qu'en cherchant et en analysant le symbole d'une œuvre grotesque en apparence, telle que l'est celle de Pieter Brueghel.

PREMIER ACTE

LES MAIGRES

Est-ce un cabaret ou une maison d'amis? Je crois que c'est un cabaret, car il y a sur le manteau de la cheminée autant de croix que dans un cimetière.

Les croix des cimetières sont noires, celles des cabarets sont blanches. Les unes sont en bois, les autres sont à la craie. Sous chaque croix noire est enterré un quelqu'un tout entier, sous chaque croix blanche est enterré un morceau de M. Crédit.

Si le cimetière est désolé, le cabaret par où a passé M. Crédit n'est pas moins désolé. Il fait le vide ou il ne laisse que les Maigres.

Quand les Maigres s'assoient, leurs os font le bruit des gamins qui jouent de la cliquette avec des morceaux d'assiettes.

Dans un coin, un vieillard frappe tout le jour et s'acharne à travailler le cuir : il ne s'inquiète pas si ses pieds passent à travers ses bas et s'étalent, plats comme des battoirs de blanchisseuse, sur la terre humide. Il travaille malgré les lanières qui essayent de serrer les bas autour du mollet. Ombre, chimère, que ce mollet éteint et impalpable! Le vieillard ne se rase plus, car il a peur de se regarder dans un miroir; il ne se lave plus, car il craint de se voir dans l'eau de la fontaine. Il veut ignorer les caves que la Faim a creusées dans sa figure; il tremble de voir les ficelles de son cou. Et, malgré tout, il travaille à son cuir, plein de préoccupations, en se disant que jamais son travail ne donnera à manger à ces douze affamés qui crient misère dans la maison.

Il ne lève pas la tête de son ouvrage, car en face de lui il verrait la ménagère qui s'allonge tous les jours. Sa figure se tire, la peau se colle aux joues; la riche gorge néerlandaise, qui faisait autrefois la joie du ménage, pend aujourd'hui morne et desséchée, sans lait. Sans lait pour l'enfant qui, lui aussi, devient long trop vite. Ses bras et ses jambes sont des allumettes. Il ne peut pas vivre en tétant de l'eau!

Le petit aîné marche; mais il fait pitié; il en entrerait dix comme lui dans sa robe. Autrefois, pour s'amuser, il se faisait un bonnet avec une petite marmite; il se croyait un militaire avec un casque. Maintenant il oublie qu'il a maigri; il veut encore jouer au soldat, se mettre la marmite sur la tête, et sonner de la trompette avec la bouche; mais il semble qu'un sorcier a grandi la marmite. Le petit aîné disparaîtrait tout entier dans la marmite; c'est la Faim qui a grandi la marmite.

Le vieux travailleur frappe tant qu'il peut sur son cuir pour ne pas entendre les cinq compagnons à table, tous pâles et tous maigres, tous jaunes et tous malades, avec leurs jambes qui flottent dans leurs bottes. Ils s'assassineraient volontiers pour un plat d'huîtres qu'on a ramassées le matin au bord de la mer.

Le lévrier sous la table est plus maigre que Harcigny. Trois petits chiens affamés fuient d'impuissantes mamelles et courent sur le dos de leur mère, espérant y trouver des puces, tandis que la chienne fatiguée étend une longue langue vers des écailles d'huîtres vides et inutiles.

Un Gras entre par mégarde dans la cabane.

— Ah! Seigneur, se disent les Maigres, est-il gras! est-il beau! Est-ce que réellement nous pourrions rattraper un ventre pareil? Quelle chance! les bonnes joues rouges! Ça fait plaisir à voir, ma parole...

— Restez donc, mon gros, dit une Maigre qui comprend que la joie est entrée dans la maison sous les habits d'un Gras.

— Tenez, mangez avec nous, voilà du fruit, dit une Pâle engageante.

La Maigre essaye de retenir le Gras par la taille, mais elle n'y réussit guère; on ne fait pas facilement une chaîne de ses bras à un éléphant; c'est à peine si les deux bras maigres de la ménagère arrivent auprès des poches du Gras.

Le Gras a vu le dressoir vide, et sur une planche deux poires desséchées. Il a regardé les écailles d'huîtres, il a regardé au plafond les os polis des jambons, sur lesquels il y a des morsures de dents. Les plats et les bassines sont mal entretenus; la propreté n'est pas fille de la misère.

Le Gras est épouvanté par un terrible convive, le feutre crevé, des mèches de cheveux qui passent par les trous. Ce maniaque promène un grand pochon dans une large marmite pendue à la crémaillère, sur trois mauvais morceaux de bois mal allumés. De temps en temps le fou retire de l'eau son pochon vide.

Dans un coin, accrochée auprès de la cheminée, la musette est aussi maigre que l'enfant qui tette. Les vessies sont flasques et rentrées. Qu'est-ce qui dans la compagnie a encore assez de force pour souffler dedans? Les vessies sont si propres et si nettes, que les Maigres ont dû se jeter dessus et lécher la graisse sèche dans un accès de faim.

Le Gras suit avec terreur les moindres mouvements du lévrier maigre, qui pourrait bien abandonner ses coquilles d'huîtres vides. Il se sauve en criant :

« *Daer magherman die pot roert is een arm ghasterisse.*
Das loop ick nae de nette cueck en met herten blije. »
« Où maigre-os le pot mouve est un povre convive;
Pour ce, à grasse cuisine iray, tant que je vive! »

DEUXIÈME ACTE

LES GRAS

Parlez-moi des plafonds où sont suspendus des tas de jambons, de grands morceaux de lard salé ronds et larges comme des meules de moulin, des saucisses en grappes, des chaînes d'andouilles, des cervelas apoplectiques, de la batterie de cuisine partout, par terre, aux murs, sur la table, des crémaillères à triples branches, — trois grands pots pendus après qui touchent le feu et que le feu entoure de flammes rouges, de fusées d'étincelles.

La suie enflammée tombe; pourtant tous les mois on ramone la cheminée.

Avec de tels feux les boudins cuiraient à dix lieues. Et les grandes grilles sur les charbons, avec des carbonnades qui rissolent et des cochons de lait qui se promènent tête-bêche sur le tournebroche.

La sauce jute dans un grand plat. Le chat l'avale. Le chien emporte un poulet rôti : il y en a tant qu'on ne s'en doute pas. De pareilles écumes les rendront mauvais serviteurs; les souris peuvent se promener tranquilles, les voleurs venir à la maison, chat et chien ne se dérangeront guère.

Il y a un soufflet de feu comme pour une forge, une râpe à sucre grosse et solide à râper un rocher.

Les enfants font comme les chiens et les chats; ils entrent leurs genoux dans les plats, ils mangent à poignée et s'emplissent de graisse; les parents trouvent qu'il faut profiter de bonne heure.

Le nouveau-né se cramponne aux seins de sa mère et accomplit un long voyage autour de cette immense mappemonde flottante. On ne voit plus les yeux de la nourrice, tant ils sont cachés sous une montagne de graisse, ses mains peuvent à peine tenir un verre, et il faut que son mari lui mette ses bas.

Il n'entre pas impunément tant de porc dans l'estomac!

A déjeuner, à dîner, il ne s'agit que de hures de sanglier, de cochons de lait, de têtes de veau ; deux tonnes de bière sont vidées en quatre jours. Pour se mettre en appétit le matin, chacun coupe la moitié d'une de ces larges meules de lard qui pendent au plafond, et mange sur le pouce une moitié de pain trempé dans la graisse d'oie.

La préparation du dîner se fait avec une douzaine de saucisses et quelques emprunts à un gros pâté qu'on laisse constamment sur la cheminée.

Quelle idée a eue un pauvre Maigre, souffleur de musette, de s'introduire chez les Gras, pendant leur dîner!

La musique n'a point de charmes pour les Gras : d'ailleurs, la musette ne s'entendrait guère au milieu du petillement du feu, du bois qui craque, des broches qui tournent, du chien qui hurle, des hoquets des mangeurs.

« *Ueek magherman nan hier hœ hougherich ghij siet*
Tis hier al nette cuecken ghi en duit hier niei. »
« Hors d'ici, maigre dos, à eune hideuse mine ;
Tu n'as que faire ici, car c'est grasse cuisine. »

RÉFLEXIONS SUR LA TRAGÉDIE

Il y a quinze ans que je connais ce drame de Pieter Brueghel. Je l'ai souvent regardé, et je ne m'en suis jamais lassé. C'est qu'il est éternel comme le crime et la vertu, la richesse et la pauvreté.

J'ai été quinze ans à trouver *comiques* les Gras et les Maigres, et je les regardais quand l'ennui me prenait : on ne s'imagine point les trésors de bonheur, de joie, de douce gaieté, que renferment un tableau, une gravure, une assiette de faïence peinte. Un orphelin peut retrouver une famille dans les *Le Nain*, dans *Chardin*, dans *Greuze*. Il y verra son vieux père lisant le soir dans un grand livre, la mère qui tricote, la grand'mère qui dort, les enfants qui trottent par la chambre.

Celui-là qui aime les galanteries, les beaux ajustements, se console de son habit noir râpé en se promenant dans les palais du *Véronèse*, et dans les jardins de *Watteau*.

J'ai rapporté du fond de la France un plat à barbe en faïence peinte. Dans le voyage, le plat à barbe avait été cassé en six morceaux; je conservais précieusement ces morceaux de faïence qui ne semblaient pas bons à jeter au coin d'une borne. Plus d'une fois on s'est moqué de moi et de mes morceaux de faïence. Enfin, un marchand de vaisselle ambulant remit des attaches en fil de fer avec la plus grande prudence.

Je pus accrocher à mon mur, au milieu de mes assiettes à coqs, de mes Bacchus de campagne, de mes pots à boire, ce plat à barbe mélancolique, car il n'avait pas la vivacité des saladiers au fond desquels chante un grand coq rouge; il était plaintif à côté du bonhomme en habit bleu ciel, à culottes jaunes, aux joues rouges, qui est assis pour l'éternité sur le grand tonneau.

Le plat à barbe représentait simplement une petite ferme jaune avec son toit en ardoise et un long pigeonnier couvert en tuiles rouges. Des arbres d'un bleu inquiet ombrageaient les fenêtres; la maison était entourée de petites barrières violet affaibli.

Le plat à barbe n'était pas rond par les bords, mais s'ondulait en courbes élégantes qui ne sentaient pas leur dix-neuvième siècle. On m'a souvent demandé l'explication de toutes ces assiettes qui font de ma mansarde une boutique à poteries. Je ne la donnerai pas encore aujourd'hui, la réservant pour le *Traité de la Faïence à coqs*, car des esprits superficiels et qui se traînent toujours à la suite des autres ont voulu également *décorer* leurs appartements d'un art aussi rustique. Ils attendent mes théories pour s'en servir et paraître *originaux*. Je ne livrerai pas ces théories fragmentairement, pour m'entendre répéter sans cesse des idées très-sincères chez moi, niaises chez les autres, qui n'ont pas de conviction.

J'expliquerai seulement le plat à barbe mélancolique. C'est un petit drame champêtre qui se joue tous les matins, à mon réveil, par des acteurs invisibles. Le curé du village entre le premier.

— Vite, dit-il à la grosse paysanne dans sa boutique de barbier, faites vite ; j'ai à dire ma messe basse, et je suis un peu en retard.

La paysanne passe une serviette au cou du curé, lui met dans les mains le plat à barbe, et bientôt les trois mentons du curé sont couverts de mousse de savon. Après le curé, vient le chantre, qui est aussi maître d'école. Celui-là est un franc luron qui aime à boire et à prendre la taille de la perruquière. Elle le menace de son rasoir, et la rustique galanterie du chantre rentre dans l'ordre. Ensuite vient M. le maire, qui, malgré ses dignités, passe comme un autre son menton dans la fenêtre du plat à barbe. Après M. le maire, c'est le garde champêtre, vieux et cassé, qui aime encore à faire sa barbe le dimanche, et qui ne manque pas d'en donner l'étrenne à sa ménagère.

Tous ces personnages parlent de leurs affaires pendant que le rasoir se promène sur leur figure. Le curé dit que bientôt la sainte Vierge aura une robe neuve, et que, pour faire honneur à la sainte Vierge, il ne pourra pas faire autrement que d'acheter une nouvelle chape. Le maître d'école pense au vin nouveau et aux cadeaux que lui préparent les enfants pour sa fête. M. le maire se plaint du maître d'école, qui est aussi greffier, et qui ne travaille pas à ses registres avec l'assiduité qu'il met à aller au cabaret. Le garde champêtre raconte les propos amoureux qu'il écoute dans les bois, au soir, et qui lui rappellent sa jeunesse.

Et mille autres discours qui ne sont pas de saison à raconter aujourd'hui puisque le plat à barbe n'est ici qu'un détail. J'ai voulu seulement montrer quels sujets de récréation les arts, surtout les arts naïfs, me donnent. Et j'en reviens aux *Maigres*, si longs et si décharnés, qui m'amusaient quand je les regardais essayer de retenir le Gras, autant que m'amusaient les Gras flanquant à la porte le Maigre. Dans ces estampes je ne voyais qu'un comique violent et qui justifiait entièrement le nom de *Pierre-le-Drôle*, par lequel Pieter Brueghel se distingue de ses parents *Brueghel-de-Velours* le paysagiste et *Brueghel-d'Enfer*, maître bien supérieur à Callot.

Lorsque je connais une belle gravure d'un maître, je n'ai de cesse que je n'aie vu son œuvre complet. Je ne crois pas au hasard dans l'art; ce qui m'est inconnu d'un peintre doit être à la hauteur de ce qui m'est connu. La seule chose qu'il m'est donné de voir est peut-être le chef-d'œuvre du maître; mais le reste ne peut qu'être dans la même ligne. En effet, les *Gras* et les *Maigres* sont les motifs les plus heureux de Brueghel-le-Drôle.

Mais la vue de son œuvre au cabinet des estampes m'a fait comprendre ces deux gravures. Les artistes satiriques, Goya, Daumier, ont soin d'enterrer l'idée sous des apparences grotesques, afin que les pauvres d'esprit s'amusent avec le dessus de l'œuvre sans chercher le dessous. Ils veulent que le crayon avant tout soit amusant ou grotesque. Ils dessinent leur comédie avec tant de clarté que la légende est inutile. Cela est si vrai que j'ouvre les *Caprices* de Goya; au bas de chaque eau-forte sont des vers espagnols. Je ne sais pas un mot d'espagnol, je n'ai pas besoin de le savoir, je comprends le dessin de Goya. On me dit : « Les *Caprices* sont des attaques à la cour, aux princesses, aux grands seigneurs; il n'y a pas une planche qui ne soit une allusion politique. » Cela ne m'empêche pas d'admirer l'étrange génie du caricaturiste, la douleur de ses filles de joie, ses mendiants et ses voleurs. Que m'importe l'histoire d'Espagne de 1800 ! Ces filles de joie sont peut-être des princesses ; sous ces habits de voleurs, Goya a sans doute voulu peindre des ministres : je ne m'en inquiète pas. Ce sont des allusions qui ont pu mettre Madrid à l'envers, mais elles sont trop personnelles pour que le curieux s'en occupe. Personnalités ou généralités, Goya a fait un chef-d'œuvre qui me suffit. Les commentaires de Rabelais n'ont jamais rien prouvé, et j'aime mieux que Pantagruel reste Pantagruel, plutôt que de m'amuser à chercher un nom historique sous son costume. — Brueghel-le-Drôle appartient à cette puissante famille qui amuse avant tout. J'ai dit que j'avais regardé les Gras et les Maigres quinze ans sans penser à la portée de l'œuvre ; mais une caricature contre le duc d'Albe m'a donné à réfléchir. Ce peintre est plus symbolique que je ne le croyais.

Le surnom de *Drôle* est mal trouvé pour un homme de cette force. Il fut l'homme à idées de la famille des Brueghel ; et son esprit était autant occupé que son pinceau.

Brueghel fut *drôle*, mais comme d'autres sont appelés injustement excentriques, originaux, fantaisistes, humouristes, essayistes, espèces d'injures littéraires jetées perpétuellement à la tête des écrivains chercheurs, dont l'esprit ne veut pas se fondre dans le moule du convenu, et dont Shakspeare a dit : « Ces gens-là, voyez-vous, mon cher, ne ressemblent à rien. Ils sont possédés d'un certain génie extravagant et baroque, plein de formes, de figures, d'idées, de lubies, de caprices, de craintes, d'espérances, de changements, de mouvements, de révolutions, de contradictions. Leur fantaisie reçoit, leur cerveau bouillonne, l'occasion sert d'accoucheuse. C'est un drôle de cadeau que Dieu leur a fait là ; mais, quand il est complet et bien vivant, il vaut son prix, sur mon honneur. »

Après avoir regardé attentivement cette gravure, je me suis dit :

Par les *Gras* chassant le *Maigre* piteux, Brueghel a voulu représenter les riches avares, regorgeant de biens, qui seront toujours les mêmes tant que l'humanité existera et qui disent au pauvre :

— Qu'est-ce que c'est? Encore un mendiant! Nous n'avons rien à te donner... Au lieu de souffler dans ta musette, ne pourrais-tu pas aller travailler à la terre, paresseux?

Par les *Maigres* cherchant à retenir le *Gras* et lui offrant du fruit, le peintre satirique a montré les pauvres gens faisant fête à qui se présente, donnant de tout leur cœur ce qu'ils ont de mieux. Et ce n'est pas sans raison que Brueghel a représenté dans un coin le vieillard qui travaille le cuir.

C'est la figure du *Travail*.

Le Travail impuissant et s'épuisant sans espoir de nourrir cette famille de *Maigres*.

XI

DES ÉCOLES DIVERSES DE PANTOMIME

Il y a diverses écoles qui se partagent sur l'expression de la pantomime. La première, la plus large et la plus grande, veut que le sujet de la pièce soit assez vague pour que le spectateur assiste à un simple tourbillon entre Pierrot, la demoiselle Colombine, Arlequin, Polichinelle, Léandre et Cassandre. De ce chaos et de ce tourbillon, le spectateur pensera ce qu'il voudra et se bâtira une pièce à lui. Ainsi, dix spectateurs verront dix pièces différentes, quoiqu'ils assistent à la même œuvre.

La pantomime, d'après ces idées, n'est plus qu'une sorte de musique, de symphonie ; les uns y voient des soleils couchants, les autres des oiseaux à queues rouges.

Cette pantomime ressemble à une esquisse de Diaz. Il y a tout et il n'y a rien. Est-ce un troupeau de bœufs qui passe ou une vieille qui fume sa pipe?

Ces sortes de mirages dans les arts, soit au théâtre, soit à l'orchestre, soit à l'atelier du peintre, ont, en effet, des côtés si séduisants et si charmants, qu'un grand esprit peut s'y laisser aller par moments.

Un moment on a cru beaucoup me tracasser en traitant mon théâtre de *pantomime littéraire*. Si on entendait par là pantomime de littérateur, je n'y vois pas de mal ; mais on donnait à entendre que des idées philosophiques, des idées mystiques, tenaient lieu de tout dans mes pièces, en remplaçaient l'action.

Ces accusations de swedenborgianisme sont très-niaises et de mauvaise foi.

C'était le contraire qu'il fallait me reprocher : l'*exactitude*. Loin d'être vagues, mes pantomimes sont arrêtées et exactes; chaque scène a la netteté et la rigueur d'un trait de dessin linéaire. On ne peut m'accuser que de *positivisme* en matières funambulesques.

Ah! si j'avais dix acteurs aussi intelligents que Paul, Deburau, de Rudder, Laplace et la colombine Isménie, je leur lirais une pièce sous forme de conte, et je les lâcherais sur le théâtre. — Maintenant, allez! marchez! entrez! sortez! dirais-je à cette troupe d'élite.

Mais on rencontre trois intelligences, deux demi-intelligences, cinq quarts d'intelligence. Les demi-intelligences ne comprennent pas les intelligences ; les quarts d'intelligence perdent la tête dans cette lutte.

C'est une utopie.

Aussi faut-il, au contraire, tracer comme avec un compas

chaque caractère, chaque entrée, chaque sortie, chaque coup de pied; trop heureux quand l'acteur veut bien se contenter du cercle et n'en pas chercher la quadrature.

Un autre système veut la *parole* dans la pantomime. Mauvais moyen qui me fait trembler quand je suis obligé de m'en servir.

Qu'on les fasse parler le moins possible, les mimes. Il faut voir l'effet sur les spectateurs de la parole succédant à une scène mimée. C'est de la neige qui tombe sur ma tête. La parole est glaciale, elle rompt tout d'un coup cette douce harmonie du langage muet.

J'ai essayé, le premier, aux Funambules, de corriger l'âcreté de la parole, en mettant dessous quelques violons. La musique joue alors le rôle du thé dans une tasse d'affreuse huile de ricin.

Le spectateur entend alors la parole avec moins de répugnance.

Mieux vaut encore l'écriteau explicatif; employé avec sobriété, il est d'un grand service.

La pantomime actuelle est très-compliquée. On peut la classer : 1° en *pantomime-mélodrame*. Dans celle-ci le farouche Strapadatro est un méchant seigneur, armé jusqu'aux dents, entouré de satellites, qui commet, pendant quinze tableaux, des séries de crimes effroyables. Au milieu de combats sans nombre à l'*hache*, le *Pierrot* est le seul qui ne parle pas; mais il est impossible au sophiste le plus audacieux d'expliquer comment ce *blanc* muet se trouve au milieu de personnages fardés. Ce genre de pantomime-mélodrame est un peu oublié aujourd'hui; au fond c'est le calque exact des mélodrames de Guilbert de Pixérécourt. Pierrot ne fait que remplacer le niais, si célèbre jadis au théâtre de la Gaieté.

La seconde école de pantomime date déjà du temps de Deburau père, qui le premier quitta le costume de Pierrot pour entrer dans des habits de soldat, de croque-mort, de savetier, etc. C'est la *pantomime-réaliste*. En général elle est courte; l'action s'attache à reproduire des scènes populaires. J'appartiens corps et âme à cette école que j'ai fixée, développée et rendue propre à rendre des effets de comédie sérieuse dont on s'était jusqu'alors gardé d'approcher. Je ne dis pas que j'ai raison, je dis ce qui est.

La troisième forme est la *pantomime féerique*, avec changements à vue, trappes, trucs, effets d'eau naturelle, etc. Les fées et les enchanteurs sont les maîtres dans ces sortes d'ouvrages. Tout s'y passe avec un incroyable mépris de toutes les règles. La famille des Cassandre, Colombine, Arlequin, Polichinelle, entre, sort, se jette par les fenêtres, est coupée par morceaux, revient à la vie, se marie sous la protection de la fée sans qu'il soit possible de reconnaître l'*idée* qui a pu présider à l'entassement de tous ces faits. Il faut dire que certains ouvrages de cette école sont remarquables et que le *Songe d'or*, qui est peut-être le type du fouillis funambulesque, est un rare et précieux chef-d'œuvre.

Souvent je me suis pris à douter de mes théories, car j'étais jaloux du *Songe d'or* et j'aurais donné volontiers tout mon réalisme pour arriver à cet idéal étrange qu'on veut bien attribuer à Charles Nodier.

Mais toutes les pantomimes féeriques ne ressemblent guère au *Songe d'or:* elles en ont les défauts, c'est-à-dire le décousu, le manque de logique, des mélanges insensés de costumes traditionnels et de costumes mythologiques. Enfin j'ai vu dans un de ces ouvrages le Dieu Pan qui se battait avec un officier anglais. La guillotine qu'on a transportée à Athènes ne jure pas plus sur l'horizon bleu de la Grèce.

Or on pense dans quel trouble se trouve un honnête homme qui lit les scénarios de pareilles pantomimes. On n'y comprend rien à la représentation, mais à la lecture on déviendrait fou en cherchant le fil qui doit relier ces morceaux de scènes.

XII

PIERROT MARQUIS,

EXPLIQUÉ PAR M. ÉDOUARD THIERRY

« Un des plus charmants conteurs de la presse nous appelle là-bas sur les limites du boulevard dramatique, parodiant d'une voix goguenarde l'invitation traditionnelle. Prenons donc nos billets, laissons-nous faire, laissons-nous conduire, fût-ce dans la petite salle pleine de bruit où nous ne verrons plus Deburau.

« A la bonne heure! Voici toujours l'entrée modeste, le crieur du théâtre avec son sac passé au bras, le contrôle qui ressemble si bien à celui d'un salon de Curtius, ce seul point excepté que la receveuse assise n'est pas une figure de cire. Entrez, monsieur, le contrôleur ouvre la porte sans quitter son siége; derrière la porte, l'escalier. Le pied sur la première marche, vous êtes dans la salle; quelques degrés, et vous êtes aux premières de face. Rien d'inutile. La galerie sert de couloir pour les loges du balcon, les loges de balcon pour les loges d'avant-scène. L'ancienne disposition a été conservée; seulement on a donné plus d'espace aux avant-scènes, doré les balcons, renouvelé le rideau, rafraîchi les peintures, changé le lustre et la rampe; la direction devait quelque chose à ses hôtes habituels : elle a songé surtout à ses visiteurs, et s'est piquée de leur offrir une salle honnête à la vue.

« Mais je parle comme si le dernier coup de marteau sonnait encore sur la dernière banquette, comme si le blanc de la muraille restait aux mains. J'ai tort, la restauration n'est que récente; elle n'est pas absolument nouvelle, et, pour l'avoir remarqué, il a fallu que je n'aie assisté ni au début de M. Paul, ni à la première pantomime de M. Champfleury. Mes souvenirs les plus proches remontaient déjà aux *Vingt-six infortunes de Pierrot*.

« En ce temps-là, le lustre éclairait mal; on n'avait pas imaginé

8.

le système des réflecteurs, et la rampe de lumière fumait comme fumaient assurément les chandelles de la vieille Comédie-Italienne. Je ne sais quoi de simple et de plus ancien s'était conservé dans le théâtre, peut-être la coutume du théâtre de la Foire, qui avait reçu lui-même la coutume de l'hôtel de Bourgogne. On va se récrier sur ces hautes origines ; mais il faudrait n'avoir pas lu dans le prologue du *Banqueroutier* de Fatouville (1687) les prouesses d'Arlequin spectateur, qui dupe le limonadier, pour ne pas reconnaître la vraisemblance. Quoi qu'il en soit, enfin, si juillet 1830 avait ouvert le théâtre aux pièces parlées, si le vaudeville, parti du collége Charlemagne, s'arrêtait à l'entrée du boulevard du Temple avant de passer jusqu'au Gymnase, on n'avait pas tout à fait oublié le *Songe d'or*; l'influence de Deburau maintenait les grandes pantomines du répertoire : Cassandre et le Docteur, Arlequin et Pierrot, Pierrette et Colombine, la Fée malveillante et la Fée protectrice, l'Amour toujours d'accord avec l'Hymen pour consacrer le dénoûment au fond d'un temple rose, personnages à la fois fantastiques et vrais, continuant à se rencontrer, à se fuir, à se poursuivre, à former ce quadrille irrégulier et savant qui s'appelait une représentation, et que réglait, sans le gêner, un vieux canevas de la Comédie-Italienne.

« Cependant, Deburau devenait un homme mûr. Les épaules du Pierrot se faisaient carrées; son ventre, ce ventre de l'écornifleur poltron, toujours éconduit et toujours affamé, s'épaississait sous sa veste moins flottante; il fallait imaginer de nouveaux rôles. Deburau s'ingéniait lui-même à se préparer des triomphes, et, tandis qu'il composait son libretto, le vaudeville s'emparait de la scène, puis enfin arriva le jour où le joyeux enfariné, mais il ne riait plus alors, fut couché entre quatre planches, le jour où son public le suivit à l'église de Sainte-Élisabeth, disant sur lui, en guise de harangue : « Pauvre Pierrot, tu n'es pas blanc! » Ce jour-là, il semblait que la pantomime allait disparaître. A quoi tenait-il qu'il n'en fût des amours de Colombine et d'Arlequin comme des anciens exercices sur la corde tendue ? Le théâtre avait déjà subi une transformation, il pouvait en subir une seconde et aspirer, comme son ancien rival le théâtre acrobate de madame Saqui, à échanger son nom contre un nom de parvenu. Le directeur a été mieux inspiré : une médiocre ambition lui conseillait peut-être de s'élever jusqu'à prendre place au-dessous des Folies-Dramatiques; une plus saine ambition lui a dit qu'il avait un genre particulier, et que son théâtre devait prévaloir, par ce genre, sur les scènes inférieures. Un autre Pierrot se présenta; un écrivain des plus spirituels se mit à improviser le libretto nécessaire : M. Champfleury a commencé, Théophile Gautier va suivre l'exemple, et donnera bientôt à son tour une grande pantomime.

« Pourquoi non? Ne s'est-il pas trouvé, au dernier siècle, un théâtre de la Foire où les plus beaux esprits s'égayèrent à mettre leur verve en liberté? Nous avons assez de théâtres aujourd'hui pour les pièces qui n'ont d'une pièce que la machine industrieusement assemblée. Serait-ce donc un si grand mal qu'il y eût un théâtre pour les pièces auxquelles manquerait précisément cette machine? Et puisque les auteurs de peu d'orthographe ont pris seuls le droit d'écrire, de rimer, soit le drame, soit la comédie, j'aime à voir les poëtes se réduire naïvement à prendre le théâtre par la pantomime.

« Au reste, la pantomime n'est pas si pauvre en ses ressources. Elle a d'abord la tradition pour elle, une tradition plus ancienne que notre ancien Théâtre-Italien. Chaque personnage y porte son nom écrit sur son costume, et son caractère écrit à côté de son nom. Chaque figure y parle; celle de Cassandre dit avarice ou prodigalité ridicule, et tendresse après la saison; celle du docteur, ladrerie, imbécillité, cuistrerie; celle d'Arlequin, naïveté et balourdise s'il est valet, audace et ruse d'amour s'il est maître; celle de Pierrot, gaucherie, gourmandise et contre-temps; celle de Colombine, tout le secret des jeunes filles, espièglerie et timidité, sensibilité et malice, indiscrétion et réserve, un peu d'amour, beaucoup de curiosité. L'exposition ainsi faite, le reste se comprend sans peine. Un geste est aussitôt traduit, un mouvement du visage interprété; et qui le traduit? qui l'interprète? Le spectateur lui-même, dans la mesure qu'il lui plaît, selon son goût ou selon son caprice. Partout ailleurs, c'est l'auteur qui l'entretient et qui court risque de le fatiguer. Ici, c'est lui qui s'entretient, qui dialogue avec son esprit et qui se complaît dans sa propre invention. Partout ailleurs, l'auteur se contient, il se défend d'oser; ici tout ce qu'il ose le spectateur l'ose avec lui, ou, prêt à se fâcher, il doute déjà s'il a compris ce qui l'étonne.

Et avec quelle sagacité une salle entière saisit une allusion, même lointaine! Comme toute l'intelligence est attentive, et comme elle se hâte de deviner! L'œil voit si vite! En un moment, le geste ou le regard lui ont tout dit. L'oreille est bien plus lente; elle veut savoir les choses et la suite des choses; vous vous appliquez à la satisfaire, et déjà elle s'impatiente, parce qu'elle ne peut pas savoir en même temps l'ensemble et le détail. L'œil agrandit la scène : il faut la rapetisser pour l'oreille. Où l'œil réunit, l'oreille divise. C'est pour l'oreille que la pratique du théâtre défend de faire parler le quatrième personnage. L'art de la pantomime ne connait pas cette règle. Le théâtre est couvert d'acteurs et tous expriment dans le même moment leurs passions diverses; tous agissent, tous commencent une action, tous la poursuivent et tous l'achèvent sans qu'elle s'interrompe.

« Maintenant, je ne voudrais pas paraître préférer le geste à la parole. Je réclame même la scène dialoguée dans la pantomime, comme on avait jadis les scènes françaises dans les canevas italiens, et Regnard n'a peut-être jamais rien écrit de plus amusant ni de plus vrai que les fragments conservés par Gherardi. N'est-ce pas là un assez bel exemple? J'engage M. Champfleury à imiter le maître. Quoi de plus amusant que de pouvoir mêler l'impossible au réel, de garder entre deux tableaux d'une étrange fantasmagorie une place pour un peu de bonne vérité, quelques secondes pour un monologue dans lequel un de ces personnages bouffons pense tout d'un coup comme nous-mêmes et nous fait honte par la ressemblance, quelques minutes, pour une scène prise sur la nature, comme celles qu'Henri Monnier a retenues de la vie bourgeoise et familière. C'est par là que le petit théâtre d'Arlequin et de Pierrot remplacerait en quelque façon le théâtre de la Foire. La parodie littéraire n'existe plus; mais elle existerait encore si on la replaçait sur sa scène natale. Il a bien fallu se dégoûter de la parodie, lorsqu'elle est descendue au-dessous du trivial et qu'elle n'a su que travestir le héros en gredin, l'héroïne en fille de la rue. Ici le travestissement est toujours prêt et toujours gracieux : Arlequin-Athys, Arlequin-Bellérophon, Arlequin défenseur d'Homère, Arlequin homme à bonnes fortunes, Arlequin-Jason, Arlequin-Persée, Arlequin-Phaëton, Arlequin-Roland, Arlequin-Romulus, Arlequin-Tancrède, Arlequin-Thésée, Arlequin-Thétis. C'était une piquante Odyssée que celle d'Arlequin railleur, mais railleur inoffensif, à travers l'opéra et à travers la tragédie. Pourquoi ne pas la reprendre, quand il coûterait si peu à des hommes d'esprit d'y ajouter, en se jouant, celui-ci un épisode et celui-là un autre? Je ne sais, mais j'imagine que M. Champfleury n'a pas attendu jusqu'ici pour y songer, et nous en verrons peut-être quelque chose dans sa pantomime.

Ni l'or ni la grandeur ne nous rendent heureux.

c'est la Fontaine qui l'a dit : M. Champfleury a mis la sentence en action; seulement on pouvait se méprendre sur la maxime du moraliste, et M. Champfleury, pour rendre la moralité plus nette, a introduit une glose dans le texte : ni l'or (escroqué) ni la grandeur (mal acquise).

« Pierrot est pauvre et Pierrot est paresseux, nous lui avons toujours connu ces deux défauts. Un honnête meunier l'a pris à son service; mais Pierrot dort la grasse matinée et ne commence à ouvrir les yeux que lorsque son estomac le réveille. Voici que l'on apporte la soupe pour les travailleurs; Pierrot étend ses bras, Pierrot allonge ses jambes; il a beau faire, il arrive trop tard et toutes les places sont prises autour de la gamelle. D'ailleurs, le maître est mécontent, et ne lui donne qu'un morceau de pain bis; mais la gourmandise rend l'homme industrieux. Pierrot suspend d'une façon délicate son morceau de pain bis au-dessus de la marmite, puis il ouvre les doigts, le pain tombe, le bouillon jaillit, grande rumeur parmi les garçons meuniers : Pierrot profite du mouvement pour se précipiter et reprendre son bien au fond de la marmite. Sensuel Pierrot! Si vous voyiez comme il promène maintenant sa langue autour de son pain noir!

« Mais qui arrive maintenant, le nez riche de ces rubis qui annoncent la bonne chère, le menton relevé comme par envie au niveau de la bouche, le dos convexe, la poitrine saillante, mais rehaussée de boutons opulents, la culotte noire, le bas blanc bien enflé au mollet, et la petite houppe du sabot élégamment épanouie sur le coude-pied? C'est le propre cousin de Pierrot, Polichinelle, neveu du vieux seigneur Polichinelle.

« Pierrot aussi est bien neveu dudit seigneur; mais il ne porte pas le même nom; mais il ne doit pas perpétuer après lui ni les bosses exubérantes, ni le nez aquilin et fleuri, ni le menton pompeux des Polichinelles; voilà pourquoi Pierrot est au moulin, pourquoi Polichinelle a le loisir d'être amoureux, et s'en vient demander, comme un homme qui ne connaît pas les refus, la main de la belle Colombine. La dot marche devant lui en bons et beaux sacs de ducats. D'aussi nobles procédés gagnent sur-le-champ le cœur du beau-père, et Polichinelle danse à ses amours, faisant claquer ses fins sabots d'une façon victorieuse.

« Pierrot soupire, il envie à Polichinelle ses sacs gonflés d'abord et un peu aussi sa Colombine; mais bientôt un doux espoir vient lui sourire. Le vieux Polichinelle a été pris tout d'un coup d'un accès de goutte et du regret de son injustice. Il mande ses deux neveux auprès de son fauteuil.

« Je demande pardon à M. Champfleury, j'ai commis une grosse erreur : le jeune Polichinelle n'est pas le neveu, il est le véritable fils du vieux Polichinelle. Jusqu'ici l'erreur n'a pas de graves conséquences, mais il ne faut pas atténuer le crime de Pierrot, sous peine de porter atteinte à la moralité de la fable.

« Polichinelle fils se jette au cou de son père; le médecin est appelé : il ordonne un double médicament afin d'attaquer le mal par deux voies contraires. Pierrot se charge de soigner le malade; mais voici qu'il a déjà confondu les deux bouteilles. Comment reconnaître la potion, comment reconnaître le remède? Le plus sûr semble à Pierrot de mélanger l'un avec l'autre. Ainsi fait-il. Le vieux Polichinelle trouve le breuvage détestable; il s'empare d'une troisième bouteille qui m'a tout l'air d'être un vin généreux destiné pour son fils. Le vin le reconforte d'abord, puis le regaillardit, puis lui monte au cerveau; et comme la tête s'en va, les jambes suivent tant bien que mal. Le vieux Polichinelle court les champs.

« Pierrot et le docteur se mettent à sa poursuite. Ils le rattrapent, hélas! essayant de rajeunir auprès de Colombine : mais déjà cette folle ardeur du vin, allumée sous le cerveau, se dissipe et s'en va en fumée. Le vieillard s'affaisse sur lui-même; il suffoque; il demande de l'air. Pierrot, qui lui caresse les bosses d'un air tendre et filial, sent tout à coup je ne sais quel poids qui l'étonne et écoute je ne sais quel son qui le ravit. Une idée affreuse lui traverse la pensée : mais je dois le dire, il l'accueille sans trouble et se livre lui-même avec joie à la tentation. Qui l'aurait soupçonné? Pierrot passe sans émotion de l'innocence au crime. Vous avez vu lady Macbeth inspirer à son mari la pensée de l'homicide. Lady Macbeth avait la main tremblante et les yeux fauves. Pierrot s'approche seulement du docteur, lui pousse le bras avec le coude et tourne la tête vers le vieillard, clignant de l'œil d'une façon insinuante. Le traître ne solliciterait pas autrement son complice à dérober quelque morceau appétissant. Il n'importe. Les deux larrons se sont entendus. Le docteur avait une scie cachée sous son habit noir ; il coupe la bosse de devant au vieux Polichinelle : Pierrot la vide en cachette : elle contenait deux sacs et une souris grise. Le docteur ne trouve plus que la souris. Même opération à l'endroit de la bosse postérieure. Cette fois le docteur réclame sa part : mais le vieux Polichinelle est mort, et il faut se hâter de le reporter dans son lit.

« Pierrot, qui connaît ses auteurs, se souvient du *Légataire universel* et songe que le tour de Crispin est encore bon à jouer. Le drôle s'affuble des habits du mort, il s'enfonce avec lui sous la couverture. Polichinelle fils arrive, amenant Colombine, Cassandre et le notaire. Le faux Polichinelle dicte son testament d'une voix qui s'éteint. Il lègue à son neveu Pierrot ses biens meubles et immeubles, ses rentes et son argent comptant ; il déshérite son fils Polichinelle comme dissipateur et comme débauché. Les rideaux de l'alcôve retombent : le moribond est mort. Quand ils se rouvrent, Pierrot a été reprendre ses habits ; il reparaît pour assister aux imprécations du fils sur son père qui n'est plus, et pour écouter, moitié riant, moitié pleurant, la lecture de l'acte par lequel il s'est institué légataire universel.

« C'est là de l'excellente comédie. Regnard, qui a tant hasardé, eût reculé lui-même devant la scène du fils déshérité dont le deuil se change en colère ; mais, comme je le disais plus haut, la pantomime, qui ne parle pas, ose tout. Avec un geste, elle est dans le vrai, et elle fait peur ; avec un geste, elle se rejette dans la fantaisie, et on se prend à rire. Quant à Pierrot, il est magnifique d'hypocrisie, il sanglotte dès qu'on le regarde, il gambade aussitôt que les yeux ne sont plus tournés vers lui. Il console son cousin, il le presse contre son cœur ; vous jureriez qu'il va lui rendre sa fortune. Ne le croyez pas : il lui montre déjà la porte avec un geste de grand seigneur, et démande dans le même moment la main de Colombine à l'avare Cassandre.

« Chapeau de satin blanc, perruque poudrée, habit de soie, veste de soie, culotte et bas de soie, blancheur du lis des pieds jusqu'à la tête, Pierrot marquis se présente à l'admiration de ses vassaux, et vient chercher Colombine pour la conduire dans son hôtel; mais Pierrot n'a pas encore prévu tous les ennuis de sa nouvelle fortune. A peine s'est-il approprié les riches appartements du vieux Polichinelle, qu'un homme noir se présente. On le prendrait pour un huissier, s'il n'avait pas le front majestueux et cette chevelure hérissée qui convient à l'enthousiasme. L'homme noir est un professeur de déclamation. Il vient apprendre à M. le marquis comme on emploie noblement ses loisirs dans une position éclatante, et se propose pour lui enseigner l'art de Lekain. Une répétition est organisée. L'homme noir est arrivé avec des malles qui contiennent des costumes chinois. Pierrot, Cassandre, Colombine, Polichinelle lui-même, car Polichinelle est rentré impudemment dans l'hôtel d'où Pierrot l'avait chassé, tous les quatre revêtent solennellement la respectable friperie. Mais hélas! comme le dit l'affiche, la tragédie n'est pas le bonheur. Pierrot s'ennuie; Pierrot bâille; Pierrot congédie le professeur de déclamation, qui n'oublie pas son *Cinna*, et demande son salaire. Quel salaire? cent francs pour la première leçon. Cassandre glisse un bambou entre les mains de Pierrot : le bambou fait son office, et le professeur est rossé; mais Pierrot, dans la bagarre, a perdu la moitié de sa perruque.

« Illusion détruite! Pierrot commence à s'apercevoir, toujours comme Macbeth, qu'il a tué le sommeil. Il a des remords, et il ne dort plus. Il est jaloux, et il fait le guet la nuit pour écarter Polichinelle de sa porte. Il est riche, et il redoute les voleurs. Il met tout son argent dans un coffre, et descend le coffre au fond de sa cave. Polichinelle l'y a précédé, et se cache derrière un tonneau. Ainsi posté, il voit entrer son homme, un bougeoir à la main, pliant sous le poids de sa cassette. Au moindre bruit, Pierrot frissonne; cependant il creuse la terre avec une pioche; il vide le trou avec ses mains : la cassette emplit exactement le trou. Reste encore à chercher du plâtre pour sceller une pierre à la surface. Pierrot remonte; Polichinelle profite du moment pour se faire un magnifique collier des sacs, qu'il attache à une longue corde, et pour suspendre toutes les bourses aux boutons de sa bosse. Pierrot peut redescendre, il trouvera le coffre vide. Pierrot est volé. Pierrot devient fou de désespoir. Il court à travers sa cave ; il se heurte contre les voûtes ; il croit saisir partout son voleur, et, semblable à Harpagon, il se saisit lui-même. Pauvre Pierrot! s'il a commis un crime, il l'expie cruellement. Il cherche un peu de consolation auprès de Colombine ; mais c'est là que Cassandre l'attend, armé d'un testament véritable, testament olographe, et parafé de bonne sorte. Pierrot tombe anéanti sous le coup. Heureusement, une fée apparait ; elle touche Pierrot de sa baguette, et Pierrot marquis redevient Pierrot garçon meunier. C'est aux champs que Pierrot recouvre la raison ; c'est aux champs qu'il trouvera le bonheur. En attendant, le temple enchanté de l'hymen s'ouvre au milieu du paysage ; Colombine y monte avec Polichinelle, et Pierrot les y bénit sans regret comme sans rancune.

« La pantomime a parfaitement réussi. Un moment le public a paru triste de voir Pierrot changer de fortune. Pierrot marquis ne lui semblait plus être son Pierrot, mais lorsque Pierrot a descendu l'escalier de la cave, la truelle sur l'épaule, tous les visages se sont éclaircis et la pièce s'est terminée au milieu des applaudissements.

« Paul, le successeur de Deburau, est un mime intelligent et habile. Il a joué d'une manière remarquable la scène de la cassette vide. Deux bouquets lui ont été jetés, l'un au cinquième tableau, l'autre au neuvième ; cependant, je dois le dire, Paul n'a pas encore remplacé Deburau, Paul manque de gaieté. Sa figure n'a pas la placidité singulière de celle de Deburau, cette placidité sur laquelle le moindre pli avait une expression et un sens intelligible. Paul grimace pour faire rire. Ce qu'il a bien conservé de son maître c'est le soin dans l'imitation des choses matérielles, ainsi la manière de porter une cassette pleine. Vous ne l'oubliez pas un instant, parce que l'acteur ne l'oublie pas non plus, la cassette est lourde, elle le fait trébucher, il ne la dépose qu'en l'appliquant à la muraille, et en la faisant glisser le long de la muraille. Les artistes des autres théâtres négligent cette vérité, et ils ont tort, parce qu'elle est nécessaire à l'illusion de la scène. Les acteurs anglais ne la négligent pas ; mais les acteurs anglais commencent en étudiant leur art par où il faut commencer, par la pantomime.

« Vautier est un polichinelle très-amusant, très-heureux dans ses lazzi et dans ses attitudes. Le public l'a rappelé avec Paul, et a demandé à grands cris le nom de l'auteur. Paul a nommé M. Champfleury, qui a été salué par d'unanimes applaudissements.

« Ne souriez pas. Tout succès flatte. Et l'on a tout à fait le droit de devenir populaire au théâtre des Funambules, quand on l'est déjà parmi les artistes, quand on a écrit deux petits livres avec la plume retrouvée de Sterne : les *Fantaisies d'hiver* et les *Fantaisies de printemps.* »

Il y avait dans *Pierrot marquis* une parodie mimée d'une tragédie de M. Ponsard. La censure ne permit pas que le nom de M. Ponsard fût prononcé aux Funambules. Cet auteur a toujours été l'enfant chéri des souverains et des hommes d'État qui aiment l'art tempéré. Louis-Philippe admirait la littérature Ponsard; ses tragédies lui rappelaient les bons écrivains dramatiques de l'Empire et de la Restauration. Il y a heureusement en faveur de Louis-Philippe des faits qui l'absoudront de cette croyance. Louis-Philippe fut le dernier roi ami de la gaudriole; et il mettait son compère Vatout bien au-dessus de M. Ponsard, quand, la figure joyeuse, l'oreille rouge, la mine fleurie, les yeux brillants, M. Vatout entrait dans le cabinet royal et régalait le monarque de nouvelles compositions drôlatiques, telles que la chanson du *Maire d'Eu* ou celle, plus égrillarde encore : l'*Écu de France.*

Quand les acteurs des Français devaient jouer aux Tuileries, Louis-Philippe ne manquait jamais de commander *Monsieur de Pourceaugnac;* et il existe aux archives du Théâtre-Français un bulletin avec ces mots tracés en marge de la main royale : *Beaucoup de seringues!*

Il n'y a pas de seringues dans les tragédies de M. Ponsard.

Ah! si le roi avait connu mes pantomimes!

XIII

LE RÉALISME MONTRE SES CORNES.

C'est seulement en fouillant tous ces vieux papiers que je retrouve la trace première du *réalisme* que Théophile Gautier pressentait déjà dans *Pierrot marquis*. Jusqu'alors on ne se servait que très-peu du mot; il n'était employé par personne. Le réalisme devait apparaître seulement entre 1848 et 1850; il appartenait à cette nombreuse famille de mots en *isme*, dont la terminaison me plaît si peu que, dans un jour de bonne humeur, j'accolais *fouriériste* à *imbécilliste*. On se battra toujours contre des moulins à vent, car les mots ne signifient rien, et on en fait ce qu'on veut. Je ne donnerai pas aujourd'hui la définition du réalisme; les définitions sont faites pour occuper les loisirs des académiciens; cependant je crois que le public a adopté avec un certain plaisir le mot de réalisme, parce qu'il lui sert à classer une autre génération. Il y a trente ans, les *romantiques* représentaient une jeunesse apportant de nouvelles formes dans l'art; il en est de même aujourd'hui des *réalistes*. Ce sont des mots excessivement creux, mais qui servent de jalons au public; par réalistes, il entend une nouvelle fournée d'écrivains, de peintres, de musiciens. Qu'il se trouve dans ces artistes des lakistes, des mystiques, des humouristes, il n'importe; le public les appelle *réalistes* uniquement parce qu'ils ont trente ans, et qu'on attend d'eux des œuvres plus jeunes jusqu'au jour où ils seront fatigués et remplacés par une autre génération qui s'avancera en criant un autre mot à terminaison en *isme*. Ainsi va le monde.

Voici donc ce que disait Théophile Gautier de ma troisième pantomime :

« *Pierrot marquis* date une ère nouvelle dans la poétique des Funambules : c'est l'avénement de la pantomime réaliste. M. Champfleury a, dans cette œuvre d'une hardiesse presque sacrilége, repoussé l'intervention des divinités et des génies. L'antique dualité dont la lutte faisait l'intérêt de ces épopées muettes, le combat perpétuel d'Oromaze et d'Arimane, des Péris et des Dives, des sorcières malfaisantes et des fées protectrices, ces représentations symboliques de la conscience en proie au libre arbitre et tiraillée par les deux principes qui régissent et bouleversent le monde, n'existent pas dans *Pierrot marquis;* et si une fée paraît à la fin, à l'instant du mariage des deux amants, emblème de la réunion du désir à l'idéal, son apparition n'a d'autre but que de modifier une perspective d'architecture dans le genre de l'Alhambra éclairée par la réverbération des feux de Bengale et de rigueur.

« L'absence de personnages surnaturels ôte à *Pierrot marquis* cette physionomie solennelle et mystérieuse, cette tournure d'autesacramental d'où résulte pour les pantomimes des Funambules cet attrait inexplicable et profond, qui reporte à son insu l'âme du spectateur aux affabulations théurgiques des premiers âges du monde; mais ce qu'elle perd du côté traditionnel et fantastique, la pièce le regagne amplement du côté de la comédie et de l'observation.

« Pierrot est au service d'une espèce de Cassandre meunier dont le moulin agite flasquement ses ailes à travers l'action du premier acte. Dans ce fait si simple, l'observateur découvre l'invention du rationalisme. L'antique foi a disparu, et M. Champfleury se pose en Luther de la pantomime. Remarquez bien la portée immense de ce détail : tout un système, toute une réforme en découlent. — Dans les pantomimes ordinaires, Pierrot est blanc parce qu'il est blanc : cette pâleur est admise *à priori;* le poëte accepte le type tel quel des mains de la tradition, et ne lui demande pas sa raison d'être.

« Ce n'est pas que nous interdisions aux esprits curieux l'interprétation du sens emblématique des masques qui figurent dans cette représentation, toujours variée et toujours la même, perpétuée à travers les âges. Car on pourrait écrire à propos du répertoire des Funambules une symbolique aussi compliquée et aussi savante que celle de Kreutzer ; mais dans son sophisme, M. Champfleury donne à la blancheur allégorique de Pierrot un motif tout physique, c'est la farine du moulin qui saupoudre le visage et les habits de ce blême et mélancolique personnage. On ne saurait trouver un moyen plus plausible de probaliser ce fantôme blanc ; cependant nous préférons cette pâleur mystérieuse et sans motif à cette pâleur ainsi expliquée : plus loin, l'auteur rend très-ingénieusement compte de la gibbosité de Polichinelle : on le voit, l'ère de l'art catholique se ferme pour la pantomime, et l'ère de l'art protestant commence. L'autorité et la tradition n'existent plus ; la doctrine du libre examen va porter ses fruits : adieu les formules naïves, les barbaries byzantines, les teintes impossibles ; l'analyse ouvre son scalpel et va commencer ses anatomies.

« Comme nous l'avons dit, Pierrot est garçon meunier, mais cependant il ne veut pas être l'âne du moulin ; il paresse avec enthousiasme ou dort dans les blés ; Cassandre, on le pense bien, n'approuve pas cette conduite. Toutes les fois que cela se peut sans détériorer la santé de son garçon de moulin, Cassandre le met au pain sec ; il lui retranche sa paye, rien n'y fait. Pierrot est toujours aussi fainéant ; mais la maladie de M. Polichinelle vient changer la vie de Pierrot, qui part en toute hâte soigner le malade.

« Aussi Pierrot profite-t-il de cette indisposition pour goûter à toutes les bonnes médecines, sirops agréables et confitures, tandis qu'il ne reste au malade que puantes drogues et remèdes malséants. Polichinelle fils se conduit mieux : il entoure son père de caresses et de soins ; mais il aurait trop à faire de surveiller toutes les indélicatesses de Pierrot. Celui-ci est allé faire un tour par la ville ; une enseigne de chirurgien le frappe, il entre. — Monsieur, lui dit-il, j'ai un parent que j'aime de toutes mes forces et à qui il est poussé dernièrement deux excroissances extraordinaires, je crois que le cas dépend de votre métier.

« Le chirurgien arrive avec ses instruments : l'œil exercé du praticien s'arrête immédiatement sur les excroissances que le vulgaire appelle bosses. Le chirurgien balance longtemps avant de tenter l'opération ; cette dissection d'un homme en pleine santé lui paraît criminelle ; mais Pierrot lui promet après l'opération de tels arguments, qu'il est impossible de résister. On scie la bosse de devant de M. Polichinelle, malgré ses lamentations. O surprise ! on y trouve de petits sacs d'argent qui expliquent à merveille la maladie ; M. Polichinelle est un homme riche qui a eu une indigestion d'argent. Vite on passe à la seconde bosse qui est une nouvelle mine ; Pierrot, allumé par cette découverte, voudrait faire couper chaque membre de son oncle, mais le chirurgien réclame son payement. Pierrot lui donne les bosses vides, accompagnées de coups de pied.

« M. Polichinelle, à la suite de l'affaire, n'est plus dans son assiette : il râle, il va expirer. Pierrot le prend dans ses bras et le fourre dans son lit ; mais il pense que le mourant n'a pas laissé de testament et que tous les biens vont retourner sur la tête de Polichinelle fils. Il envoie quérir immédiatement un notaire, et, profitant du trouble que jette un agonisant dans une famille, il se glisse dans le lit au lieu et place de son oncle.

« L'anecdote vraie que Regnard a consignée en tête de son *Légataire universel* se renouvelle : Pierrot fait éteindre les lumières, imite la voix du défunt, et s'alloue les biens, les terres, les maisons et les bijoux de M. Polichinelle, au détriment de son fils. Le premier acte de l'héritier est de faire chasser Polichinelle par les laquais. On devine que Pierrot se fait habiller immédiatement en grand seigneur ; il retourne chez Cassandre, qui l'a vu si pauvre et si paresseux ; il fait le dédaigneux avec ses anciens camarades, et ne daigne pas à jeter un regard sur les paysans qui s'époumonnent à crier : Vive M. le marquis ! Cassandre, qui soupçonnait jadis un brin d'inclination entre son garçon meunier et Colombine, se dit que l'occasion est belle aujourd'hui de s'allier à un homme aussi gentilhomme : mais Pierrot dédaigne de prendre pour femme Colombine. Cela était bon avant la succession : peut-être consentirait-il à honorer la jolie fille de Cassandre de quelques faveurs passagères. Cependant Pierrot, qui a en tête des projets de séduction, emmène à son château la fille et le père.

« A peine y sont-ils depuis huit jours, que Pierrot s'ennuie ; il a déjà usé de tous les plaisirs ; ne sachant plus à quelle folie se livrer, il envoie chercher un professeur de tragédies. Ce professeur, breveté et expert en vers alexandrins, prétend avoir des tragédies de toutes les coupes et de toutes les dimensions. Il engage Pierrot à apprendre, pour son divertissement, l'*Orphelin de la Chine*, de Voltaire. Pierrot, ignorant en ces matières, se laisse prendre à ce criminel amusement, et fait habiller Colombine, Cassandre et Polichinelle en Chinois-Tamerlans ; lui-même prend les habits de Gengis-Khan.

« La tragédie rend féroces les esprits les plus doux : après une séance d'un tel exercice, Pierrot et ses complices, n'ayant plus sentiment des choses, battent comme plâtre le malheureux professeur de tragédie. La nuit vient. Depuis qu'il est riche, Pierrot a perdu le sommeil ; il visite soigneusement la rue pour voir si quelque voleur ne cherche pas à s'introduire dans son château. Polichinelle entre en jouant l'homme ivre ; il voudrait au moins dire bonsoir à Colombine. Pierrot n'est pas dupe de son ivresse ; il court chercher Cassandre et une paire de bâtons ; le malheureux Polichinelle n'est guère mieux traité que le professeur de tragédies. Il tombe roide sur le pavé ; mais ce n'est qu'une feinte, et, pendant que Pierrot accuse Cassandre d'homicide, Polichinelle se glisse dans la maison.

« Où se cacher, sinon dans la rue ou dans les gouttières ? — Polichinelle va droit à la cave : du moins peut-on passer le temps à causer avec la bouteille. A peine est-il entré qu'un bruit de clefs se fait entendre. La porte grince et s'ouvre : C'est Pierrot en robe de chambre, un bougeoir à la main, qui ne peut fermer l'œil à cause de son trésor ; il vient l'enterrer. Il remue une à une les pièces d'or, les cache, les baise et tremble même de les confier à la terre. Cependant c'est la plus sûre cachette. Polichinelle, qui a tout vu par hasard, pense que la somme lui appartient en toute loyauté, puisqu'il est certain que son déshéritage n'est arrivé que par artifice. Il se sauve donc les poches grosses d'or et de billets de banque. Pierrot soupçonneux reparait avec du plâtre, une truelle : il fera un trou dans le mur, y déposera la cassette et la murera. Mais il voit le trou vide : il crie, il râle, il rit, il veut appeler, il n'a plus de voix, il tombe. A ce bruit accourent Cassandre et Colombine, qui l'emportent pour le mettre au lit.

« Une fièvre chaude s'est emparée de Pierrot, qui se débarrasse de ses gardiens, fuit à travers la campagne, arrête tous ceux qu'il rencontre et les accuse d'avoir volé sa cassette. Quand il n'a plus d'espoir, Pierrot veut se suicider ; heureusement la fée veille sur ses jours ; elle veut que le pistolet rate, et seule l'amorce prend feu.

« Pierrot redevient meunier, pauvre et heureux, en songeant que

La fortune ne fait pas le bonheur.

« On le voit, la féerie ne tient ici que peu de place ; les bons et mauvais génies, représentants de la fatalité, qui tiennent les fils des personnages de ces drames muets, et les font mouvoir habituellement, accoudés sur leur nuage d'ébène ou d'azur dans une attitude nonchalante et rêveuse, regardent sans intervenir se démener les acteurs de la pantomime de M. Champfleury, en proie à toutes les agitations et à toutes les incertitudes du libre arbitre ; l'étude du cœur humain, l'observation profonde des caractères et la force comique tiennent lieu du merveilleux absent. Le philosophe et le moraliste ont remplacé le poëte. Tous les moyens employés peuvent être avoués par la raison. Par exemple, si dans l'ancienne pantomime on avait voulu enrichir Pierrot, on lui aurait fait trouver un diamant gros comme le Régent ou le Sancy dans le ventre d'un esturgeon, ou tout autre trésor plus ou moins fabuleux.

« Ici Pierrot parvient à la fortune par une façon tout à fait civilisée, par une supposition de testament accompagnée de dols, fraudes et substitutions de personnes et autres circonstances aggravantes, parfaitement du ressort des tribunaux ; l'héritage qu'il s'approprie ainsi ne se compose pas de richesses fantastiques : citernes remplies de pièces d'or, monceaux d'escarboucles, cassettes de diamants, mais bien de bons gros sacs d'écus, d'authentiques billets de banque, comme il convient dans une époque prosaïque comme la nôtre.

« L'explication donnée des bosses du vieux Polichinelle bourrées de pièces d'argent montre le même esprit analytique et froidement raisonneur. — L'emploi de la tragédie appliquée comme remède à l'ennui montre une appréciation ingénieuse de la méthode homœopathique, qui fait honneur aux connaissances de l'auteur, et met la pantomime au progrès du siècle. Nous ne nous appesantirons pas plus longtemps sur ces détails ; nous en avons dit assez pour montrer que l'esprit nouveau circule d'un bout à l'autre dans *Pierrot marquis*.

« Cette pièce a donné à Paul, l'excellent mime, l'occasion de montrer son talent sous une face plus étudiée, plus réelle qu'il n'avait pu le faire jusqu'à présent à travers la turbulence des pantomimes jetées dans le vieux moule et sous l'orage incessant des coups de pied, des coups de poing et des soufflets ; autant il est humble, piteux, mélancolique, affamé, patelin, furtif, caressant, hypocrite, dans la première partie de la pièce, autant il est superbe, insolent, dédaigneux et marquis de Moncade dans la seconde. Quelle vérité inouïe, quelle profondeur d'observation dans la scène de la cave ! Ce que nous allons dire paraîtra sans doute un blasphème, mais Paul l'a jouée avec une telle perfection, que Bouffé seul pourrait peut-être en approcher. La scène du testament est aussi rendue à merveille. Paul, forcé, pour dicter les clauses, de desceller ses lèvres toujours fermées, tire on ne sait d'où une petite voix enrouée et grêle, rendue plus étrange encore par l'imitation du zézayement de Polichinelle, et qui produit le plus bizarre effet du monde.

« Le costume du marquis de Pierrot, tout en satin blanc, chapeau blanc, figure blanche, perruque poudrée à frimas, est de la plus spirituelle fantaisie.

« Une nouvelle Colombine débutait ce soir-là. Elle a de l'intelligence et ne danse pas mal. Mais qu'est donc devenue mademoiselle Béatrix, cette charmante fille qui traversait d'un air si détaché et si gracieux toutes ces actions embrouillées et tumultueuses ? La pantomime la pleure avec ses gestes les plus attendris.

« Lecteurs, ne soyez pas étonnés, s'il vous plait, de l'importance donnée dans ce feuilleton à une simple pièce des Funambules ; l'art qui règle une pantomime de pierrots, de polichinelles et d'arlequins est tout aussi sérieux que celui qui ordonnance une tragédie. Le grand Goëthe, le poëte olympien, le Jupiter intellectuel, n'a pas dédaigné d'écrire de sa main divine des pièces pour les marionnettes sous le titre de *Puppenspiele*, et le sublime Schiller a traduit le *Turandot* de Charles Gozzi, œuvre conçue selon la poétique de ma *Mère l'oie* et du *Bœuf enragé*. »

XIV

HISTOIRE DE MADAME D'AIGRIZELLES

Quelque temps après la révolution de Février, Raymond G... fut nommé membre de la commission des grâces, destinée à remplacer l'action royale en cas de commutation de peines ou même d'amnistie. Raymond entrait dans la vie politique avec l'ardeur d'un homme de trente ans qui a pu voir ses espérances réalisées et ses convictions partagées: élevé par son père dans des sentiments d'honnêteté républicaine absolue, Raymond n'avait pu, au tiers de sa vie, s'irriter contre l'avenir qui rend irritables, inquiets, les meilleurs caractères quand l'idéal qu'ils envisagent recule sans cesse. La république était venue surprendre Raymond G... au tiers de sa vie : ayant une aisance suffisante pour ne pas chercher de places, il n'avait jamais été obligé de faire des bassesses; se contentant d'une vie modeste, il n'éprouvait pas cet aigrissement contre le luxe et la richesse, qu'on a pu taxer d'envie chez des honnêtes gens, mais dans la misère. Quoiqu'il n'eût jamais désiré ni honneurs, ni dignités, Raymond fut heureux de cette nomination qui constatait son utilité dans le mouvement social; jusqu'alors, il avait passé son temps à étudier. Il sentait que le moment était venu d'appliquer les idées qu'il avait puisées chez les anciens et les modernes. La place que le gouvernement lui accordait était surtout une de ces missions que tout homme droit et vertueux ambitionne de remplir : le droit de grâce. Étudier la chose jugée, rechercher si une influence étrangère, locale n'a pas poussé un tribunal à infliger une condamnation trop sévère; suivre la vie de l'accusé pas à pas depuis sa condamnation, rendre quelquefois un homme à la société assez tôt pour qu'il n'ait pu se familiariser dans les maisons de détention à l'idée du crime; et surtout pouvoir sauver la vie à un condamné à mort, quelle belle mission! S'il est vrai qu'un roi soit heureux, Raymond fut aussi heureux qu'un roi, puisqu'il en avait le plus beau privilége.

Aussitôt après avoir reçu ses instructions, Raymond prit une forte quantité de dossiers, voulant travailler à lui seul deux fois autant que chacun de ses confrères, et il revint chez lui avec l'idée de ne sortir qu'aussitôt les dossiers dépouillés. Il avait la joie fiévreuse d'un collectionneur, d'un bibliophile, qui rentrent dans leur cabinet les poches pleines de merveilles. Mais il n'y avait pas deux jours qu'il était à son travail qu'on vint le prévenir de l'arrivée de certaines personnes inconnues. C'étaient des parents des accusés qui venaient solliciter en faveur de leurs pères, de leurs mères, de leurs frères emprisonnés. Raymond écouta poliment ces personnes et leur dit qu'il n'avait pas encore étudié les dossiers, mais que les accusés pouvaient compter sur la justice. Le lendemain, il vint le double de personnes, le surlendemain le triple; le quatrième jour, l'antichambre ne désemplit pas. Raymond reçut chacun à son tour, quoique le thème fût invariablement le même : à entendre les parents, le condamné n'était jamais coupable. Le cinquième jour, Raymond voulut sortir et trouva son escalier encombré de solliciteurs depuis le rez-de-chaussée jusqu'au quatrième où il demeurait. Il y avait des gens de Paris et de la banlieue, des gens de province et même des colonies; toutes les classes étaient représentées, depuis le gueux jusqu'à des riches parents de notaires condamnés pour faux et vols. Tout le monde était suppliant, les larmes aux yeux; il y avait réellement des douleurs sincères; des maîtresses venaient plaider pour leurs amants, de vieux pères à cheveux blancs pour des fils indignes, des femmes ruinées par la condamnation de leurs maris venaient les redemander. Raymond les reçut encore et ne sortit pas; mais, après douze heures d'attention soutenue, pendant lesquelles il avait à peine pu prendre quelque nourriture, il alla chez le ministre et lui dit combien il était dangereux de donner les noms des membres de la commission des grâces, que des ordres étaient nécessaires pour que les bureaux ne fissent connaître ni leur nom, ni leur adresse, qu'autrement la mission était impossible à remplir. Toute la journée était prise de la sorte; l'étude des dossiers ne se faisait pas, et il était à craindre que, malgré une grande force de caractère, on ne se laissât influencer, soit par la position des intercédants, soit par leurs larmes, soit par le déshonneur que supportaient d'honorables familles par la condamnation d'un membre. Raymond demandait l'autorisation de ne plus recevoir personne dans son domicile, le ministre la lui accorda, frappé des raisons qui lui étaient exposées. Les bureaux ayant donné l'adresse de Raymond, il vint le lendemain autant de monde, mais le domestique répondit que son maître ne recevait plus ; la foule diminua de jour en jour, et Raymond se croyait quitte des solliciteurs, lorsqu'un matin il entendit un son de voix féminin qui partait de l'antichambre. Le domestique entra bientôt et posa une carte sur le bureau de Raymond :

— Monsieur, une dame désire vous parler.

— Vous savez bien que je ne reçois personne.

— Monsieur, cette dame a insisté, je lui ai dit que vous n'y étiez pas, elle prétend qu'elle ne s'en ira que certaine que vous ayez vu son nom.

Raymond lut sur une carte élégante : *Madame d'Aigrizelles.*

— Je ne la connais pas, dit-il, répondez que je n'y suis pas.

Le lendemain, le domestique entra dans le cabinet de son maître.

— Monsieur, c'est la dame d'hier ; malgré l'assurance que je lui ai donnée qu'elle ne serait pas reçue, elle revient encore et m'a prié de vous donner sa carte.

— Je ne reçois pas, dit Raymond, qui crut d'abord qu'il connaissait cette dame, mais qui trouva dès le soir même le nom d'*Aigrizelles* au milieu des dossiers à étudier.

Toute la semaine le domestique, à un coup de sonnette timide, allait à la porte en reconnaissant la même dame qui ne se lassait pas de venir importuner Raymond, et qui s'en allait sans avoir pu l'entrevoir.

Raymond ne songeait plus à cette femme importune, lorsqu'il reçut un matin le billet suivant, signé d'un des membres les plus influents du gouvernement provisoire :

« Mon cher Raymond, veuillez écouter attentivement la personne qui vous remettra ce billet, je vous en saurai le plus grand gré. »

Sur l'ordre de son maître, le domestique fit entrer une dame qui, dès l'abord, s'annonça comme madame d'Aigrizelles. En entendant ce nom, Raymond fut surpris de s'être laissé prendre à ce piége, et, tout en faisant signe à la dame de s'asseoir, il put l'examiner. C'était une femme de trente-quatre à trente-cinq ans, belle encore et de la physionomie la plus distinguée. Ses habits étaient choisis avec un goût irréprochable, et, quoiqu'elle eût une toilette simple et sérieuse, qui convenait pour ainsi dire à la visite qu'elle se ménageait, on sentait une femme à la mode et du meilleur ton.

— Monsieur, dit-elle d'une voix d'un timbre doux et mélancolique, avez-vous eu le temps de vous occuper de l'affaire de mon fils?

— Oui, madame, dit Raymond, et je regrette qu'une influence amicale soit venue me surprendre, car si j'avais cru que la personne dont il était question dans le billet fût madame d'Aigrizelles, je ne l'aurais pas reçue.

— Oh! monsieur, que vous êtes cruel! Vous n'avez donc pas d'enfants?

— Non, madame, je ne suis pas marié.

— Et puis-je espérer, monsieur, pour mon fils? dit madame d'Aigrizelles en hésitant.

— Voilà, madame, pourquoi je me suis imposé de ne plus recevoir de parents Est-il rien de plus douloureux que de trouver dans un cabinet un homme tout comme les autres, sans appareil, sans la pompe du tribunal, et qui est obligé d'accroître la douleur bien légitime des parents? C'est une mission bien pénible, croyez-le, madame.

— Mon fils? monsieur.

— Ne m'avez vous pas compris, madame, je voterai contre la demande en grâce de M. votre fils.

— Est-il possible! dit madame d'Aigrizelles, vous n'avez donc pas lu la cause?

— Au contraire, madame, j'ai lu le dossier et je l'ai relu; le voici, dit-il en présentant une liasse de papiers serrée d'un galon de couleur. Je l'ai relu, frappé de l'insistance que vous mettiez à venir tous les matins à ma porte, et, malheureusement, mon opinion première s'est enracinée profondément.

— Mon pauvre Henri était si jeune! s'écria madame d'Aigrizelles.

— Il avait vingt ans, madame, et la combinaison qu'il a déployée dans cette malheureuse affaire démontre, au contraire, un esprit froid et logique dans le mal.

— Je réponds, monsieur, de le ramener au bien si on me le rend; vous avez une mère, monsieur, qui vous a élevé... Croyez-vous qu'en ne quittant plus mon fils de vue, je ne saurai pas le rappeler à de bons sentiments? C'est moi, monsieur, qui suis la criminelle dans cette affaire, ce n'est pas mon pauvre Henri; je l'aimais trop, je lui passais ses fantaisies, ses caprices, j'applaudissais à tout ce qu'il faisait quand il était enfant; ce qu'il faisait, personne ne le faisait comme lui... Il me semblait qu'il était le plus beau de tous les enfants, qu'il avait une voix d'ange, je le regardais marcher avec l'admiration que j'aurais eue devant un prince... C'est ma faute, j'ai ainsi perdu mon Henri; aussitôt qu'il est entré au collége, il a eu trop d'argent à sa disposition et pas assez de réprimandes; je ne voulais pas qu'on le fît travailler, tant je craignais qu'il ne devînt malade... Vous voyez, monsieur, comme je l'ai mal élevé... Plus tard, il est allé à Poitiers faire son droit; j'espérais que sa tante veillerait sur lui; mais la jeunesse l'a entraîné à des actions qu'il n'aurait pas commises deux ans plus tard, qui lui font honte maintenant et dont il se repent en versant des larmes. Rendez-moi mon fils, monsieur !

— Je n'ai pas le pouvoir, madame, dit Raymond, de faire mettre votre fils en liberté.

— Cela dépend de votre rapport, monsieur, je le sais.

— Je ferai un rapport, il est vrai, madame, à la commission ; mais là la situation de votre fils sera débattue par tous les membres présents.

— Et vous êtes contre mon pauvre Henri, monsieur ?

Madame d'Aigrizelles pleurait et restait accablée.

— J'aurais pu vous dire, madame, continua Raymond, que mon rapport était favorable ; à quoi bon ! C'était vous donner des espérances qui ne se réaliseront pas. La commission est composée de personnes honorables qui ont accepté une mission toute de dévouement et qui ne se laisseront guider par aucune influence étrangère... Croyez-moi, madame, quoique la seule consolation que j'aie à vous donner puisse vous sembler dure, M. votre fils n'a plus que trois ans à faire.

— Trois ans ! s'écria madame d'Aigrizelles en se levant brusquement, trois ans, monsieur ! vous ne savez pas ce que sont trois ans pour une mère... Si j'avais trois vies à remplir, je mourrais trois fois de douleur... Allez, monsieur, je vous souhaite dans l'avenir un fils aussi peu coupable que le mien, qui commettra quelque légèreté, et que vous irez redemander à genoux comme je le fais, et alors seulement vous sentirez votre dureté et votre sécheresse de cœur.

Sur ces paroles, madame d'Aigrizelles sortit en rabaissant son voile, et laissa Raymond livré à ses réflexions. Les derniers mots de la mère plaidant pour son fils avaient produit quelque effet sur lui, quoiqu'il eût une vive foi dans le rapport qu'il venait de mettre au net sur cette affaire. La procédure relative à Henri d'Aigrizelles n'offrait pas de ces doutes dans lesquels sont enveloppés quelquefois certains crimes. Le principal accusé avait d'abord nié sa participation à l'affaire; mais, écrasé par les dépositions de ses complices, il finit par avouer les charges qui pesaient sur lui.

En 1846, le petit commerce de Poitiers fut tout d'un coup sous le poids d'une terreur immense. Des vols considérables se commettaient aux étalages des boutiques avec une audace telle qu'elle tenait du prodige. On eût pu croire que les filous les plus adroits de Paris s'étaient partagé la ville; les épiciers, les confiseurs, les charcutiers, les marchands de nouveautés, tous ceux qui avaient un étalage sur la rue, étaient certains, le soir, de ne trouver que la moitié des marchandises étalées le matin. Malgré une surveillance active des boutiquiers et de leurs commis, les vols n'en continuaient à se montrer que plus fréquents. Le commissaire de police, étonné des plaintes qui affluaient sur son bureau, mit en campagne des agents, la gendarmerie, espérant découvrir dans les hôtels, dans les garnis, quelques forçats adroits qui évidemment se cachaient sous des titres d'emprunt; mais la police ne put constater qu'il était entré dans le pays des étrangers dont l'apparence fût suspecte. A d'autres époques, on eût crié au miracle, car des mains invisibles semblaient s'emparer des objets et les transporter dans des endroits inconnus. Tout était bon pour les voleurs : comestibles, pièces d'indiennes, pains de sucre, étoffes de soie; les mystérieux voleurs enlevaient jusqu'à des boîtes de sardines chez les charcutiers, jusqu'à des boîtes de cirage chez les épiciers.

La surveillance du commissaire de police était d'autant plus grande, que le maire lui avait fait entrevoir sa destitution, au cas où les vols ne seraient pas découverts dans le mois. Après avoir mis tout son monde sur les dents, après avoir fait passer vingt nuits sans dormir à ses agents, le commissaire pensait à offrir sa démission plutôt que de la recevoir.

lorsqu'un jour un enfant de la ville fut surpris en essayant de voler un paletot à la porte d'un tailleur confectionneur. L'enfant ne put nier son vol; mais on aurait pu croire à un acte individuel, si, par des questions pressantes, le commissaire n'eût obtenu l'aveu qu'il portait le fruit de ses vols à un autre enfant plus âgé que lui de deux ans. Celui-ci, arrêté immédiatement, donna la clef d'une bande de voleurs qui ne comptaient pas moins de cinquante membres enrôlés en brigades et en demi-brigades. A cette époque, un jeune homme, Henri d'Aigrizelles, se faisait remarquer à Poitiers par de prodigieuses dépenses et par la vie de débauche qu'il menait. Il traversait la ville, conduisant une élégante voiture à deux chevaux, tenait table ouverte, recevait les étudiants et entretenait deux actrices du Grand-Théâtre.

C'était un jeune garçon de dix-neuf ans, beau, bien fait, spirituel, de bonnes manières, et dont chacun enviait la vie facile et prodigue, en se demandant toutefois quelles sommes énormes il avait à sa disposition. Ce qui étonnait le plus était que le bruit public faisait courir une rupture avec sa famille, à la suite de dépenses exagérées, et que, loin de diminuer, elles ne faisaient qu'augmenter. Si Henri d'Aigrizelles avait fait des dettes en rapport avec ses dépenses, sa situation eût été vite mise à jour; mais, au contraire des grands dissipateurs, il payait presque toujours comptant et semait l'or avec une superbe indifférence qui remuait les désirs des étudiants en droit à douze cents francs. Mais la conscience publique se brise vite après les premières questions, surtout quand l'homme est généreux, prodigue et insouciant. Si les fournisseurs d'Henri d'Aigrizelles s'étaient demandé d'abord : Où a-t-il cet argent? le fait seul qu'il avait de l'argent et qu'il l'étalait superbement sur les comptoirs leur suffisait amplement; il en était de même des camarades d'Henri, qui buvaient son vin, mangeaient ses soupers, s'enivraient avec ses femmes, et qui croyaient que cette vie des *Mille et une Nuits* devait toujours durer. La police, quoiqu'elle soit plus curieuse qu'un atelier de couturières, ne songea pas à sonder l'existence dorée du brillant jeune homme, dont le nom était dans toutes les bouches; son titre de noblesse, sa parenté avec une dame respectable de la ville, son air de distinction, ses façons larges de traiter la fortune, semblaient innés en lui, et il semblait plus naturel de s'étonner s'il n'avait pas eu de fortune à dépenser.

Ce sont généralement les faits les plus simples qui étonnent les gens habitués à chercher chez les autres des signes de dissimulation. Un des plus redoutables voleurs de Paris, poursuivi sans relâche, l'avait bien compris, en se logeant dans la maison même du chef de la police de sûreté. Henri d'Aigrizelles, qui n'avait jamais excité les soupçons de la police de Poitiers, plongea toute la ville dans l'étonnement quand, après quelques jours d'instruction, on vint l'arrêter à son domicile, comme inculpé d'avoir organisé une bande nombreuse de petits voleurs, d'avoir dirigé leurs rapines avec une rare intelligence, d'avoir établi un vaste entrepôt des marchandises soustraites qu'il faisait parvenir à Paris, et dont la vente lui procurait les sommes énormes destinées à ses jouissances. A la première nouvelle de cette grave affaire, madame d'Aigrizelles, quoiqu'elle crût en devenir folle, accourut à Poitiers. Elle avait trois mois devant elle, elle les employa à voir juges et jurés, à se créer des relations dans les meilleures maisons de la ville, afin de se trouver en rapport avec les personnes qui devaient décider de l'avenir de son fils. Quoiqu'une partie du déshonneur attaché au nom de son fils dût retomber sur la famille, madame d'Aigrizelles excita un tel intérêt, qu'on la plaignit et qu'on essaya de lui venir en aide. A partir de la nouvelle de l'accusation, elle quitta ses habits ordinaires pour prendre des vêtements de deuil, et elle eut la force de cacher l'immense chagrin qui la dévorait pour ne pas fatiguer de ses larmes ceux qui s'intéressaient à son sort.

Henri d'Aigrizelles, même sur les bancs des assises, inspira une curiosité sympathique aux dames de la ville, qui, en comparant l'élégante physionomie du chef de la troupe aux mines repoussantes et basses des petits voleurs, faisaient des vœux pour son acquittement; mais le jury était composé d'un tiers de fermiers des environs qui ne se laissaient pas prendre au charme d'un citadin, et le tribunal, malgré l'indulgence qu'il désirait montrer, ne pouvait aller contre la décision du jury. L'avocat était un des plus jeunes du barreau de Paris, et un de ceux dont la réputation commençait à poindre. N'étant pas encore usé comme ces vieux routiers en robe noire qui, vers la fin de leur carrière, couvrent leur sécheresse de sentiment d'une sensibilité exagérée, il parla avec une chaleur entraînante et obtint un immense succès qui fut fatal à l'accusé, car le procureur du roi, qui avait été quasi gagné à la cause de madame d'Aigrizelles, se sentit jaloux du succès de l'avocat parisien; au lieu de parler mollement et de laisser dans l'ombre certaines parties dangereuses de l'accusation, il oublia ses promesses, attaqua l'accusé avec une extrême brutalité et remplit sa mission convenablement,—mû par un certain sentiment d'envie.

Henri d'Aigrizelles fut condamné à cinq ans de prison; cinq de ses lieutenants, les plus âgés, furent envoyés au bagne, et les plus jeunes, condamnés à rester jusqu'à leur majorité dans des maisons de correction. La majorité, qui a souvent le sens moral très-élevé, trouva que la punition du chef n'était rien en comparaison de ses instruments qu'on envoyait au bagne. C'était aussi l'avis de Raymond G..., quand deux ans plus tard, après la chute de Louis-Philippe, il devint membre de la commission des grâces, à laquelle s'adressait madame d'Aigrizelles. Au fond, Raymond était soulagé de la tournure qu'avait prise la sortie de madame d'Aigrizelles; il espérait ne plus la revoir : il se trompait. Le lendemain elle vint se représenter comme d'habitude; mais le domestique ne la laissa pas franchir l'antichambre.

— J'attendrai, dit-elle.

Et elle resta six heures sur la banquette, guettant le départ de Raymond et ne se doutant pas qu'un second escalier permettait à celui-ci de sortir par une autre porte. Cela dura une huitaine, elle attendait toujours; après quoi, soit qu'elle eût deviné la disposition de la maison, soit qu'elle eût interrogé le portier, le domestique respira de n'avoir plus à recevoir brutalement une femme qui lui en inspirait par sa grandeur de manières, sa douceur de voix et les chagrins qu'on entrevoyait même sous son voile.

Ayant de nombreux travaux et des courses au moins aussi nombreuses, Raymond était tenu d'avoir une voiture à la journée qui l'attendait dans la cour de l'hôtel où il demeurait. Malgré les ordres les plus sévères donnés au concierge afin de rebuter les solliciteurs, madame d'Aigrizelles parvint à connaître quand Raymond était chez lui, en voyant la voiture stationner dans la cour, et elle attendait avec la patience d'un cocher de fiacre sur son siége. Raymond fut surpris une après-midi de trouver madame d'Aigrizelles appuyée contre la borne de la porte cochère, dans une toilette distinguée qui la faisait regarder de tous les voisins, qui comprenaient qu'une grande dame, ainsi plantée devant un hôtel, donne par sa présence le fil d'une aventure singulière, soit amoureuse, soit mystérieuse.

— Arrêtez! dit-elle au cocher avec un tel ton de commandement que celui-ci s'arrêta naturellement.

Madame d'Aigrizelles tourna le bouton de la portière et vint s'asseoir près de Raymond, stupéfait de tant de persistance.

— Pardonnez-moi, monsieur, d'user de tels moyens, mais

vous me faites fermer impitoyablement votre porte depuis quelques jours; j'avais à vous parler, il faut que vous m'écoutiez jusqu'au bout, dit-elle... Je sais que le conseil des grâces doit se réunir sous peu, j'ai voulu vous voir encore, vous dire les repentirs de mon fils, ses projets pour l'avenir. Si, monsieur, vous vouliez plaider pour lui, certainement il obtiendrait une commutation de peine, sa grâce tout entière. Je m'engage, monsieur, à l'emmener à l'étranger, je ne le quitte plus, et nous ne reviendrons en France que lorsque son nom sera purifié par une conduite et des actions dignes de son nom. Ainsi, monsieur, vous le voyez, que vous importe qu'un jeune homme soit dans une prison? Que demandez-vous? qu'il soit puni de sa faute! Henri n'a plus que trois ans de prison, je vous offre de les changer contre dix ans d'exil; j'en signerai l'engagement, moi, dont la vie pure servira de base à ma parole.

— Madame, dit Raymond, nous vivons depuis six mois sous une forme de gouvernement presque neuve en France et qui soulève partout de vives récriminations. Les pamphlets ont montré les hommes du pouvoir sous un jour défavorable et mensonger que la malignité publique s'est empressée d'adopter et de fausser encore plus. A une autre époque, peut-être auriez-vous trouvé plus de clémence chez certains hommes qui, se croyant assis en paix pour toujours dans des places honorifiques, auraient apporté dans l'affaire de M. votre fils une complaisance due à la persévérance de vos démarches. Tout gouvernement solide, quoiqu'il n'y en ait guère, trouve dans les majorités, dans ses courtisans, dans ses conservateurs, des esprits dévoués qui applaudissent à tous ses actes et qui lui permettent d'éborgner la loi; mais aujourd'hui, madame, le moindre agent de la République doit tenir à honneur de rester dans la ligne droite, de n'écouter que sa conscience, et de mettre de côté les intérêts privés pour penser d'abord à ceux du peuple. M. votre fils, madame, appartient malheureusement à la noblesse. Croyez bien, quoique je sois fils de bourgeois, qu'il n'entre aucune envie contre des titres qui peuvent encore exercer une certaine influence dans les rapports sociaux. La bourgeoisie est à la tête des affaires, elle ne peut garder ni rancune ni jalousie contre la noblesse; mais, madame, c'est parce qu'il reste dans le peuple des sentiments de défiance contre la noblesse qu'il importe qu'un noble qui a commis une faute subisse son châtiment. Un nouveau gouvernement commet de lourdes bévues; voulant concilier les partis, il adopte des demi-mesures; il devient mou et sans caractère quelquefois par trop d'humanité. Qu'en arrive-t-il? madame, c'est qu'il est attaqué à outrance par ses ennemis; c'est que les timides, qui feignent dans les premiers moments une adhésion complète, se redressent tout d'un coup quand ils sentent que l'autorité est paralysée par les généreux sentiments des hommes au pouvoir; de là naissent des réactions qui, tous les jours, enveniment les esprits, grossissent en nombre et finissent par paralyser les meilleures volontés, sauf, quand le gouvernement est lié et bien garrotté, à lui jeter la pierre, à le traîner dans la boue et à le remplacer par un autre. Ne croyez pas, madame, que je vous fasse un discours de procureur général; seulement j'ai voulu vous montrer que, si tous les hommes qui concouraient à l'action du gouvernement se dévouaient à leurs fonctions avec l'humilité d'un rouage, la grande machine n'en irait que mieux. Je suis un des plus modestes employés de l'administration de la justice, mais je tâche de remplir ma mission avec zèle. J'agis comme si mes actions étaient connues du peuple; si je me présentais au club, madame, et que j'exposasse l'affaire de M. votre fils en public, en demandant sa liberté au scrutin secret, combien croyez-vous, madame, que je trouverais de boules en sa faveur? Pas une. Eh bien! madame, j'agis dans mon cabinet comme si je posais la question à la foule assemblée.

— Mais, monsieur, dit madame d'Aigrizelles, je ne demande plus sa liberté, je demande une commutation contre dix ans d'exil.

— Nous n'avons pas ce droit, madame ; la balance pèserait trop en faveur du riche. Je crois et j'espère que vous ramènerez M. votre fils dans le droit chemin de l'honneur, mais l'éducation qu'il a reçue ne devait-elle pas le préserver de cette faute? Les tribunaux condamnent tous les jours des enfants de Paris qui n'ont reçu depuis leur naissance ni les conseils de la religion, ni de la morale, ni de l'instruction. Vous vous engagez à faire subir un exil de dix ans à M. votre fils; et qui, dans l'État, peut contracter avec vous cette permutation de peine? La loi, madame, est une pour tous, et ne contient pas de ces compromis singuliers qui permettent à des personnes favorisées de la fortune de se jouer des peines. Monsieur votre fils sort de prison, je veux croire qu'il se repent sur le moment et qu'il accepte son exil; qui est-ce qui l'empêchera de retomber dans ses anciennes habitudes et de revenir en France? Personne ne peut l'empêcher, madame, et ce ne sera pas le pouvoir impuissant d'une mère; ni gendarmes, ni douaniers, ni frontières ne pourront s'opposer au retour de M. votre fils, car ni la loi, ni aucun de ses agents, ne peut contracter avec vous ce singulier contrat. Je suppose au contraire, madame, que votre fils, sorti de prison, accepte toutes vos conditions, se conduise honorablement à l'étranger et revienne entièrement purifié de sa faute; pourquoi, madame, vous accorderai-je ce qu'un condamné pauvre ne songe même pas à demander? Un condamné sans argent ne peut voyager à l'étranger, il ne peut s'expatrier momentanément. Pour moi, madame, tous les condamnés sont égaux, et j'ai plus de pitié encore pour celui qui sort des basses classes que pour celui qui tombe des hautes classes.

Il y avait dans la parole de Raymond un tel accent d'honnêteté convaincue, que madame d'Aigrizelles resta atterrée sous ces raisonnements d'un homme droit.

— Que faut-il donc, monsieur, dit-elle, pour vous attendrir?

— Madame, dit-il, je vous demande pardon, on m'attend au ministère.

La voiture était arrêtée; Raymond sortit aussi brusquement que madame d'Aigrizelles était entrée. Dans la cour, il donna ordre à son cocher d'emmener la voiture, comptant que la mère sollicitéuse s'en irait naturellement. Malgré la pénible mission qu'il remplissait vis-à-vis de madame d'Aigrizelles, Raymond ne pouvait s'empêcher d'admirer la grandeur de ce dévouement maternel qui ne se rebutait de rien et qui souffrait tout pour arriver à son but.

Le soir, devant son feu, en relisant pour la quatrième fois le dossier d'Aigrizelles, la figure de la mère vint se jeter entre le manuscrit et les yeux de Raymond. Une vie pure et sans tache avait conservé dans toute sa fraîcheur, jusqu'à trente-cinq ans, la figure de la veuve; ses grands yeux doux laissaient lire jusqu'au fond de son âme, et on ressentait près de cette belle personne un parfum d'honnêteté aussi indéfinissable que les odeurs des herbes dans les bois après la rosée. Le sourire était d'une douceur angélique et se posait délicatement sur ses lèvres, comme l'oiseau sur une branche. La peau avait conservé le velouté qui semble n'appartenir qu'aux jeunes filles. Si madame d'Aigrizelles n'eût pas souffert du terrible châtiment de son fils, sa figure eût porté la trace d'une gaieté innocente qui s'enfuyait maintenant du fond de deux fossettes, qu'un poëte a appelées le nid des amours. La personne de madame d'Aigrizelles répondait à sa physionomie: elle n'était ni grasse, ni maigre, mais elle penchait du côté d'un friand embonpoint; sa douleur faisait soulever une poitrine puissante, dont la blancheur du cou attestait les merveilles. Dans un salon, et même sans avoir recours à de brillantes toilettes, madame d'Aigrizelles représentait *la belle veuve*, dans ce que la tranquillité lui donne de charmes. Elle avait surtout une façon lente de lever ses paupières, ornées de longs cils noirs, qui excitait autant la curiosité qu'un avare qui ouvre dix portes avant de vous montrer ses trésors. Raymond suivait avec attendrissement les larmes qui pendaient au bout des cils et qui tombaient quelquefois dans le corsage de madame d'Aigrizelles. Quoique tout entier à sa mission, Raymond ne pouvait s'empêcher de suivre le chemin mystérieux que prenaient ces larmes.

Ce soir-là le dossier du prisonnier fut étudié par Raymond avec un mélange de dépits, de colères et de sourires. Quelquefois il posait les papiers sur son bureau et venait se jeter dans un fauteuil près de son feu, car l'image de madame d'Aigrizelles venait se placer trop vivement en face de lui pour qu'il pût continuer sa lecture. Alors, fatigué de luttes, il se donnait tout entier au souvenir, et, blotti dans son fauteuil, il suivait les mille caprices du feu qui se moulent merveilleusement aux pensées du cerveau. Le sifflement monotone de la mousse qui sort du bois vert prête de l'indécision aux objets, et sert à empêcher la réalité de se présenter avec des formes trop exactes ; les idées naissent avec une couleur plus gaie devant le foyer, il semble qu'elles sont réchauffées par cette bruyante couleur rouge, la reine des couleurs ; il n'est pas jusqu'au petillement du vieux bois qui ne semble une jolie musique ; les étincelles s'échappent joyeusement dans la cheminée, semblables à des lutins capricieux envoyés par leur souverain pour tirer le soir des feux d'artifice imprévus. Tout prend de l'animation quand le travailleur se laisse surprendre à ces gnomes du foyer, le temps passe vite, et on sort de là enivré comme si on avait visité un monde supérieur. Dominé par le souvenir de madame d'Aigrizelles qui flottait au milieu des farfadets de la cheminée, Raymond en vint à ne plus penser et à se laisser aller à un état qui est le milieu entre le rêve et le sommeil. Son corps ressentait la bienfaisante chaleur du feu, mais son âme semblait voltiger dans la chambre, et il lui semblait impossible de commander à son corps. Raymond n'en avait même pas le désir ; il avait la conscience d'être pelotonné dans un large fauteuil, et il n'eût pas désiré de plus suprême bonheur que de rester ainsi toute sa vie et au delà de la vie. L'éternité lui apparaissait un peu à la façon dont les Turcs comprennent la vie : assis ou couché et n'ayant qu'une faible et douteuse sensation des choses d'ici-bas. Mais cet état n'était que l'avant-poste du pays des rêves où Raymond ne tarda pas à entrer.

La belle madame d'Aigrizelles lui apparut bientôt gaie, souriante et avec ses fossettes visibles roses et transparentes. Elle prenait la main de Raymond et la serrait avec une force qu'on n'eût pas cru devoir enfouie dans ses petits doigts fins et allongés, qui, eux aussi, prenaient naissance dans cinq fossettes plantées naturellement dans une chair blanche et potelée. Elle regardait Raymond en face, et il était tellement ébloui de l'éclat de ses yeux, qu'il tombait à ses genoux et lui jurait un amour éternel. Les décors de ce rêve charmant ne ressemblaient pas à nos décors habituels : c'étaient des fonds de nuages rosés, dans lesquels les deux amants étaient libres d'entrer et où on respirait des parfums d'un arome inconnu ; des massifs d'une verdure particulière et éthérée succédaient aux nuages rosés et en rompaient la monotonie. Tous deux étaient seuls dans ces lieux enchanteurs, où l'on entendait au loin et presque en sourdine les chants des oiseaux les plus harmonieux et le bruit frais des cascades mourantes sur le gazon. Tout dans ce lieu portait à l'amour, sans que la grossièreté des sens y trouvât sa part. Raymond tenait dans sa main la main de madame d'Aigrizelles, et ils se premenaient ainsi, heureux de vivre, de respirer, puisant un bonheur éternel à se regarder. Leur curiosité, de même que leur amour, était toujours nouvelle, et ils ne se rappelaient ni la haine, ni la misère, ni la calomnie, ni l'envie qui engendrent tant de maux sur la terre. L'air était pur et toujours égal, le ciel clair et toujours gai, la nuit ne se montrait jamais et la lumière venait d'un astre qui tenait le milieu entre le soleil et la lune, moins froid que celle-ci et moins brillant que le premier. Cette situation, qui tenait de celle du paradis terrestre avant la faute d'Ève, fut troublée par un simple accident qui ramena Raymond à la vile réalité. Quoique dans son rêve tout fût parfait, il sentait cependant depuis quelque temps une chaleur par trop vive à la jambe, et il se réveilla subitement en portant la main à son genou qui touchait presque le parquet et qui était chauffé fortement par une bûche enflammée sortie de sa position.

Raymond sourit tristement et de son rêve et de la réalité qui lui apparaissait maintenant aussi misérable que les échafaudages noirs d'un feu d'artifice après qu'il a été tiré. Il regarda machinalement sa pendule qui marquait deux heures du matin : le rêve durait depuis trois heures. Raymond se déshabilla brusquement, car il avait le lendemain un travail pressé qu'il était obligé de porter au ministère. Il se coucha ayant au cœur le souvenir de madame d'Aigrizelles et son nom presque à sa bouche. Combien il aurait été heureux de reprendre son rêve! Mais les plus beaux sont les plus capricieux, et une fois sortis d'une maison ils n'y reviennent jamais. La raison froide et sévère vint prendre la place de ce rêve follet habillé de rose ; et quand le portrait de madame d'Aigrizelles vint se placer au chevet du lit de Raymond, la raison prononça un réquisitoire sincère, mais âpre. Elle enjoignait au fantôme de s'éloigner au plus vite. Que venait-il faire dans cette chambre d'un homme occupé à rendre justice ! Chercher à tendre des piéges à sa conscience, lui bander les yeux, la faire tomber dans des précipices. Plus le fantôme était séduisant, plus il était dangereux. Il empruntait le masque d'une personne recommandable par ses vertus, qui, à cette heure, était sans doute occupée à prier pour son fils, et il n'avait rien à faire chez le magistrat obscur qui jugeait le fils.

Malgré la parole dure et sévère de la raison, le fantôme ne s'éloignait pas ; au contraire, il se rapprochait de Raymond et lui faisait entendre une voix douce qui ressemblait beaucoup à celle de madame d'Aigrizelles. Le fantôme tenait par la main un jeune homme vêtu de grossiers habits gris de prison, qui ne parvenaient pas à dissimuler entièrement une distinction native : c'est mon fils, disait madame d'Aigrizelles, qui se repent, qui a déjà beaucoup souffert, qui a subi une majeure partie de sa punition et qui vous demande grâce. Je ne vous suis pas indifférente ; sans que vous me l'ayez avoué, je le sens, et, malgré la dureté avec laquelle vous m'avez traitée jusqu'ici, je reconnais en vous un noble caractère que je serai heureuse d'associer à ma destinée. Accepteriez-vous la main d'une femme dont le fils est sous le coup d'une condamnation infamante, et oseriez-vous prendre le titre de père en parlant d'un homme enfermé dans le même lieu que les voleurs et les assassins ? Retournez en arrière dans le chemin de la vie et demandez-vous si jamais une pensée coupable n'a traversé votre cerveau ? Henri était faible ; et c'est dans un moment d'erreur qu'il a mis à exécution une pensée déplorable, que chaque homme trouve en lui et qui l'envahit s'il ne se hâte de l'arracher dans son germe. Le fantôme parut s'éloigner en s'écriant d'une voix suppliante : Raymond ! Raymond !

Un petit jour gris commençait à pointer entre les rideaux et venait de mettre en fuite les apparitions de l'alcôve. Raymond, délivré de ces obsessions, put enfin prendre quelque repos ; mais il se leva fatigué, ne conservant pas un souvenir bien exact des rêves qui l'avaient assailli la nuit ; cependant, dominé légèrement par le souvenir de madame d'Aigrizelles, à un tel point qu'en montant en voiture il commanda à son cocher de sortir lentement de la porte cochère, car il n'osait s'avouer qu'il espérait rencontrer comme d'habitude la belle veuve. Ce jour-là elle ne vint pas, et Raymond entra au ministère, un peu inquiet à la façon de ceux sur l'esprit desquels les variations de l'atmosphère agissent profondément et qui tirent leur physionomie journalière de la pluie, du brouillard ou du soleil. Raymond ne raisonnait pas ses sensations ; il craignait de trouver au fond l'image de madame d'Aigrizelles, et il cherchait à échapper à l'influence de ce nom : justement on lui confia au ministère un dossier nouveau relatif à l'affaire du fils.

Le comité des grâces, pour s'éclairer et rendre des arrêts définitifs, reçoit des documents de différentes autorités, dont l'ensemble et la concordance doivent servir à régler la situation des condamnés qui en appellent à la clémence. Le maire de la ville où demeure l'accusé envoie une note concernant ses habitudes, ses mœurs, ses relations, son genre de vie dans le passé ; le plus souvent cette note est basée sur un rapport du commissaire de police ; la commission demande un rapport à peu près semblable au procureur du tribunal qui a assisté aux débats ; de plus on s'inquiète activement de la vie du condamné depuis qu'il est en prison, et chacun de ses actes est consigné dans un journal tenu par le directeur de la prison. Du passé et du présent on conclut à l'avenir ; c'est alors que de ces pièces, longuement étudiées par un des membres, la commission des grâces, après une discussion générale, vote sur la demande du condamné. En recevant ces nouveaux dossiers, Raymond les emporta légèrement, car son espérance était enfermée dans tous ces papiers. Il était à peine dans sa voiture, qu'il déplia le rapport du maire de Poitiers, fort long, consciencieusement étudié et

11.

rempli de faits. La vie d'Henri d'Aigrizelles était suivie jour par jour avec autant d'exactitude que s'il avait consigné chaque soir ses fredaines et ses folles équipées dans un memento. Il n'y avait pas de belles phrases ni de réflexions inutiles; mais le fait s'y montrait avec une telle simplicité qu'on lisait ce rapport avec l'intérêt d'un roman. Autant la vie du jeune homme avait été voilée pour la police avant sa condamnation, autant aussitôt qu'il y avait eu un commencement de soupçons, les moindres événements avaient été recueillis avec la patiente volonté d'un collectionneur. Les anatomistes ne sont pas plus adroits quand ils étudient une maladie sur un cadavre.

Ce rapport constatait avec exactitude cette immense dépravation à laquelle sont en proie les jeunes gens inoccupés des grandes villes, dépravation qui commence par être factice, goguenarde, dont on se pare d'abord pour suivre la mode, et dont on devient la victime quand l'esprit s'est habitué à en entendre les récits. La police avait interrogé des jeunes gens amis d'Henri, des femmes qui furent ses maîtresses, des fournisseurs de toute espèce, et elle avait recueilli des mots, des conversations tout entières qui condamnaient le jeune homme et qui devaient le mener là où il en était arrivé. Une mère pouvait s'y tromper : Henri d'Aigrizelles avait conservé les dehors de l'homme distingué, quoiqu'il portât déjà sur ses traits certains stigmates de passions et de vices; mais la jeunesse servait encore à déguiser ces marques ineffaçables qui ne font que s'agrandir avec les années, qui entrent au fond des chairs, qui s'attachent comme une lèpre au visage, et qui font qu'entre trente et quarante, à l'âge de la maturité et du repos, l'homme se montre dans sa laideur ou dans sa splendeur. Il est beau si ses aspirations à l'intelligence et au bien l'emportent sur ses aspirations aux vices; il est ignoblement laid si la balance penche du côté des instincts matériels et mauvais.

Si, à la cour d'assises, Henri d'Aigrizelles, sur le banc des accusés, n'avait pas montré sur son visage ces traces de vices qui couraient sourdement sous la peau, les rapports exacts de la police ne le dissimulaient plus, en constatant la dépravation prématurée du jeune homme. Raymond, qui avait un caractère chaste et honnête, fut pris d'un grand serrement de cœur en étudiant ce dossier cent fois plus accablant que les charges mises au jour à la cour d'assises. Le public qui lit les journaux judiciaires, qui assiste aux débats d'une affaire criminelle, croit connaître l'accusé ; cependant, malgré les dépositions des témoins, malgré l'acte d'accusation, malgré le réquisitoire du procureur général, il n'a qu'une épreuve assez pâle du caractère de l'homme qui est sur les bancs. Pour le sonder et connaître le fumier sur lequel ont poussé ses crimes, ce sont des études longues et patientes devant lesquelles un seul reculerait ; aussi chacun apporte-t-il le fruit de ses observations comme dans un cas désespéré on réunit les médecins les plus célèbres.

L'avis du procureur de la République, conçu d'une tout autre manière que les dossiers de la police, n'était guère plus favorable pour Henri d'Aigrizelles. Le magistrat déplorait le faible châtiment qu'on avait infligé à l'accusé, surtout en comparaison de la forte peine qu'avaient assumée ses complices. Le procureur de la République démontrait les longs calculs qu'avaient demandés le vol, les projets d'association, la mise en œuvre de cette affaire et la complicité du jeune homme avec une bande de receleurs parisiens qui servaient à faire vendre les marchandises volées. C'était, au contraire, sur la jeunesse d'Henri d'Aigrizelles que s'appuyait le procureur de la République pour demander une forte condamnation ; car, disait-il, si un jeune homme fait de telles combinaisons, qu'arrivera-t-il quand, dans la force de son âge mûr, ses plans pourront s'agrandir ou se développer dans un sens aussi coupable? Je demandais aux jurés.

ajoutait-il, une détention assez longue pour qu'on parvînt à étouffer même, dans l'esprit de l'accusé, le souvenir de son crime. Le procureur de la République montrait le danger qu'il y aurait à rendre Henri d'Aigrizelles à la société, et son avis était que la fortune de ses parents et leur position ne pussent servir à adoucir la détention de l'accusé.

Il ne restait plus à Raymond que d'étudier le rapport du directeur de la prison, et il n'osait le décacheter, tant les deux dossiers précédents étaient défavorables au fils de madame d'Aigrizelles; cependant un châtiment aussi subit pouvait avoir changé l'esprit du jeune homme; sa mère assurait qu'il se repentait. Raymond brisa le cachet brusquement et dévora le rapport avec d'autant plus d'avidité qu'il craignait le dénoûment. Henri d'Aigrizelles était représenté comme passant sa journée à lire de mauvais livres, malgré les ordres du directeur; mais il avait assez d'argent pour corrompre les gardiens; on ne pouvait l'empêcher de fréquenter des détenus de basse classe, avec lesquels il traitait de pair à compagnon. Le directeur avait essayé de moyens violents autorisés par son pouvoir discrétionnaire; mais il n'arrivait pas à des résultats plus satisfaisants. La prison départementale dans laquelle Henri subissait sa peine n'était pas soumise à des lois particulières qui auraient pu soustraire le jeune homme à ces fréquentations; il ne faisait rien d'ailleurs qui obligeât l'autorité à agir avec lui par des moyens répressifs particuliers; mais le directeur demandait, dans l'intérêt de l'accusé, qu'on le changeât de prison, afin qu'on pût essayer ailleurs de vaincre ses passions.

Raymond quitta ces dossiers avec un accablement extrême. qui tenait encore plus à l'intérêt qu'il portait à madame d'Aigrizelles qu'à l'attention profonde et soutenue que lui avait demandée la lecture de ces dossiers. Autant la veille il désirait revoir la veuve, autant aujourd'hui il craignait de la rencontrer. Que dire à cette mère infortunée? quelles consolations lui donner? quel espoir lui offrir? Raymond était le rapporteur de cette affaire au conseil des grâces, et dans aucun des rapports il n'avait pu saisir le moindre fait en faveur de l'accusé. Les faits et les hommes se tournaient tous contre Henri d'Aigrizelles.

Ce fut quelque temps après avoir consacré ses veilles à l'analyse de ce volumineux dossier que Raymond se rendit à la commission des grâces qui se réunissait une fois par semaine. Raymond lut à haute voix son rapport, qui était une analyse entremêlée de citations des mémoires du maire, du procureur général et du directeur de la prison. La discussion, qui dans les affaires douteuses durait quelquefois longtemps, fut courte et sans objections; la grâce de Henri d'Aigrizelles fut rejetée à la majorité. Raymond sortit de là avec le sentiment d'avoir accompli son devoir, mais le cœur ulcéré. C'en était fait : il ne reverrait plus madame d'Aigrizelles, qui allait passer sa vie dans les pleurs, en maudissant peut-être celui dont l'influence dans cette affaire avait déterminé le sort de son fils. Raymond cherchait à combattre cette passion qui s'était tout à coup abattue sur lui, et essayait de l'analyser froidement pour se démontrer à lui-même combien elle était folle et insensée. A supposer que la grâce du fils eût été accordée, Raymond n'avait à attendre aucune faveur pour un acte de justice. Madame d'Aigrizelles n'avait pas montré de particulières sympathies à celui qu'elle implorait, elle venait en suppliante, en mère qui cherche à protéger son enfant; elle eût été la même chez tout autre, et Raymond se torturait l'esprit à connaître les causes de sa passion.

La passion n'a pas de causes. Elle jaillit tout d'un coup sans qu'aucun obstacle puisse l'arrêter, et elle est d'autant plus forte que les obstacles viennent la contrarier. Dominé par sa conscience, en faisant souffrir madame d'Aigrizelles par le rejet de la grâce de son fils, Raymond la plaignait sincèrement comme s'il eût été étranger à cette affaire. Séparé de la veuve par cet acte, n'ayant aucun indice qui lui permît de la retrouver, Raymond sentait sa passion s'accroître; et chaque lutte qu'il engageait avec elle constatait son impuissance à la dompter. Le travail est un puissant agent de destruction dans ces sortes de combats : la passion se montre dans le lointain, il est vrai, elle tourbillonne dans la chambre de celui qu'elle veut asservir, mais elle s'enfuit devant le travail, épouvantée, comme dans les contes des fées un méchant lutin fuit devant la baguette magique de la belle princesse. Raymond, qui était fatigué d'avoir travaillé depuis trois mois avec un rare dévouement, se laissa aller du côté de la distraction; il fréquenta le monde, où on ne le voyait plus, et il y porta avec lui le souvenir de madame d'Aigrizelles.

Un soir qu'il était dans une maison appartenant à cette rare bourgeoisie qui connaît le prix de l'intelligence, Raymond tressaillit; il lui semblait que le domestique venait d'annoncer madame d'Aigrizelles. Effectivement elle entra aussitôt, et Raymond sentit son cœur lui manquer : il était debout près de la cheminée à causer, sa voix s'arrêta; il devint pâle, un nuage passa devant ses yeux, et il ne lui resta que juste assez de forces pour tomber dans un fauteuil. Sans la sensation que produisit l'entrée de madame d'Aigrizelles, le trouble de Raymond eût été remarqué, mais chacun fut tellement absorbé par la beauté resplendissante de la veuve, que ce petit incident passa inaperçu. Quand Raymond, remis de son émotion, osa risquer un regard dans le salon, il trouva une autre madame d'Aigrizelles que celle qu'il avait connue. Elle avait dépouillé ses habits de veuve pour des vêtements blancs en harmonie avec les toilettes de soirée: son chagrin était tombé avec son costume de veuvage, et elle paraissait alors dans tout l'éclat de sa beauté. Raymond, à son entrée, avait courbé la tête comme un coupable; profitant du premier trouble de la réception, il était entré dans le salon des joueurs, voisin du salon de réception. Son étonnement fut extrême quand il put remarquer la toilette de la veuve, sa conversation qui attirait un cercle d'hommes autour d'elle, et la tranquillité qui paraissait peinte sur sa figure. Raymond, étonné, crut d'abord qu'il voyait une autre femme du même nom, une parente, peut-être une sœur; mais il n'y avait pas à se tromper à ce regard profond qui se levait doucement sous les paupières avec la lenteur du petit jour. Bien certainement on ignorait dans cette maison le sort du fils de madame d'Aigrizelles, ou elle jouait en public une terrible comédie de dissimulation; mais quel pouvait être le motif de cette dissimulation? Était-ce que madame d'Aigrizelles voulait encore jouir des plaisirs du monde, se sacrifier le matin pour son fils, et oublier le soir sa terrible position, à l'aide des adorateurs qui l'entouraient? Le moyen le plus simple de couper court à ces imaginations était de se présenter devant madame d'Aigrizelles; mais Raymond était trop plein de délicatesse pour, dans une fête, rappeler au souvenir d'une femme un souvenir cruel.

Comme il songeait ainsi, un vieux joueur, M. d'Escherny, se leva d'une table de whist et vint se placer dans l'embrasure de la porte qui séparait les causeurs des joueurs. Ce M. d'Escherny était une gazette vivante telle qu'on en rencontre souvent dans les salons : ils savent toutes les nouvelles, connaissent les invités mieux que la maîtresse de la maison, sont curieux, fureteurs, amusants, vont partout et sont aussi enchantés de donner des renseignements qu'un bibliothécaire officiel l'est peu de donner des livres. Raymond salua M. d'Escherny qu'il connaissait.

— N'est-ce pas, lui dit-il, madame d'Aigrizelles là-bas, au milieu du salon?

— Oui, monsieur, dit le vieux joueur, la belle madame d'Aigrizelles fait aujourd'hui sa rentrée... Il faut que j'aille lui présenter mes compliments; il y a près de trois ans que je ne l'ai rencontrée... Vous savez que son fils est gracié, ce pauvre enfant!

— Gracié! s'écria Raymond, qui vous a dit, monsieur?...

— Tout le monde.

— Mais qui l'a gracié? demanda Raymond.

— La commission des grâces a fait un rapport excellent, dit M. d'Escherny.

Raymond regarda fixement son interlocuteur.

— La commission des grâces? reprit-il.

Et il allait continuer ses questions, lorsqu'il fut quitté par M. d'Escherny, fendant la foule pour arriver jusqu'à madame d'Aigrizelles, devant laquelle il accomplit ses diverses grimaces de politesse.

— Malheureuse femme! pensa Raymond; elle ne connaît pas encore la vérité; quelqu'un moins sincère que moi l'aura trompée et lui fait croire, sans doute pour s'en débarrasser, que la commission des grâces a accueilli la demande de son fils.

Sans cette étrange nouvelle, Raymond se fût peut-être présenté devant la belle veuve; mais en plein bal, au milieu d'une joie douce, c'eût été assassiner la pauvre femme que de lui dire la vérité; et Raymond avait un caractère trop sincère pour que, même n'eût-il pas parlé, on ne devinât pas sur sa figure ce qui se passait en lui. Le monde parisien est rempli de faiseurs de sourires et d'amabilités qui savent endormir leur plus cruel ennemi en lui tendant la main le soir et en essayant de s'en défaire le lendemain par des moyens légaux. On le ferait assassiner avec le même semblant de politesses si l'époque était aux poignards.

Raymond ne savait pas se plier à ces manières d'agir : il parlait comme il pensait, et, lors même qu'il se taisait, ses sentiments les plus secrets paraissaient sur sa figure comme réfléchis devant une glace. Aussi fréquentait-il peu le monde, que sa sincérité blessait. Quoi qu'il fît, Raymond ne pouvait quitter des yeux madame d'Aigrizelles, qui éteignait par sa beauté toutes les autres femmes assises à côté d'elle. La plupart des jolies femmes en crevaient de jalousie, car leurs petites manières, leurs coquetteries, le jeu de leurs œillades, ne pouvaient soutenir la comparaison avec le puissant rayonnement qui ressortait de la personne de la veuve. Les hommes à la mode, dans leurs habits noirs, paraissaient grêles et mesquins quand ils s'approchaient de madame d'Aigrizelles; ils semblaient dominés par un charme quand ils lui parlaient, et ceux qui d'habitude allaient répéter avec assurance leurs propos misérables de salon, ressentaient une telle influence devant la belle veuve qu'ils restaient, pour ainsi dire, muets et en contemplation devant des épaules blanches et pleines de majesté, qui sortaient triomphalement de sa robe blanche. A trente-cinq ans madame d'Aigrizelles put être fière de ses épaules blanches et solides comme du marbre, qui, loin d'activer la curiosité comme certaines femmes qui se décollètent à la manière des courtisanes, laissaient à l'esprit une pure tranquillité, telle que celle produite à la vue par la grande beauté. Nulle idée de coquetterie ne paraissait dans la personne de madame d'Aigrizelles, qui n'avait pas besoin de ces moyens superficiels. Elle portait la tête droite sans morgue et n'affectait pas ces airs de souveraine dont les grandes femmes ont tant de peine à se séparer. Ses yeux annonçaient une telle bienveillance et une si grande bonté, que chaque femme eût pu lui pardonner sa beauté.

Autant elle s'était montrée humble dans le cabinet de Raymond, autant dans ce salon elle comprenait qu'elle dominait, et tous ses efforts étaient portés à atténuer l'effet de ses charmes par une modestie sans exemple. Raymond eût donné la moitié de sa vie pour ne pas avoir été mêlé à l'affaire qui le rapprocha de la veuve : il aurait pu se présenter devant madame d'Aigrizelles sans la connaître, il aurait pu essayer de s'en faire aimer. Tandis qu'à cette heure, dans le même salon, une cruelle destinée les séparait. Quoique éloigné d'elle par un monde de curieux, de complimenteurs, Raymond, à un certain moment, rencontra le regard de madame d'Aigrizelles; ce regard produisit comme un choc électrique, et Raymond s'appuya contre la porte, tant il était impressionné. Les amoureux sont les êtres les plus superstitieux de la terre : ce regard de côté, que madame d'Aigrizelles avait dirigé dans le fond du salon, parut à Raymond une réponse à sa contemplation assidue depuis le commenment de la soirée. Madame d'Aigrizelles avait dû subir l'influence d'une puissance mystérieuse, d'un fluide magnétique qui l'avertissaient qu'au fond du salon il y avait un être sympathique qui dirigeait toutes ses pensées vers elle. Dans ce court regard conduit par le hasard ou par la curiosité, Raymond avait lu ce mot : « Venez! » mais l'angoisse dans laquelle le tenait l'apparition de la veuve en toilette de bal redoubla tellement quand Raymond fut découvert, qu'il se retira dans le salon des joueurs afin de décider quelle conduite restait à tenir. La première idée qui lui vint à l'esprit fut de fuir; malheureusement le salon des joueurs n'avait d'autre issue que celle qui conduisait à la soirée, et il était presque impossible de sortir sans être vu de madame d'Aigrizelles. L'aller trouver eût été plus naturel; mais Raymond, quoique certain d'avoir compris le regard, se tuait à l'analyser, à lui faire dire le contraire, et il cherchait à se démontrer qu'il s'était trompé. *Venez!* pensait-il; elle ne m'en veut donc pas d'avoir plaidé contre son fils ou elle l'ignore? Si elle l'ignore, laissons-la tout entière aux plaisirs de la fête. Si elle connaît ma conduite, je ne peux lui faire entendre ces paroles banales à l'aide desquelles un homme qui ne veut rien accorder à un ami se débarrasse poliment de lui.

Raymond était dans une grande perplexité : il eût échangé contre le plus grand bonheur un second regard avec madame d'Aigrizelles, et en même temps il craignait à tel point ce bonheur, qu'il ne sortait pas de sa retraite. Tout d'un coup, il fut tiré de ses rêveries par une voix qui chantait un air d'*Adélaïde*, de Beethoven. C'était madame d'Aigrizelles, qui, priée par la maîtresse de la maison, s'était mise au piano. Au sentiment que mettait la veuve à rendre cette grande musique, Raymond crut qu'elle cachait sa douleur devant le monde, qu'elle portait la joie dans ses habits et qu'elle gardait une profonde tristesse en dedans; car l'air qu'elle avait choisi, et qui est un des plus mélancoliques de la musique mélancolique de Beethoven, servait à rendre ce qu'elle souffrait au moins autant que ce qu'elle avait souffert. Plein d'émotions, Raymond ne put se contenir plus longtemps, et il sortit silencieusement, profitant de ce que madame d'Aigrizelles, au piano, tournait le dos à l'assemblée. Arrivé dans la cour, des larmes qui oppressaient son cœur s'échappèrent abondamment, et, profitant d'une voiture qui tenait un des coins de la cour, il s'assit sur une borne pour écouter les accents faibles de la voix qu'un indifférent n'eût peut-être pas entendus, mais qui résonnaient dans toute leur douceur pour l'amoureux Raymond. Le piano se tut peu d'instants après la voix; et, en regardant les fenêtres illuminées du premier étage, Raymond se plut à deviner les mouvements de madame d'Aigrizelles quittant le piano, les compliments qui l'assaillaient. Il faisait un froid très-vif, mais Raymond ne le sentait pas; toujours assis sur la borne, il attendait que la veuve se remît au piano. Une heure se passa ainsi, et Raymond ne sortit de l'hôtel qu'à peu près certain que madame d'Aigrizelles ne chanterait plus de la soirée. Le lendemain, Raymond courut aussitôt que l'heure le permit chez la personne qui avait donné une soirée la veille. Madame Dinaux, femme de cinquante-cinq ans. avait connu Raymond encore jeune et s'intéressait à lui : c'était une personne charmante, qui avait pris résolûment le parti de son âge; après avoir passé par tous les tracas de la société et avoir goûté légèrement aux passions, elle sentit le trouble qu'elles apportent dans la vie et les traita comme des armes à feu chargées, c'est-à-dire qu'elle les renferma en elle-même et qu'elle se jura de ne jamais y toucher. Une vie simple et modeste, un mari content de son sort et sans ambition, une fortune suffisante pour ne manquer de rien, l'absence de maladies et de malheurs, firent que madame Dinaux conserva un fonds de gaieté qui ne l'abandonna jamais; son humeur égale, son manque de prétentions amenèrent chez elle un grand nombre de jeunes femmes de la bourgeoisie, qui prenaient sans le savoir des leçons de bienveillance; car, en entrant dans le salon de madame Dinaux, on était frappé de l'accueil simple et plein de bonhomie de la maîtresse de la maison; ses paroles étaient cordiales, affectueuses, et chacun se réglait là-dessus, de même que l'esprit méchant de la satire voltige à la porte de certaines soirées du grand monde et vous souffle de méchants propos à l'oreille, dès l'antichambre, afin de vous mettre au diapason des maîtres de la maison.

— Comme vous êtes parti précipitamment hier! dit madame Dinaux en tendant sa main à Raymond. Savez-vous que ce n'est pas bien? vous étiez tout singulier, vous ne bougiez pas de l'embrasure de la porte... Mais vous avez été puni de votre faute.

— Puni? dit Raymond.

— Oui, monsieur Raymond, et, quand je vous le dirai. vous verrez ce que vous avez perdu à vous montrer un peu en ours.

Raymond objecta ses travaux, qui lui encombraient l'esprit et qui l'empêchaient de paraître dans le monde dégagé de préoccupations.

— Il y avait, dit madame Dinaux, une femme fort aimable qui m'a demandé après vous... Devinez qui?

— Je ne sais, dit Raymond.

— Voyons, la plus belle de ma soirée.

— J'ai à peine regardé, dit Raymond.

— Alors, monsieur, dit d'un ton plaisant madame Dinaux, que venez-vous faire ici? Vous avez des affaires importantes, dites-vous, tracassantes, je le veux bien, absorbantes, je l'admets encore, mais tous les hommes en sont là. Chacun a ses manies, ses occupations, ses intérêts, ses passions; et si chacun se conduisait en loup, comme mon ami Raymond, nous aurions vraiment des soirées fort gaies. Monsieur Raymond, vous savez que je vous aime : quand vous allez dans le monde, laissez toutes vos occupations, vos projets, vos tracas dans l'antichambre, accrochez-les au vestiaire avec votre paletot; car, une fois dans un salon, vous ne vous appartenez plus, songez-y, vous devez être tout à tous; ce serait un grand orgueil que de croire que les invités ne pensent qu'à vous. Le contraire est la grande loi de la société; moi, je cherchais bonnement après vous pour vous présenter à madame d'Aigrizelles...

— A madame d'Aigrizelles! s'écria Raymond.

— Quoi! qu'y a-t-il d'étonnant? Malgré votre conduite de loup, elle vous avait vu et désirait causer avec vous.

— Grands Dieux! s'écria Raymond.

— Que voilà un drôle de garçon! dit madame Dinaux, il ne vous est pas tombé de tuile sur la tête pour vous écrier de la sorte.

— Ah! madame Dinaux, je suis bien malheureux, dit Raymond en lui prenant les mains.

— Vraiment! dit-elle en prenant un ton plus sérieux.

— J'aime madame d'Aigrizelles comme un fou.

— Il n'y a pas si grand mal, dit madame Dinaux; vous n'avez pas eu la main malheureuse, au contraire, madame d'Aigrizelles est belle, bonne, spirituelle, distinguée ; si j'avais un fils, je croirais lui faire un cadeau royal que de lui donner une telle femme.

— Elle ne vous a donc rien dit de ce qui s'était passé entre nous?

Alors Raymond raconta à madame Dinaux les moindres incidents de l'affaire Henri d'Aigrizelles, la manière dont il avait reçu la veuve et la conclusion de la commission des grâces.

— Mais je ne comprends pas, dit madame Dinaux, que le bruit se soit répandu de la grâce de son fils.

— C'est un faux bruit, dit Raymond, car cela est impossible.

— Pauvre femme! dit madame Dinaux ; je m'explique maintenant sa dernière visite à la maison. Elle était habillée de noir comme vous l'avez vue chez vous ; elle était triste, et je ne l'invitai même pas de vive voix à ma soirée ; vous pensez que c'eût été manquer de délicatesse en présence de son chagrin ; mais, suivant mon habitude, j'envoyai toujours chez elle une lettre d'invitation afin qu'elle ne crût pas que nous l'abandonnions à cause du procès de son fils. Jugez quelle a été ma surprise quand je la vis arriver belle, souriante et rajeunie de dix ans ; elle vint à moi, m'embrassa, et me dit à l'oreille : « Mon fils est sauvé. — Oh! tant mieux, » lui répondis-je. Elle en dit autant à chaque personne qui la connaissait, et c'est ainsi que le bruit s'en est répandu.

— Que pouvait-elle me vouloir? dit Raymond.

— Elle voulait également vous annoncer la bonne nouvelle.

— On l'a trompée, dit Raymond.

— Ah! je la plains de tout mon cœur, dit madame Dinaux. Je tremble du coup que cette pauvre mère va recevoir : sans doute elle aurait souffert si on ne lui avait pas laissé d'espoir, mais elle aurait attendu patiemment deux ans, jusqu'à ce que son fils fût sorti de prison, tandis que maintenant... Et vous dites que vous l'aimez, mon cher Raymond?

— De toute mon âme.

— Je vous plains presque autant que madame d'Aigrizelles, car il vous faudra bien du courage pour ne plus songer à elle... Elle en est si digne, que je comprends votre passion subite. Qui ne l'aimerait? Mais vous êtes le seul homme peut-être qu'elle ne puisse pas revoir. Vous avez agi d'après votre conscience, je le veux bien, et c'est justement le devoir qui élève entre vous une barrière. Il faut l'oublier, vous distraire.

— Me distraire! s'écria tristement Raymond.

— Oui, je sais que c'est difficile; eh bien, ne suis-je pas là? vous viendrez me dire vos souffrances, nous pleurerons ensemble, mon pauvre Raymond... Venez tous les jours, deux fois par jour si vous souffrez trop... Il n'y a rien qui soulage comme de conter ses peines à une vieille femme... Venez plus souvent à mes soirées, j'inviterai le double de jeunes femmes. Qui sait si l'une d'elles ne vous fera pas oublier madame d'Aigrizelles?

— Oh! jamais! s'écria Raymond.

En sortant, Raymond sentait combien sa blessure s'était agrandie, et il emportait avec lui un nouveau portrait plus séduisant que le premier. La pensée de madame d'Aigrizelles devint si vive, que Raymond regarda comme une relique la banquette où la veuve s'était tenue si longtemps dans son antichambre et qu'il fit transporter cette banquette dans son cabinet, trouvant une joie cruelle à la considérer et à y supposer perpétuellement assise la belle solliciteuse. Deux jours après cette soirée, il arriva du ministère de l'intérieur une énorme liasse de papiers à l'adresse de Raymond, qui les ouvrit avec la précipitation d'un homme qui saisit l'occasion d'échapper à ses pensées. Raymond fut extraordinairement surpris de retrouver toutes les pièces relatives à Henri d'Aigrizelles, et plus surpris encore de lire en marge de son rapport ces mots signés du ministre de la justice : *Étudier de nouveau l'affaire : accorder la grâce.*

Raymond fut atterré de cette note ministérielle qui équivalait presque à un ordre. La présence de madame d'Aigrizelles à cette soirée était maintenant expliquée ; elle connaissait sans doute la décision de la commission des grâces, mais elle avait trouvé le moyen de faire agir de hautes influences, et elle regardait son fils comme libéré d'avance. Le premier sentiment de Raymond fut un mouvement de colère contre les hommes, les femmes, l'humanité tout entière ; après un examen consciencieux et sans passion des pièces du procès, après la décision contraire d'une assemblée d'hommes de bonne foi, le ministre renvoyait les pièces sous le prétexte de les étudier ; et il signalait d'avance que la grâce fût accordée. A quoi bon réunir de nouveau la commission des grâces? A quoi bon la commission des grâces? Puis une sourde jalousie s'empara de Raymond, qui trembla de tous ses membres, tant chez lui l'imagination était vive et l'emportait souvent dans les idées les plus sombres. En pensant quelle influence puissante il avait fallu à madame d'Aigrizelles pour arriver à lutter contre le jugement de la commission des grâces, l'idée suivante germa et donna des racines plus amères que l'absinthe : madame d'Aigrizelles est belle, elle adore son fils ; elle a séduit quelque personnage important, elle s'est dévouée, elle a donné son corps pour obtenir la grâce de son fils. Une fois étreint par cette idée qui lui serrait les tempes comme un étau, Raymond poussa un cri furieux et se promena dans sa chambre, à grands pas, en essayant d'assoupir ces pensées par le mouvement. « La malheureuse ! » s'écriait-il ; et il ne pouvait s'empêcher de la plaindre, tant l'idée de ce sacrifice cruel lui remuait les entrailles. Il ne savait sur qui jeter ses soupçons, car il ne manque pas de ces personnages qui profitent d'une position élevée pour satisfaire leurs passions. « L'infâme! » s'écriait Raymond en se retraçant la scène qui s'était passée entre madame d'Aigrizelles et son protecteur. Sans doute c'était un vieillard au crâne chauve, à la bouche jaune, l'œil clignotant, à moitié mort, et conservant encore au fond de la paupière un pâle rayon de lubricité.

Raymond connaissait assez la vie pour avoir observé souvent des faits semblables qui font qu'il y a peu d'affaires de ce monde où la femme ne joue un rôle secret et important. Cependant madame d'Aigrizelles était-elle capable de s'être laissé entraîner à une telle épreuve? Raymond trouvait un oui dans la force de son dévouement maternel, et cette idée accablante lui permettait à peine de s'arrêter à diverses raisons qui combattaient la première. L'image calme de madame d'Aigrizelles qu'il avait rapportée de la soirée, la tranquillité pleine de charmes répandue sur toute sa personne, son chant si pur, pouvaient-ils appartenir à une femme qui ne devait pas avoir assez de larmes pour pleurer son sacrifice?

Bourrelé par ses pensées, Raymond prit le parti de courir au ministère, de faire une enquête à lui seul, de suivre la filiation des protecteurs de madame d'Aigrizelles, afin de savoir si elle était coupable ou innocente. Et quand elle serait coupable, se disait-il, ai-je le droit de m'inquiéter de sa conduite? Ne suis-je pas une des causes qui l'ont forcée à s'avilir? Si ma position me fait connaître un secret, ai-je pour mission de le sonder et d'arriver à sa complète connaissance? Quelles relations existent entre madame d'Aigrizelles et moi pour m'intéresser si vivement à sa conduite? M'a-t-elle jamais témoigné même un peu d'amitié? Ce n'est pas une femme que j'ai reçue chez moi, c'est une mère. Et malgré la raison qu'apportait Raymond dans l'analyse de la conduite de la veuve, il ne pouvait chasser cette jalousie dévorante qui coupe le sommeil, brûle le corps, rougit les yeux, dessèche la peau et fait de l'homme un être indifférent à tout ce qui se passe autour de lui, occupé qu'il est à suivre ses souffrances en dedans. Sa maison pouvait brûler, la guerre civile éclater dans les rues, Raymond n'y eût pas fait attention, il était pris de jalousie comme un ivrogne est pris de vin, et ce sont alors les deux plus grands égoïstes dans la nombreuse famille des égoïsmes.

Raymond, sans perdre de temps, courut au ministère; mais, quoiqu'il connût le ministre, il ne put être introduit qu'auprès de son secrétaire particulier. Ce fut seulement en entrant que Raymond se rappela un fait important qui lui avait échappé : le secrétaire du ministre était un simple avocat sous Louis-Philippe, et il avait défendu, en cette qualité, Henri d'Aigrizelles aux assises de Poitiers. La révolution de Février le prit et en fit un secrétaire particulier; avant de lui avoir parlé, Raymond saisit l'influence mystérieuse qui avait décidé de l'annotation du ministre.

— Bonjour, mon cher Raymond, lui dit le secrétaire qui était un des jeunes gens à la mode de cette époque, et qui jugea bon de tourner la chose en plaisanterie. Dites-moi donc pourquoi vous vous faites autant tirer l'oreille pour nous accorder une pauvre petite grâce ?

— Monsieur, dit Raymond, je ne suis qu'une voix dans cette affaire, mes confrères ont voté chacun suivant sa conscience.

— J'entends bien, dit le secrétaire ; mais aussi vous avez fait un rapport d'une férocité de procureur général : vous chargez les couleurs à plaisir, vous rendez l'accusé plus noir qu'un péché mortel... Qu'avez-vous contre Henri d'Aigrizelles, un charmant jeune homme que j'estime beaucoup.

parce qu'enfin il a bien payé une petite fredaine par trois ans de détention.

— Mais le rapport du procureur du roi à cette époque...

— Bah! vous savez qu'ils demandent toujours des têtes à couper.

— Et celui du directeur de la prison!

— Ah! parlons-en, dit le secrétaire; voyez la belle affaire! Un condamné lit des romans, donc c'est un scélérat... Vous avouerez, entre nous, que ce directeur de prison a bien besoin de griefs, puisqu'il va les chercher dans un pareil ordre de choses. Ah! si vous connaissiez madame d'Aigrizelles, la femme la plus distinguée de Paris, vous ne trouveriez pas son fils coupable.

— Je la connais, dit Raymond; elle est venue chez moi à diverses reprises...

— Et vous n'avez pas voté la grâce; vous êtes un monstre de vertu, monsieur Raymond.

— Monsieur, dit Raymond, j'ai obéi à ma conscience.

— Ce jeune homme n'était pas coupable, dit le secrétaire.

— Il l'était plus que ses complices, dit Raymond.

— Permettez, monsieur, dit le secrétaire particulier en changeant de ton, je n'aurais pas défendu M. Henri d'Aigrizelles si je l'eusse trouvé coupable; et, aujourd'hui que ma position me permet de faire des efforts pour sauver un infortuné, je me garderai de me souvenir que j'étais un simple avocat avant la révolution. A vous entendre, monsieur Raymond, j'ouvrirais les portes du bagne à des gens que j'ai défendus et qui sont condamnés à la chaîne; car si je cherche à obtenir la grâce d'un jeune homme que je crois coupable, je devrais nécessairement le faire pour tous ceux que j'ai défendus; mais M. Henri d'Aigrizelles n'était pas coupable, il était coupable de jeunesse, et trois ans dans une prison suffisent et au delà à son châtiment... D'ailleurs,

M. le ministre de la justice a parcouru les dossiers, le rapport, et il en a jugé ainsi.

— Que faut-il faire? s'écria Raymond.

— Rien n'est plus facile, étudiez de nouveau les pièces du procès, cherchez les faits les plus favorables au condamné.

— Il n'y en a pas, dit Raymond; pensez-vous, monsieur, que j'aie fait un rapport impitoyable pour le plaisir de sévir?

— Il y a la jeunesse de M. Henri d'Aigrizelles et les témoins à décharge.

— Les témoins à décharge, dit Raymond, sont venus, comme il arrive souvent, apporter des charges contre l'accusé. Ils ont dit que M. Henri d'Aigrizelles payait exactement ses fournisseurs; mais comment les payait-il? Avec de l'argent provenant de vols.

— Eh! monsieur, dit le secrétaire intime, je vous le répète, vous avez l'esprit tourné au pessimisme... Je connais l'affaire mieux que personne, j'étais à l'audience; malgré le soin que j'apportais à suivre les débats, je sentais que l'esprit public était pour mon client; les dames s'intéressaient à lui, toute la ville discutait et voulait son acquittement...

— Pardon, monsieur, si je vous interromps, dit Raymond. M. le maire de Poitiers nous écrit que la faible condamnation de l'accusé principal, eu égard à la dure punition de ses complices, a fait murmurer le public.

— M. le maire de Poitiers est un démocrate qui est heureux de voir condamner un jeune homme riche.

— Mais, monsieur, dit Raymond, ceux qu'on appelait démocrates sous Louis-Philippe ne sont-ils pas à la tête du pouvoir aujourd'hui? Vous-même, n'est-ce pas à l'appui constant de votre parole, que vous avez prêtée dans les procès politiques, que vous devez votre position de secrétaire du ministre de la justice?

— Monsieur Raymond, je ne suis pas ici à l'interrogatoire, songez-y ; il y a eu de tout temps des hommes attachés à des partis et qui leur nuisent quand ces partis triomphent. Le maire de Poitiers est un de ces démocrates exaltés qui rêvent un idéal impossible ; aussi sont-ils en guerre avec tous les gouvernements, quels qu'ils soient. La république a triomphé et a remplacé le gouvernement constitutionnel ; à cette heure, le maire de Poitiers nous regarde comme moins avancés que sous la royauté ; il nous traite de réactionnaires ; il faut espérer, du reste, que ces fauteurs de désordres ne resteront pas longtemps dans des positions élevées qu'une tolérance trop bienveillante leur a laissées jusqu'ici. Et je trouve étonnant que vous, monsieur Raymond, choisi par la république pour remplir une fonction élevée, vous alliez vous associer avec des démagogues tels que le maire de Poitiers.

— Je ne connais pas les opinions de ce fonctionnaire, dit Raymond.

— Et moi je les connais, dit le secrétaire ; vous voyez que ma présence dans ce procès a été utile, puisqu'elle me permet de vous éclairer sur la conduite d'hommes en qui vous semblez avoir une aveugle confiance.

— Le maire de Poitiers, dit Raymond, peut avoir des idées sociales particulières, et cependant faire un rapport sincère sur l'effet qu'a produit la condamnation d'un accusé.

— Non, monsieur, dit le secrétaire ; les opinions sont les verres de couleur qu'on fait porter aux personnes qui ont la vue fatiguée ; si les lunettes sont bleues, ces malades voient la nature bleue ; si elles sont vertes, tout leur paraîtra vert ; le socialisme, dont est atteint le maire de Poitiers, fait que ses sensations, ses idées, ses observations, se rattachent toutes à un système, et, par conséquent, se trouvent faussées.

— Le rapport du maire de Poitiers, dit Raymond, n'est

basé que sur des notes de la police. Le commissaire de police est-il également un ennemi du gouvernement ?

— Il est facile, dit le secrétaire, de tirer d'un ensemble de faits les généralités les plus contraires.

— Et le rapport du procureur général? s'écria Raymond qui s'échauffait, irrité des sophismes de l'ex-avocat.

— Un procureur général, monsieur, est une machine à condamnation ; quand ils s'adressent aux jurés, ce n'est pas pour leur dire de descendre en eux-mêmes, pour analyser quelques débats et en tirer des conclusions, c'est pour leur dire : Vous condamnerez.

— Ainsi, monsieur, il ne faut pas croire non plus aux notes du directeur de la prison concernant la conduite de l'accusé?

— Monsieur Raymond, dit le secrétaire particulier, cette discussion a duré trop longtemps; mes instants sont précieux. J'ai bien voulu essayer de vous éclairer par la connaissance que j'avais de l'affaire. Méditez l'annotation de M. le ministre de la justice, et songez à ce qui vous reste à faire.

— J'agirai suivant ma conscience, dit Raymond en sortant.

Plus Raymond tenait à madame d'Aigrizelles, et plus le sentiment de son devoir se représentait à ses yeux. En sortant du ministère, il alla chez madame Dinaux lui rapporter les nouveaux embarras qui naissaient sous ses pas. Madame Dinaux écouta attentivement le récit de cette conférence au ministère.

— Vous avez eu tort, lui dit-elle, de vous montrer si entier dans la discussion ; vous pouvez briser votre carrière, car le secrétaire du ministre ne vous pardonnera pas. Ce sont les inférieurs qu'il faut savoir ménager, car ils sont plus redoutables que les supérieurs. Tout ce que vous avez dit était au moins inutile; je sais bien ce qu'il y avait à faire:

— Quoi ? s'écria Raymond.

— Oh ! je ne vous le dirai pas : vous vous acharnez après madame d'Aigrizelles comme après votre plus cruelle ennemie, et je ne vous donnerai pas des armes contre elle... Cependant vous pouvez rester pur et reconquérir l'amitié de madame d'Aigrizelles.

— Est-ce possible ?

— Oui, mais vous vous rendrez à mes raisons plus facilement qu'à celles du secrétaire du ministre ?

— Pourvu que mon honneur reste intact.

— Eh bien ! laissez-moi vous donner une petite leçon qui vous profitera par la suite, et un conseil dont vous allez me jurer que vous ne vous servirez pas. Allons, jurez !

— Je le jure, dit Raymond en souriant.

— A votre place, donc, j'aurais été droit chez le ministre, et je lui aurais expliqué l'affaire dans tous ses détails. Le ministre, qui n'a pas défendu l'accusé, eût compris qu'une injustice se préparait, qu'on allait la lui présenter à signer. Il y a, quoi qu'on en dise, dans les hommes arrivés à cette élévation, des sentiments de justice et de morale qui se réveillent quand un homme comme vous sait les agiter, et M. le secrétaire particulier en eût été pour ses frais.

— Mais j'irai chez le ministre, s'écria Raymond.

— Et votre serment ? dit madame Dinaux.

— Quel serment ?

— Ne m'avez-vous pas juré que vous ne vous serviriez pas de mon conseil ?

— Oh ! madame, dit Raymond, c'est abuser de ma bonne foi : il entrait dans mes vues d'aller chez le ministre.

— Parce que je vous l'ai dit.

— J'y avais pensé en sortant du cabinet de son secrétaire.

— Et pourquoi n'y êtes-vous pas allé immédiatement ?

— L'heure de l'audience était passée...

— Mauvaise raison, dit madame Dinaux, vous n'irez pas chez le ministre, vous ne pouvez y aller sous peine de manquer à votre parole... Si je vous ai fait jurer, c'était pour vous lier avant que l'idée vous en vînt. Comprendriez-vous que moi, l'amie intime de madame d'Aigrizelles, moi qui l'aime, moi qui souhaite la grâce de son fils, moi qui suis votre adversaire en ce moment, je vous offre un moyen certain de garder Henri d'Aigrizelles en prison... est-ce possible ?

— J'ai eu tort, dit Raymond, de venir vous parler de cette affaire ; j'aurais dû m'en tenir à vous demander des consolations.

— Vous souffrez toujours, mon pauvre ami ?

— Beaucoup.

— Et si j'avais trouvé un moyen de guérison ?

— C'est impossible.

— C'est difficile, dit madame Dinaux ; mais impossible est un vilain mot... Avez-vous conscience que madame d'Aigrizelles ait quelque préférence pour vous ?

— Je l'adore, dit Raymond, et sans espoir, car rien de sa part ne m'a poussé dans cet amour.

— Je ne suis pas méchante, dit madame Dinaux, mais si je me trouvais à la place de madame d'Aigrizelles, et qu'un homme comme vous m'aimât en ruinant mes plus chers désirs, je crois que je deviendrais d'une coquetterie féroce, et que je le ferais mourir à petit feu ; je ne sais quels tourments j'inventerais, mais la femme a des châtiments particuliers qu'elle trouve en elle, et qui sont plus douloureux qu'une flèche empoisonnée de sauvage.

— Je m'y soumettrais avec résignation, dit Raymond, car je sais que je les ai mérités.

— Mais madame d'Aigrizelles est trop bonne pour se venger.

— J'aimerais mieux qu'elle se vengeât, et qu'elle me fît

sentir son ressentiment; alors je serais certain d'occuper sa pensée, tandis qu'elle ne se doute pas qu'il y a un homme dont elle a bouleversé l'existence, et qui ne vit que par elle.

— Elle s'en doute peut-être, dit madame Dinaux.

— Le croyez-vous? s'écria Raymond.

— Les femmes ont un instinct d'une subtilité... dit madame Dinaux; mais elle-même est tellement occupée du sort de son fils, qu'elle ne s'en est peut-être pas aperçue. Ah! si son fils était libre, elle s'en apercevrait bien vite, quoique vous ayez fait tout ce qu'il était possible pour agir contre vos intérêts.

— Nous en reviendrons toujours là, dit Raymond, vous souhaiteriez que mon devoir se brisât contre ma passion.

— Non, dit madame Dinaux, je ne vous parlerai pas comme le secrétaire du ministre; mais il y a de certains accommodements qui ne blessent en rien la morale... Écoutez bien, Raymond, je pense beaucoup à cette affaire. Je vous aime presque autant que madame d'Aigrizelles, et je vous aime davantage tous les deux depuis que vous souffrez... Si je trouvais un biais qui mît votre conscience à couvert, et qui accordât à madame d'Aigrizelles son plus cher désir?

— Vous avez, ma bonne madame Dinaux, des subtilités de femme qu'il est difficile d'admettre et que je crains; n'ai-je pas déjà failli en vous accordant imprudemment ce serment tout à l'heure?

— Je ne vous demande ni promesses, ni gages, ni serments, dit madame Dinaux; vous avez des ennemis qui en veulent à votre vie, je découvre une petite porte par laquelle vous pouvez vous échapper; est-ce un acte de lâcheté que de ne pas sortir par la grande porte, où vous serez infailliblement massacré, répondez?

— Dans un pareil cas, dit Raymond, j'accepterais la petite porte, et je remercierais ma libératrice.

— Je vais donc vous donner la clef de la petite porte, dit madame Dinaux; partez de Paris un mois, quinze jours; ou, si vous l'aimez mieux, faites le malade. En votre absence, on confiera le dossier à un de vos confrères, qui aura peut-être moins que vous le sentiment du devoir; madame d'Aigrizelles, le ministre, son secrétaire, continueront à agir suivant leurs moyens. La grâce d'Henri d'Aigrizelles est accordée, et vous aurez rendu une mère heureuse. Remarquez, mon cher Raymond, que je ne parle pas de récompense; seulement madame d'Aigrizelles le saura, et il vous sera permis sans doute d'être admis dans son intimité.

— Si je pouvais tomber malade réellement, dit Raymond. Ah! madame Dinaux, ce que vous me demandez là va me torturer l'esprit; vous ne savez pas quels combats je sens déjà en moi.

Raymond sortit en se promettant, malgré ses tourments, de ne plus revoir madame Dinaux jusqu'à ce que le sort d'Henri d'Aigrizelles fût définitivement fixé. En présence de sa vieille amie, il se laissait aller à des compromis de conscience qui s'affaissait et qui ne disait mot, mais qui, dans la solitude, se redressait aussi brutalement que ces diables à ressort enfermés dans des boîtes. Les raisonnements, basés sur des influences, des intérêts ou des amitiés, sont doux, aimables et surprenants; les paradoxes les plus monstrueux, les sophismes les plus éhontés, développés avec audace, terrifient quelquefois l'intelligence la mieux organisée; mais, dans le calme et le silence, la raison revient, qui n'a pas de peine à triompher de ces ennemis tapageurs. Raymond se sentait entraîné par les paroles de madame Dinaux. Ce qu'elle proposait avait une physionomie trompeuse et glissante comme ces petits chemins rapides dans lesquels, une fois lancé, on ne peut plus s'arrêter qu'en tombant dans un précipice. Quelle différence existait-il entre amoindrir les faits du dossier du condamné et arriver à faire voter sa grâce, ou à se retirer après avoir étudié la cause et à laisser à des membres moins éclairés une indécision qui pouvait contribuer à la mise en liberté de Henri d'Aigrizelles? S'il était permis à chacun de priver une commission des connaissances particulières qu'il a acquises par un examen attentif, n'était-ce pas priver la commission de lumières positives, la laisser s'égarer dans l'obscurité, l'ignorance? Sans doute l'affaire de Henri d'Aigrizelles n'appartenait pas à ces affaires capitales qui occupent l'attention publique, et dont on ne peut violer les lois sans soulever un blâme universel ; mais Raymond savait combien la plus légère déviation habitue l'esprit à des concessions immorales qui deviennent habituelles par la suite, et qui empêchent de distinguer le vrai du faux. Si Raymond, avec la certitude de la culpabilité et du faible châtiment infligé à un jeune homme riche, votait pour sa grâce, pourquoi un jour n'admettrait-il pas, gouverné par des influences importantes, le pourvoi d'un assassin?

Ces réflexions avaient saisi Raymond jusqu'au vif et ne lui laissaient aucun repos, car elles ne le quittaient que pour être remplacées par des tortures amoureuses ; la vie devenait impossible à Raymond ; il formait les projets les plus contraires, et la pensée lui venait de quitter Paris brusquement et d'échapper ainsi au souvenir de madame d'Aigrizelles. L'irrésolution, une des maladies les plus dangereuses, lui secouait l'esprit et le faisait autant souffrir que pris du mal de mer pendant un gros temps. Il arriva heureusement un incident qui changea le cours de ses pensées. Raymond reçut une lettre du secrétaire du ministre qui réclamait les dossiers de Henri d'Aigrizelles, afin de les confier à un autre membre de la commission des grâces. Cette lettre, empreinte des formes officielles et bureaucratiques, était cependant assez intime pour que le secrétaire pût expliquer à Raymond qu'une nouvelle instruction allant avoir lieu, il était nécessaire d'obtenir de nouveaux rapports, et qu'il n'eût pas à se formaliser si on lui enlevait sa besogne pour en charger un de ses collègues, attendu que le ministre désirait de nouvelles analyses du procès.

Malgré le ton poli de cette lettre, Raymond se sentit battu, et il éprouva une de ces sourdes colères qui font que l'homme de génie, l'homme sincère et l'homme de bonne foi tombent souvent sur les chemins et se meurtrissent les genoux contre les pierres. L'homme de génie a contre lui toutes les basses médiocrités, et elles sont nombreuses. L'homme de bonne foi a contre lui toutes les âmes viles, et elles emplissent le monde. Lutter est impossible; c'est un soldat courageux voulant traverser à la baïonnette un escadron de cuirassiers. Les hommes qui ne sont pas assez fermement trempés deviennent misanthropes au spectacle des embûches de la société; mais ceux vraiment forts se relèvent après une halte douloureuse et continuent fièrement leur chemin jusqu'à ce que de nouveaux obstacles se présentent. Raymond tint son injustice concentrée, et ne voulut même pas aller chez madame Dinaux chercher des consolations; seulement il errait dans les endroits solitaires de Paris et se promenait le soir à grands pas le long des quais déserts, en parlant à voix haute et en s'étourdissant du bruit de ses paroles.

Huit jours après il y eut une nouvelle séance de la commission des grâces. Raymond était arrivé avant tous ses confrères; aussitôt que l'assemblée fut en nombre, il demanda la parole et s'élança à la tribune.

— Messieurs et collègues, s'écria-t-il, il n'y a plus de commission des grâces; vous êtes ici et vous n'y êtes pas: vous votez et vous ne votez pas. Si vous mettez dans l'urne une boule blanche, elle devient noire; si vous la mettez noire, elle est blanche. Que venez-vous faire ici? Examiner attentivement les dossiers des condamnés, les discuter et essayer de vous éclairer afin que le coupable soit bien déclaré coupable, l'innocent, innocent. Eh bien, innocent et coupable ne font qu'un ; vous pouvez désormais ordonner la mise en liberté du criminel et de l'homme vertueux ; et si, en sortant de prison, le criminel égorge le vertueux, il ne me sera pas difficile de vous démontrer que le vertueux avait tort et le criminel raison. Dans votre cabinet, vous étudiez si le repentir a gagné un condamné, et si au contraire la détention n'a fait que développer les instincts criminels du condamné. Il n'y a plus de repentir ni d'instincts criminels ; votez l'élargissement du repentant, et il restera en prison ; mettez à néant la demande en grâce du coupable, et le lendemain vous le rencontrerez sur votre chemin. Le vrai ne se distingue plus du faux, le juste de l'injuste, la raison de la déraison. Vous avez été appelés ici à cause de vos lumières reconnues, de votre intégrité, de votre justice ; c'étaient des gens sans conviction, sans aveu, des gens à vendre, qu'il fallait inviter à siéger sur ces bancs. Ou plutôt il n'y avait pas besoin de commission des grâces, puisque ses conclusions ne sont pas admises. Vous avez voté dernièrement, à l'unanimité, sur le sort d'un condamné, après avoir écouté le rapport de celui de vos confrères qui en était chargé ; le rapporteur, c'était moi. J'avais étudié l'affaire pendant huit jours, mon analyse était basée sur des faits, des rapports officiels ; à chaque fait que j'avançais, je vous citais les notes qui en garantissaient la certitude. Qu'est-il arrivé? On casse notre jugement, on vous charge de le revoir, on vous engage à le changer ; bientôt on vous forcera à le signer entièrement contraire à vos opinions. Songez-y, messieurs, nous remplissons une belle et haute mission d'où les passions et les intérêts doivent être exclus. Que penseriez-vous d'un jury qui rentrerait en séance, et qui déclare un accusé coupable, par la voix de son chef ; mais le président des assises se lève et dit : « Non, messieurs, l'accusé n'est pas coupable, veuillez rentrer dans votre chambre délibérative et changer d'opinion. » Nous sommes, messieurs et collègues, supérieurs au jury ordinaire : car nous avons une mission plus consolante à remplir ; nous suivons le condamné depuis son entrée dans la prison ; nous connaissons sa vie, ses actes, ses actions et ses pensées pour ainsi dire. Si, au bout d'un certain temps, nous voyons qu'il est changé, que ses mauvaises actions prennent la forme du repentir, que sa vie est en rapport avec le sentiment de contrition, alors il nous est permis d'alléger sa peine et de le rendre pur à la société. Malheureusement la détention ne nous offre que trop souvent des effets contraires ; on respire dans les prisons une atmosphère de vices, on entend des paroles de haine plutôt que des paroles de paix, le crime s'y montre plus fanfaron que repentant, les esprits faibles et déjà entrés dans une voie dangereuse se laissent prendre à de dangereux exemples. Le condamné sort plus mauvais qu'il n'est entré ; faut-il donc le mettre en liberté ? Non, messieurs, la liberté de la société lui serait encore plus funeste que la liberté de la prison... Nous devons donc rejeter la demande en grâce et nous associer aux vœux des directeurs de prison qui, comme celui de Poitiers, nous demandait le transfèrement de M. Henri d'Aigrizelles dans une maison de force mieux réglée. J'ai dit le nom du condamné, et j'ai dit en même temps les causes de mon indignation. Un nouveau rapport a été rédigé par un membre que je ne connais pas ; quel que soit ce rapport, messieurs et collègues, vous vous rappellerez, j'en suis certain, votre vote unanime de la précédente séance, et vous ne vous laisserez pas gouverner par des influences étrangères, de quelque hauteur qu'elles partent.

Toute l'assemblée applaudit le discours que Raymond avait improvisé avec un accent d'indignation que la plume ne peut rendre. A peu d'exceptions près, le nouveau rapport concordait avec l'ancien ; la grâce de Henri d'Aigrizelles fut rejetée de nouveau ; et Raymond sortit de l'assemblée, le cœur triste, car il venait de dresser une nouvelle barricade entre lui et madame d'Aigrizelles.

— C'en est fait, s'écria-t-il en se présentant chez madame Dinaux, je me suis perdu par ma propre volonté.

— Qu'y a-t-il? demanda celle-ci.

Alors Raymond dit à madame Dinaux la scène qui venait de se passer dans le sein du comité.

— Je vous comprends, dit-elle, après un tel éclat, le sort d'Henri d'Aigrizelles est fixé, et c'est vous, vous seul qui l'avez fait condamner. Ah! la malheureuse mère!...

— Oui, malheureuse mère, répéta Raymond.

— Et vous pouvez vous apitoyer sur son sort, après votre conduite! dit madame Dinaux... Tenez, je suis furieuse après vous, et votre maudite conscience... vous laisse-t-elle plus en paix maintenant? Êtes-vous pleinement heureux?... Non, n'est-ce pas?... Ah! il vous sied bien maintenant de vous laisser aller à votre chagrin! Vous vous repentez, mais le mal est fait. Qui sait quel coup vous allez porter à madame d'Aigrizelles!... Elle ne supportera pas ces transitions de joie et de douleur... Pauvre femme! Pleurez maintenant sur son sort, vous qui êtes son bourreau... Qu'aviez-vous besoin d'aller à cette commission, de vous emporter et de prononcer ce discours qui a enlevé l'assemblée?... Le beau triomphe! votre amour-propre a-t-il été bien satisfait; et n'est-ce pas votre amour-propre que vous appelez conscience qui s'est révolté et qui vous a poussé à lutter contre les protecteurs de madame d'Aigrizelles?

— Je vais quitter Paris, dit Raymond froidement.

— Vous aurez raison, dit madame Dinaux, car loin d'ici vous ne connaîtrez pas le coup dont vous avez frappé madame d'Aigrizelles; elle peut en devenir folle... oui, folle. Si j'avais un fils dans la même situation, j'en mourrais; c'est le sort le plus heureux qui puisse atteindre madame d'Aigrizelles.

Raymond sanglotait.

— Méchant enfant, dit madame Dinaux en lui prenant les mains, si vous m'aviez écoutée !

— Adieu, madame, dit-il, je pars.

— Où allez-vous ?

— Je ne sais.

— Vous souffrez, et je prends à tâche de redoubler votre chagrin; vous avez un caractère si entier, que je tremble pour votre avenir. Vous vous briserez, Raymond, contre la société; le droit et la justice ne sont que relatifs et rarement absolus. Avec la modeste fortune que vous avez, vous pouvez, au besoin, vous passer de tout le monde; mais vous verrez de quels sacrifices il faudra payer cette droiture et ce sentiment inflexible de justice que vous exagérez encore en vivant en dehors de la société. Par une simple concession, vous rendiez une mère heureuse et vous faisiez peut-être le bonheur de votre vie; maintenant, vous partez seul, l'esprit aigri, le cœur malade, et vous allez promener vos souffrances dans la solitude... J'ai peur que vous n'y trouviez pas le calme; pensez à ce que je vous dis là, mon cher Raymond; je suis une vieille femme qui n'a pas reçu votre éducation, mais j'ai su conquérir la tranquillité et le bonheur autant qu'il peut se trouver sur la terre... Écrivez-moi; si vous ne trouvez pas le repos après lequel vous allez courir, j'essayerai de vous consoler.

— Adieu, madame Dinaux, dit Raymond en embrassant sa vieille amie; et tous deux sentirent leurs larmes se confondre.

— Oui, je vous écrirai, dit-il, souvent; et je ne vous demande qu'une grâce...

Il s'arrêta comme s'il combattait en lui-même.

— C'est, dit-il d'une voix altérée, de ne jamais me parler d'elle.

— Je vous le promets, mon pauvre Raymond.

— Son nom me fait mal à prononcer et ravive mes blessures; peut-être parviendrai-je à l'oublier.

Le soir même Raymond partit pour la Belgique, d'où il comptait passer en Allemagne; il espérait que la vue de pays inconnus, en apportant de nouvelles images à son esprit, chasserait le souvenir de madame d'Aigrizelles; mais les portraits qui sont gravés dans le cerveau sont des empreintes ineffaçables. Raymond en était à son premier amour; si à son âge les affections viennent plus lentement, elles n'en sont que plus durables. A mesure que le chemin de fer s'éloignait de Paris, Raymond était pris de douleurs plus cuisantes; à chaque station, il lui semblait qu'on lui enlevait violemment une partie de son cœur. En arrivant à Bruxelles, Raymond écrivit aussitôt à madame Dinaux : « Je ne sais, ma bonne amie, ce que ce voyage me présage, mais je ne vis plus que pour madame d'Aigrizelles; je ne pense qu'à elle et je n'ose regarder l'avenir, car je sens que mes pensées ne s'affaibliront pas par le temps, comme on dit qu'il arrive en amour. Au contraire, elles doivent se fortifier; je connais trop la cause de mon mal pour songer à ce qu'il guérisse... Quelle fatalité m'a fait rencontrer madame d'Aigrizelles ! et que j'ai payé cher la position honorifique qui est venue me surprendre ! Vous savez quelle foi j'avais en la République, et combien j'aurais désiré payer de mon sang l'honneur de la défendre; je ne songe ni au gouvernement, ni à la société, ni aux hommes, ni à mes devoirs; je ne songe qu'à elle... Ne me faites pas connaître l'étendue de la blessure que j'ai pu lui faire; je suis lâche à cette heure, je suis comme ces meurtriers qui fuient en abandonnant leur victime, qu'ils n'osent plus regarder en face. J'ai peur de mauvaises nouvelles; je me rappelle vos dernières paroles : « Elle peut en devenir folle, en mourir. » Ah! croyez que le coup qui l'atteindra m'atteindra en même temps... Vous ne me l'écririez pas que je le saurais; le courant invi-

14

sible qui la frapperait me frapperait également... Ne craignez pas de m'apprendre toute la vérité, quelle qu'elle soit; car, si vous me cachiez un malheur, je le devinerais caché sous un mot... Ah! que le devoir est cruel! Elle doit savoir tout, me maudire; je serais pourtant encore trop heureux si elle prononçait mon nom. Mon amie, soyez éloquente, bonne comme toujours, si elle m'accusait de dureté devant vous; j'ai si peur qu'elle ne croie pas à mon cœur. Elle n'a entendu que de dures paroles de ma bouche; je l'ai si mal reçue. Et cette banquette sur laquelle elle a passé des heures inquiètes à attendre; et cette borne contre laquelle elle s'appuyait dans la rue pour solliciter le pardon de son fils... Ah! je suis maudit; il faut qu'une mauvaise étoile ait présidé à ma destinée... Si ma mère avait vécu, si elle n'était pas morte en me donnant le jour, peut-être eussé-je puisé dans son éducation des sentiments plus doux; mais j'ai été élevé par des hommes et par des livres de l'antiquité; en première ligne, j'ai toujours lu le dévouement à la chose publique; elle n'en peut rien savoir, elle ne me connaît pas... Et cependant, telle que je l'ai vue à votre soirée, il m'a semblé qu'un ange de bonté m'apparaissait... Peut-être me pardonnerait-elle si vous me défendiez en bonne amie dévouée... Demain je pars pour Anvers; écrivez-moi, de grâce, un mot, un seul. Je ne quitterai la ville qu'après avoir reçu votre lettre. Adieu, amie; donnez-moi de ses nouvelles.

« *P. S.* Je relis ma lettre, elle est pleine de contradictions; n'y faites pas attention, je ne raisonne plus quand je pense à elle. »

Arrivé à Anvers, Raymond courut à la poste. Quoique le trajet ne dure guère plus de trois heures entre Bruxelles et Anvers, Raymond l'avait trouvé d'une longueur de trois jours; sa lettre était à peine écrite qu'il attendait la réponse. Quand il eut réfléchi qu'il fallait deux jours au moins pour recevoir une lettre de madame Dinaux, même en supposant qu'elle répondît courrier par courrier, Raymond sentit une couche plus foncée de mélancolie se superposer sur la première; il regretta d'avoir quitté Paris, où il lui était permis d'aller à toute heure chez madame Dinaux, de lui parler et d'entendre une réponse consolante. C'est alors qu'il conçut l'idée de reprendre le chemin de fer; mais c'était quinze heures de voyage. Il arriverait en même temps que sa lettre; en serait-il plus heureux? En se promenant dans cette triste ville, plus triste que Versailles, dans ces grandes rues désertes où le pas du voyageur résonne comme une pierre qu'on jette au fond d'un puits, Raymond se sentit glacé de cet immense isolement qui faisait que ses pensées s'emparaient entièrement de lui. S'il se fût dirigé vers le port, peut-être l'activité des quais l'eût-elle un peu désennuyé; mais Raymond s'était logé au premier hôtel près du chemin de fer, et il fut frappé de la solitude de ces rues, où on ne voit même pas une jolie curieuse à sa fenêtre. Deux jours se passèrent ainsi, pendant lesquels Raymond se trouva aux prises avec ses souvenirs amers; il ne lui restait, pour consolation, que la lettre de madame Dinaux, qu'il attendait avec l'anxiété d'un homme cherchant une issue dans des catacombes. La lettre ne vint pas, et Raymond reçut un coup à cette nouvelle comme s'il eût entendu un rouage se déranger dans une machine: quoique pris d'un malaise subit, il lutta le plus qu'il put, en se disant que madame Dinaux pouvait ne pas avoir répondu le jour même de l'arrivée de sa lettre, et il attendit jusqu'au lendemain; mais il en fut du lendemain comme de la veille, la réponse n'arriva pas. Alors toutes les forces de Raymond se brisèrent; ce qui n'était qu'un accident devint une catastrophe. Une fièvre violente s'empara de Raymond, et avec la fièvre arriva le délire. Raymond n'eut plus connaissance de son état: seulement, il sentait une souffrance de plomb qui agissait sur son cerveau; il était sans défense, comme un homme étroitement garrotté, et la maladie courait dans tout son corps. Il resta ainsi huit jours sous l'empire de cet affaissement moral et physique; mais un matin il sortit de cet état léthargique si douloureux; car une voix douce venait de le réveiller. Il ouvrit les yeux et reconnut la figure de madame d'Aigrizelles, qui était assise au chevet du lit; un jeune homme inconnu à Raymond était auprès d'elle; au fond, madame Dinaux écartait les rideaux, et le soleil se précipitait dans la chambre. Raymond referma aussitôt les yeux, et les rouvrit pour se rendre compte qu'il n'était pas le jouet d'une vision.

— Raymond, s'écria madame Dinaux, ne me reconnaissez-vous plus?

Il sourit doucement, ne pouvant parler, tant son émotion était grande.

— Et moi, monsieur Raymond? dit madame d'Aigrizelles.

Raymond sortit son bras amaigri de dessous la couverture et prit la main de madame d'Aigrizelles.

— Me pardonnerez-vous de vous avoir amené mon fils? dit-elle.

Raymond regarda le jeune homme avec le plus profond étonnement; tout le passé lui revint subitement à la mémoire.

— Il est gracié, dit madame Dinaux, malgré la commission des grâces.

— Monsieur Raymond, dit madame d'Aigrizelles, votre beau caractère et votre probité m'ont fait tenter une démarche que mon amie, madame Dinaux, m'a engagée à poursuivre... Mon fils est jeune encore, et le mal ne s'est pas encore emparé de lui entièrement; je vais voyager pendant cinq ans, comme je vous le disais, jusqu'à ce qu'Henri soit parvenu à faire oublier ses fautes... Un seul homme peut lui donner des notions d'honnêteté sans lesquelles la vie est un tourment perpétuel; il fallait un homme dévoué pour redresser cette jeune nature faible sur laquelle les passions ont trop de prise. Je n'ai rencontré, jusqu'ici, qu'un cœur dévoué à l'honnêteté, c'est vous, monsieur Raymond. Voulez-vous vous exiler cinq ans avec nous?

XV

DES DÉCORS

Un vaudevilliste plein d'expérience me parlait un jour de pantomime, et me dit :

— Où se passent vos pièces?

Ne comprenant pas, je le priai de s'expliquer. Il entendait par là me demander dans quelle *ville* ou *capitale* Pierrot, Colombine et Arlequin se livraient à leurs exploits.

Cette question, si simple en apparence, est un puits de niaiserie. « *Où se passent vos pièces?* »

— Mais, monsieur, dis-je au vaudevilliste âgé qui s'*intéressait* à la pantomime, ça ne se passe nulle part.

— Je croyais, dit-il, qu'il y avait quelques pays traditionnels.

— Ah! oui, Bergame, par exemple... Détrompez-vous, monsieur; je ne tiens pas plus à Venise qu'à Bergame... A quoi bon limiter ainsi une ville? Dites-vous que la pantomime a une géographie particulière telle qu'il vous sera plaisant de l'inventer. Mais je vous prie de croire que le pays de Pierrot n'est pas un pays. Voilà pourquoi la décoration actuelle est mensongère. Mes forêts sont trop des forêts, mes maisons sont trop des maisons. Tout ce qui est décor aux Funambules est d'une réalité malheureusement

14.

assez bourgeoise pour que le théâtre de l'Odéon ne soit pas fâché de racheter un jour accessoires et décors.

Il y a des petites chambres jaunes qui feraient fort bonne mine dans les ouvrages de M. Galoppe d'Onquaire. L'Ambigu jouerait volontiers un drame dans la forêt des Funambules, et la cabane de Cassandre conviendrait tout à fait à Bouffé dans ses rôles de paysan. Je connais un certain paysage, peint par un admirateur de Bidault, que les sociétaires de l'Odéon seraient enchantés de mettre dans la *Petite Ville* de Picard.

Au contraire, le théâtre des Funambules manque de logique. Soyez faux, mais faux d'un bout à l'autre, et vous serez vrai.

Le réel n'occupe pas un pouce sur une toile de Watteau ; les arbres sont de la famille des personnages ; le ciel a été inventé pour faire pousser ces arbres.

Comment voulez-vous que mon esprit ne soit pas troublé quand je vois Arlequin dans une *vraie* maison ? Il faudrait des paillettes aux murs.

Ne pensez-vous pas que l'appartement de Polichinelle soit plein de bosses ?

La jolie mansarde que je bâtirai pour Colombine ! une mansarde coquette, avec des fleurs, un lit charmant, etc. Il y a toujours eu une corrélation intime entre l'individu et son mobilier ; mes personnages sont fantasques, tout ce qui est avec eux devient fantasque ; la nature a de secrètes harmonies. Si, dans la vie réelle, l'individu se moule sur la nature, dans la pantomime, c'est la nature qui se moule sur l'individu.

Et voyez l'avantage des Funambules sur tous les spectacles ! Ceux-ci ont la prétention de faire des décors sérieux, des accessoires de la vie privée ; il n'y arriveront jamais avec leurs coulisses, leurs souffleurs, leurs acteurs éclairés sous le nez ; le théâtre est faux comme un jeton.

Au contraire, le ballet et la pantomime ont le courage de leurs opinions : « Nous sommes antinaturels, disent-ils, mais nous sommes amusants, gais, prestes et subtils; nous ne nous inquiétons guère des entrées et des sorties. » On coupe la jambe à Polichinelle, au premier tableau; au second tableau, il danse plus que jamais, et on n'a pas entendu parler du médecin.

Mais ce fantasque de décors demande un peintre ami de l'impossible, qui donne des modèles de décors, de costumes, d'accessoires, toutes choses qui demandent une certaine imagination.

XVI

LA PANTOMIME A LONDRES

LETTRE A THÉOPHILE GAUTIER

J'ai sous les yeux une affiche du Théâtre-Royal Adelphi; c'est à faire fuir les plus intrépides lecteurs d'affiches. Nos grandes affiches de *bénéfices* sont des naines auprès des simples affiches anglaises.

Vous savez, mon cher Théophile, que de ruses et de tact demande l'affiche typographique pour se faire lire; les Anglais, qui impriment leurs Revues avec tant de soin, semblent avoir perdu toute intelligence quand il s'agit d'une affiche de théâtre.

C'est un fouillis de caractères identiques entassés comme des harengs, et qui ne se distinguent que par les *capitales*, *petites capitales* et les *bas-de-casses*.

On reconnaît seulement les titres des pièces, qui sont tirés en rouge; le reste, le nom des acteurs, les titres des tableaux, disparaît au milieu des réclames de toute nature. Ainsi la pantomime est étouffée sous les épithètes : « *New original romantic, pantomimical, musical tale of enchantment*, etc.

Après le titre arrive l'analyse de la pièce, analyse peu critique, comme vous pensez, mais pleine de gâteaux de miel destinés à étouffer ce Cerbère aux millions de bouches qu'on appelle le public.

On y lit ensuite des extraits du *Morning Herald*, des extraits du *Morning Chronicle*, des extraits du *Punch* sur la pièce nouvelle.

Un honnête homme consciencieux qui arriverait à l'heure de l'ouverture des bureaux et qui voudrait lire l'affiche risquerait fort, au moment où il déchiffrerait la dernière ligne, de voir les spectateurs sortir du spectacle.

En revanche, il saurait à quoi s'en tenir sur l'absence des acteurs célèbres ; jamais je n'ai vu autant d'absents. Ils occupent sur l'affiche vingt grandes lignes en *petit-canon* ; ce qui me paraît une réclame maladroite.

On imprime votre nom sur les affiches pour les débuts de Paul Legrand. Vous y êtes traité de « *the honest and renowed dramatic critic of France*, » et on y donne votre opinion sur le mime. Théophile Gautier, dit l'affiche, « *has pronounced Paul Legrand to be, by his inimitable performance of Pierrot*, etc. »

Cette affiche, dont il est impossible de donner un fac-simile, est déplorable ; il n'y a que le programme vendu dans la salle qui puisse lutter de mauvaise composition avec elle.

Quant à Paul Legrand, qui obtenait tant de succès aux Funambules, ses débuts à Londres n'ont pas été entièrement goûtés des amateurs d'Adelphi.

Pour les Anglais, un Pierrot est avant tout un *clown* ; il ne s'appelle pas même Pierrot, il s'appelle le Clown. La pantomime anglaise a conservé presque tous les titres des autres acteurs : ainsi le *Polichinelle*, *Colombine*, *Harlequin* (avec l'*H*), *Pantalone*, qui n'est autre que Cassandre. Cependant il est un personnage étrange, *Sprith* (l'Esprit), qu'il serait bon d'introduire dans la pantomime française. Le *Sprith*, habillé de velours rouge semé de paillettes d'or, traverse le théâtre sans se mêler à l'action. Il apporte les messages de la Fée, exécute ses ordres ; mais, en réalité, il entre en scène avec la ferme intention de danser sur des bouteilles, et de remplir les rôles d'Auriol.

Leur clown, ou Pierrot, est un gros charcutier joyeux qui a la bouche fendue jusqu'aux oreilles, qui mange comme un bœuf et qui a un ventre rival de la tonne de Heidelberg.

Figurez-vous, Théophile, notre Pierrot long, maigre, si fin et si distingué, dont toute la *clownerie* consiste dans une paire de soufflets par hasard et quelques aimables coups de pied.

Les Anglais furent aussi étonnés de l'entrée en scène de Paul, que le public des Variétés le fut un jour des débuts des Anglais.

L'opinion générale de la salle fut que, le clown français étant un spectre, sa maigreur devait le servir.

On attendait de lui des sauts à casser le tremplin.

Paul ne sauta pas. Les amateurs crurent qu'il remplaçait cet agrément par une boxe vive et animée ; mais le Pierrot ne boxa pas plus qu'il n'avait sauté.

Cependant le public anglais était arrivé à une immense curiosité ; car si un Pierrot ne saute et ne boxe pas, il doit réserver d'immenses surprises.

J'entrerais chez Katcomb, j'emporterais le roastbeef d'un Anglais à table, qu'il ne serait pas plus formalisé que le public d'Adelphi en voyant notre comédien se livrer seulement à une pantomime délicate et spirituelle.

Il est vrai que Paul avait débuté par *Pierrot en Espagne*, pantomime française, anecdotique et militaire, que le *London Newspaker* traita avec raison de « melo dramatic bagatelle. » Et madame Lefèvre manquait ! madame Lefèvre ! la femme de Paris qui sait le mieux porter la robe de velours noir, et qui ne craint pas de compromettre cette toilette de reine par des combats énormes où le sabre et l'*hache* jouent un si grand rôle !

Enfin Paul essaya de dissimuler l'absence de madame Lefèvre; mais son jeu distingué, la précision et le soin qu'il apporte dans chaque geste ne désarmèrent pas John Bull.

Le mime français proposa à la direction de monter *Pierrot pendu*, qui est peut-être la pantomime la mieux réussie de mon œuvre. La direction sauta au plafond. *Pierrot pendu !* une potence en scène ! une machine qui a l'air d'une moitié de T ! un instrument qui envoie tout doucement John Bull en paradis ou en enfer ! Jamais ! jamais !

Ces Anglais sont extraordinaires : ils sont aux anges quand ils entendent des plaisanteries cruelles, des plaisanteries sanglantes ; mais toucher à la potence, c'est un crime de lèse-nationalité.

Peut-être auraient-ils beaucoup applaudi à *Pierrot guillotiné !*

La direction d'Adelphi reconnut que *Pierrot en Espagne* n'était pas de nature à mettre en relief les qualités de Paul Legrand, et il fut décidé entre M. Webster, l'entrepreneur, et madame Céleste, la directrice, qu'on donnerait une représentation extraordinaire.

Le spectacle ouvrait par la *Perle de l'Océan*, où l'on remarquera, dit l'affiche :

« La magnifique armure d'acier de M. Graingier, *artificier* de l'Académie royale de Paris et de tous les principaux théâtres européens. »

M. *Graingier, artificier*, est le synonyme de M. Granger, qui est le fournisseur ordinaire des armures pour les pièces militaires du Cirque et de l'Hippodrome.

Je continue à traduire l'affiche :

« Musique *choisie*, ARRANGÉE et COMPOSÉE par M. Alfred Mellon.

« Les machines par M. Cooper.

« Feux variés.

« L'action, les danses et la mise en scène, *inventés*, ARRANGÉS et DIRIGÉS par madame Céleste. »

Puis vient l'analyse de la pièce, analyse étrange, qui a confondu un instant mes esprits. On se moque de l'auteur sur l'affiche, on nie son talent, on appelle la pièce une *platitude*. Je sais bien que beaucoup de directeurs de théâtres parisiens, bouffis d'intelligence, sont pleins de mépris pour *leurs* auteurs; mais, s'ils le disent dans la coulisse, ils n'ont garde de l'imprimer sur l'affiche.

A force de sonder cette réclame, qui ne me paraissait que médiocrement propre à attirer le public, je me suis aperçu que c'était une mystification, un *hoax* de la direction. Je cite, en avertissant que ce passage est traduit cruellement, ainsi que doivent l'être toutes les traductions sérieuses :

« L'histoire de la pièce, laquelle roule sur une Naïade et une variété d'autres choses, est renfermée dans une coquille de noix (la coquille de noix de l'Anglais correspond à notre pointe d'aiguille), et ne vaut pas la peine d'être transcrite. L'AUTEUR !... l'admettra respectueusement. Le style n'est pas remarquablement brillant, et l'esprit, si par hasard il s'en trouve quelque peu, est si chétif, qu'il faut être doué d'un grand fonds de bienveillance et d'une perception très-fine pour le découvrir. Mais la mise en scène, pour emprunter une expression à nos vifs voisins, est véritablement magnifique. C'est sur cela, et sur le talent des acteurs qui ont eu la bonté de se charger de reproduire les platitudes, que l'auteur ou machinateur (*concoctor*) de la *Perle de l'Océan* fonde toutes ses espérances. La richesse des costumes, l'éclat de l'armure (seize costumes complets ayant été importés de Paris à des frais incroyables), la magnificence de la mise en scène, la complication des décors doivent compenser amplement, comme, dit-on, cela s'est vu dans de nombreuses occasions, l'absence d'esprit, d'humour, de pathétique et de sens commun. »

Le simple bon sens annonce que cette critique, si mordante pour l'auteur !!! est une simple goguenardise de l'humouriste Angleterre (*merry England*). Les Français ne comprendraient pas ce genre de farces, et le Parisien lui-même tomberait de son haut s'il lisait sur une affiche des Variétés:

« Le dernier vaudeville de M. Clairville n'est pas d'un style très-brillant; il faut même beaucoup de bonne volonté pour découvrir l'esprit des couplets. Heureusement mademoiselle Déjazet a bien voulu sauver les platitudes de l'auteur par son jeu fin et distingué. »

L'affiche annonçait, en outre, que « le parterre avait été *expressément agrandi d'une manière considérable* pour cette représentation. »

Au bas de l'affiche se détache en gros caractères :

REAL STEEL ARMORDS!

Armure de réel acier !!! Décidément l'armure joue un grand rôle dans la *Perle de l'Océan*. On fait miroiter l'armure aux yeux de John Bull, comme jadis on montrait, à la parade du boulevard du Temple, le fameux habit à paillettes, dans lequel Léandre serait foudroyé.

Dans les petits théâtres de Londres, à Adelphi surtout, la mise en scène est très-importante ; vous avez eu raison, mon cher Théophile, de déplorer un jour les misères de décors que m'octroyait le théâtre des Funambules.

Il faut dire crûment la chose : la direction ne croyait guère à mon œuvre ; chacune de mes pièces amenait un changement notable dans les recettes ; mais ce fait brutal et palpable ne changeait rien à des convictions enracinées.

Il serait peut-être très-long d'expliquer pourquoi une pantomime raisonnée, avec exposition et liaison dans les tableaux, effraye les âmes craintives, qui, au contraire, s'intéressent à un tohu-bohu d'événements, à une action extravagante, où la mythologie se mêle à la vie d'aujourd'hui, où Apollon donne la main à Robert Macaire.

L'Angleterre ne se soucie guère plus de la raison mimique que la France ; mais au moins la mise en scène compense-t-elle les librettos sans queue ni tête qui servent de cadre aux exercices de *Sprith*, de *Clown* et de *Pantalone*.

Telle est à peu près conçue toute pantomime anglaise. Le prologue est une satire symbolique, qui rappelle les *Revues* d'année de nos théâtres français; puis la fée change les inventeurs, les personnages satiriques en Harlequin, Pantalone et le reste. Alors, depuis le second tableau jusqu'à la fin, c'est une immense mêlée, un roulis de coups de pied, une pluie de soufflets, un déluge de métamorphoses que rien ne nécessite, sinon l'occupation de l'œil.

L'Italie et l'Allemagne ne procèdent pas ainsi ; il faut lire les féeries de Gozzi et il faut voir les farces viennoises, pour se convaincre qu'une œuvre raisonnable n'empêche pas la gaieté et supporte très-bien le secours des décors.

L'ancienne pantomime française, et je ne remonte pas au déluge (*Ma Mère l'Oie*, le *Bœuf enragé*). manque de logique. Il importe d'expliquer que la science doit présider avant tout aux compositions les plus fantastiques.

Le même jour où l'on jouait la *Perle de l'Océan*, cette féerie si remarquable par son armure d'acier, Paul Legrand luttait avec les mimes Anglais par *Pierrot marié*, œuvre très-remarquable, la seule qu'ait donnée M. Jules Viard au théâtre des Funambules.

Madame Céleste crut devoir mieux piquer la curiosité en annonçant sur l'affiche : « *An italian pantomime* » (pantomime italienne) ; de même, au boulevard du Temple, jadis toute pantomime était « dans le genre anglais.»

Le titre fut un peu changé ; on accola à *Pierrot marié* sous-titre : « *And Polichinello, the Gay Single Fellow,*» c'est-à-dire Polichinelle, le gai célibataire.

Il est une farce traditionnelle qui date de loin aux Funambules : la colique. Rien n'est plus joyeux que de voir Pierrot puni par des misères de ventre, d'avoir trop bu ou trop mangé. On voit l'acteur s'arrêter tout d'un coup, interroger avec effroi la révolte de ses intestins, se toucher l'estomac, frissonner, se tordre, courir en avant, courir en arrière et prendre enfin la fuite d'une telle sorte que le public comprend à merveille.

Deburau père, qui sauvait les actes les plus grossiers par un *distingué* que personne ne retrouvera, Deburau père allait plus loin encore dans la peinture exacte de cette maladie, appelée par la pudique Angleterre : *pain in the stomach*, peines d'estomac.

Madame Céleste pria Paul Legrand de supprimer toute espèce de colique à l'avenir. « Jamais, lui dit-elle, notre public ne laisserait passer la scène ; il vous jetterait les banquettes à la tête. »

Mais ce n'était pas tout ; à la répétition générale, madame Céleste s'aperçut seulement des doctrines *shoking!* de *Pierrot marié*.

Pierrot marié veut dire *Pierrot cocu*.

A Londres, le cocuage est aussi mal vu (en paroles) que la colique. Il y a bien dans le dictionnaire *belly*, qui signifie ventre ; mais celui-là qui s'en servirait serait plus mal vu que le bourreau. Quant à l'équivalent du cocuage, il n'existe pas à l'état de mot, et on se sert de détours *sainte-beuviens* pour arriver à exprimer indirectement la chose.

Le littérateur de l'affiche fut mandé, et il composa, pour expliquer cette indécente situation, un petit morceau de prose, que je traduis mot à mot, afin de donner une idée des terreurs de la direction ; mais il est nécessaire d'abord de donner le texte anglais :

Every thing FOREING *being to the purpose with the Public in general, and the Critics in particular, however* GERMAN *to the matter, it is hoped the introduction of the ancient and honorable Pierrot may find favor, even in jaundiced eyes; especially as he in nearly related to Polichinello* (ANGLICE *Punch) that perambulating Favorite of the streets, and severe Satirist of the Press. Even the genius of the newest* NEWS, *imbued as he is with the* CACOETHES SCRIBENDI, *may not perceive « a nuisance » in the* CACOETHES LOQUENDI *of this foreign importation; for being pantomime no broken accents can jar upon his effeminately refined ear, evidently conceiving that to understand is to be annoyed, and nod to comprehend the perfection of human delights..*

« Chaque chose étrangère étant curieuse pour le public en général et les critiques en particulier, quelque allemand que soit le sujet, nous espérons que l'introduction de l'antique et honorable Pierrot pourra trouver faveur devant *des yeux attaqués de la jaunisse;* spécialement, parce qu'il est allié de fort près à Polichinelle (ANGLICE *Punch*), ce favori nomade des rues et sévère satirique de la presse. Même le génie des plus nouvelles nouvelles, imbu comme il l'est de CACOETHES SCRIBENDI, peut ne pas apercevoir une grossièreté dans le CACOETHES LOQUENDI de cette importation étrangère; car, étant pantomime, nul accent brisé ne peut défavorablement influer sur son oreille efféminément raffinée, concevant évidemment que *comprendre, c'est être ennuyé, et que ne pas comprendre, c'est la perfection des délices humaines.* »

Cette littérature entortillée veut dire que les *yeux attaqués de la jaunisse* (les personnes mariées jaunes) ne doivent pas se formaliser d'une grossièreté, puisqu'elle n'est que mimée.

Après ces explications, vient le détail des acteurs : « PIERrot, l'enfant de la comédie italienne, et proche parent par Arlequin et Colombine de Bergame, cousin de Brighella et du grave Polichinelle, l'intime ami du Vénitien Pantalon et du vieillard docteur attaché à la famille de Cassandre, allié de Gilles, par lequel il fut supplanté.

Vraiment, à lire cette profusion de titres et cette richesse de parenté, on pourrait croire Pierrot un de nos Espagnols de comédie qui déroulent pendant une heure leur noblesse et leur lignage.

La pièce commença ; le théâtre était plein. Dès le premier tableau, il arriva un petit malheur à Paul : miss Robins, qui jouait Colombine, sauta au cou de Pierrot et l'embrassa hardiment sur les lèvres.

C'est là ce qui effrayerait notre public parisien, même les habitués des petits théâtres voués au genre grivois. A Paris, on embrasse sur la nuque, et les personnages à bonnes fortunes, les don Juan, les Lovelace, seraient maltraités du public s'ils agissaient autrement.

Paul Legrand répondit à cette crue embrassade par un baiser sur le front de la jolie miss Robins. Le parterre grogna !

Dans une autre scène, Pierrot, en l'absence de Colombine, fait l'office d'une bonne mère. Il berce l'enfant, le déshabille et lui donne de la bouillie. On sait la gourmandise-type de notre Pierrot ; à l'ordinaire il fait mille agaceries à l'enfant, emplit soigneusement la cuiller de bouillie, l'approche de la bouche de l'enfant, et finit par avaler lui-même la bouillie.

Le parterre grogna plus fort qu'à la scène du baiser.

Paul s'imagina avec raison que John Bull se fâchait contre la bouillie, qui est une maigre nourriture, et il alla dans la coulisse, en rapporta du pain, de la bière, un énorme morceau de jambon, gros aliments fort en honneur chez les habitués du parterre d'Adelphi.

Paul recommença la scène précédente ; il offrit tour à

tour le pain, le jambon et la choppe à l'enfant; puis le gourmand Pierrot dévora le tout sans en faire goûter une bribe au *baby* emmaillotté.

Le parterre regrogna trois fois. Un matelot se leva et prononça une phrase dont le sens ne fut pas compris par le Pierrot français : « *Dam your eyes !* » (Dieu damne vos yeux!) Un autre s'écria : « *Dam son of a bitch!* » (Damné fils de chienne!)

Madame Céleste était dans la coulisse, près du berceau de l'enfant.

— Paul, dit-elle au mime, ils ne veulent pas qu'on fasse de la peine à l'enfant; donnez-lui à manger.

Toute la salle criait à Paul: *Off! off!* (A bas! retirez-vous!)

Alors Pierrot, ayant été chercher de nouvelles provisions, en empiffra l'enfant; ce qui fut le signal d'applaudissements.

Au fond, la pièce ne marchait que froidement; elle est remplie de détails très-charmants, qui veulent de fines intelligences pour être compris.

John Bull attendait cependant patiemment; l'affiche ayant promis :

Magical and distant view of
THE HAPPY FAMILY!!!

(Une vue magique et lointaine de l'heureuse famille !!!)

Hélas! hélas! hélas!... ce fut le coup de la fin, quand apparurent une douzaine de petits marmots sang-mêlés, dont la moitié du corps était vêtue en Polichinelle, l'autre moitié en Pierrot; idée très-originale, qui prouvait trop clairement la *collaboration* du gai célibataire Polichinelle.

C'était crier plus haut que Molière, plus haut que Paul de Kock : « Pierrot, tu es douze fois cocu. »

C'est alors que les cris *Off! off! off!* (à bas!) recommencèrent avec furie; mais les petits acteurs de bois, issus de l'adultère, ne bougeaient pas et ne se formalisaient pas de ces *off!* nombreux.

Je ne m'explique pas le *cant*, la pruderie anglaise en certains endroits ; ainsi la colique, le cocuage, ne peuvent être mis en scène, et les actrices embrassent les acteurs sur les lèvres.

Bien mieux, quand Colombine sort de scène, Harlequin la salue en lui donnant une tape à un endroit... *innommable* (la pruderie me prend à mon tour), et Harlequin accompagne cette familiarité de : *Good bye, my dear* (adieu, mon amie).

A partir de ce jour, Paul et ses « *Pierrotrations* » (mot anglais) furent vus d'un mauvais œil. Madame Céleste tenta de supprimer le cocuage de cette infortunée pantomime de *Pierrot marié* ; le cocuage reparaissait toujours.

Cependant quelques journalistes anglais, gais d'esprit, essayèrent de soutenir Paul Legrand, et disaient qu'il surpasserait le fameux Grimaldi. L'administration d'Adelphi n'osa plus faire jouer son célèbre mime. Madame Céleste se préparait à emmener Paul et sa troupe dans les provinces anglaises, quand arrivèrent à Londres les acteurs du Théâtre-Historique.

On se rappelle quelle violente cabale eurent à essuyer les acteurs français, qui furent forcés de jouer *Monte-Cristo* en pantomime, les grognements du parterre étant plus terribles que ceux de tous les animaux de la création.

Paul Legrand fut remarqué dans la salle ; il protestait contre la cabale dont étaient victimes ses compatriotes.

La direction d'Adelphi fut informée du fait ; l'engagement étant résilié à l'amiable, Paul se trouva riche de dix mille francs de dédit. Ceci ne ressemble guère aux *Vingt six infortunes de Pierrot*.

XVII

A HENRY MURGER.

L'autre soir j'étais au coin du feu à feuilleter des monceaux de papiers, de notes, d'articles non finis, de beaux romans commencés qui n'auront jamais de fin ; et au milieu des quittances de propriétaires (car je les garde précieusement, rien que pour me prouver à moi-même qu'elles sont bien et dûment acquittées), je trouvai un petit cahier étroit et long comme une sculpture du moyen âge.

J'ouvris ce petit cahier couvert en bleu, et qui portait ces mots sur son dos : LIVRE DE COMPTE. Que de souvenirs renferme le petit cahier ! L'heureuse vie que la vie littéraire, mais vue à cinq ou six ans de distance. Le petit cahier m'a empêché de dormir, et je me suis levé pour me décharger de tous ces beaux souvenirs bleus qui me tourbillonnaient par la tête.

On trouverait le petit cahier, qu'on croirait qu'il a appartenu à une ménagère pauvre et honnête. Tu dois, mon cher ami, avoir oublié le petit cahier ; cependant les trois quarts sont de ton écriture ; je vais t'en rappeler l'origine.

Il y a neuf ans, nous demeurions ensemble, et nous possédions à nous deux *soixante-dix* francs par mois. Pleins de confiance dans l'avenir, nous avions loué rue de Vaugirard un petit appartement de *trois cents* francs. — Le jeunesse ne calcule pas. — Tu avais parlé à la portière d'un mobilier si somptueux, qu'elle te loua sur ta bonne mine, sans aller aux renseignements. Mais combien cette brave dame tressaillit à l'emménagement !

Tu apportas six assiettes dont trois en porcelaine, un Shakspeare, les œuvres de Victor Hugo, une commode hors d'âge et un bonnet phrygien; par le plus grand des hasards j'avais deux matelas, cent cinquante volumes, un fauteuil, deux chaises et une table, de plus une tête de mort.

L'idée du divan t'appartient, je le reconnais: cette idée était déplorable. On scia les quatre pieds d'un lit de sangle, qui, de cette façon, toucha terre. Par suite de ces arrangements, le lit de sangle ne servit plus de rien. La portière eut pitié de nous, et nous prêta un second lit de sangle qui *meubla* ta chambre avec divers *souvenirs* pleins de poussière que tu accrochas au mur. C'étaient un gant de femme, un loup de velours, et je ne sais quels objets qui embaumaient l'amour.

Les huit premiers jours se passèrent de la façon la plus charmante; on ne sortait pas, on travaillait, on fumait beaucoup. J'ai retrouvé encore dans mes papiers une feuille sur laquelle est écrite:

BÉATRIX,

Drame en cinq actes,

PAR HENRY MURGER,

Représenté sur le théâtre de.......

le .... 18...

Cette page a été arrachée d'un énorme cahier blanc; car tu avais la mauvaise habitude d'user tout le papier à faire uniquement des titres de drames; tu mettais sérieusement le fameux mot *représenté*, afin de juger de l'effet du titre. Mais, à ce commerce, le papier diminuait trop. Par bonheur, quand il fut usé, tu retrouvas je ne sais quel atlas de géographie, dont le folio était vierge de gravure; alors nous pûmes nous passer de papetier.

Vinrent les jours de grande disette; après une longue discussion, nous accablant l'un et l'autre de reproches sur la folle prodigalité que nous apportions en tout, il fut convenu qu'aussitôt la rente de soixante-dix francs touchée.

je tiendrais un compte sévère des dépenses, afin que la mauvaise harmonie ne vînt plus troubler notre association, chacun de nous ayant tous les jours le soin de vérifier les comptes.

C'est ce petit livre que j'ai retrouvé, qui est si simple et si touchant, si laconique et si plein de souvenirs. Nous étions d'une grande honnêteté le premier de chaque mois.

Je lis, au 1ᵉʳ novembre 1843 : « Payé à madame Bastien pour dû de tabac, deux francs. » Nous payons aussi l'épicier, le restaurant (il y a *restaurant!*), le charbonnier, etc. Le 1ᵉʳ est un jour d'allégresse ; je lis : « Dépensé au café, trente-cinq centimes ; » folle dépense qui dut me valoir le soir une série de remontrances. Ce jour-là tu achetas (j'en suis effrayé) pour soixante-cinq centimes de pipes.

Le 2 novembre, on achète du ruban pour un franc dix centimes ; cette énorme quantité de rubans devait servir à constituer définitivement le fameux divan. Le divan est toute une histoire ; il nous rendit de grands services. Mon lit par terre avec un seul matelas et des draps blancs faisait un médiocre effet dans le *salon*; d'autant plus qu'un restaurateur demeurait dans notre maison et que tu prétendais qu'en lui faisant apporter à manger dans le *salon*, cet homme serait ébloui et ne pourrait pas nous refuser le crédit. J'insistai beaucoup sur la bizarrerie de mon lit, qui n'avait rien de séduisant à l'œil d'un fournisseur ; il fut arrêté qu'on étendrait dessus une certaine pièce de soie violette qui provenait on ne sait d'où ; malheureusement la soie se trouva trop étroite et ne put couvrir que les deux tiers du lit ; après de longues réflexions, nous pensâmes à la bibliothèque ; les in-quarto de Shakspeare, jetés comme négligemment, dissimulèrent l'étroitesse de la soie et cachèrent le restant des draps. C'est ainsi que fut constitué le divan : j'ajouterai que le gargotier de l'*Ange gardien*, qui n'avait affaire qu'à des cochers de fiacre et des maçons, se laissa prendre à ces menées innocentes.

Toujours au 2 novembre on donne une forte somme à la blanchisseuse — cinq francs ; je passe le pont des Arts comme un membre de l'Institut, et j'entre fièrement au café Momus. (Nous avions découvert ce bienfaisant établissement qui fournissait une demi-tasse à vingt-cinq centimes ; depuis la cherté du pain, le café est monté jusqu'à trente centimes ; beaucoup d'habitués, mécontents de cette hausse, ont quitté brusquement.) Je vais en soirée chez Laurent ; sans doute le vertige me tenait... Je perds à l'écarté *cinquante* centimes destinés à acheter des marrons. Ce pauvre Laurent si démocrate, qui allait chez Béranger, *en tête des écoles*, est mort depuis ! Il faisait des vers trop révolutionnaires.

Le 3 novembre, tu décides que pendant la durée des soixante-dix francs nous ferons nous-mêmes la cuisine. En conséquence, tu achètes une marmite (quinze sous), du thym et du laurier ; ta qualité de poëte te faisait trop chérir le laurier ; la soupe en était constamment affligée. On fait provision de pommes de terre ; toujours du tabac, du café et du sucre.

Il y eut des grincements de dents et des malédictions quand il s'agit d'inscrire les dépenses du quatrième jour de novembre. Pourquoi me laissas-tu sortir les poches si pleines d'argent ? Toi, tu étais allé chez Dagneaux dépenser vingt-cinq centimes. — Que diable pouvait fournir Dagneaux pour vingt-cinq centimes ? — Ah ! combien coûtent les moindres plaisirs ! Sous le prétexte d'aller entendre *gratis* un drame d'un habitant de Belleville, je pris deux omnibus, un pour aller, un pour revenir. Deux omnibus ! Je fus bien puni de cette prodigalité : par une poche trouée prirent la clef des champs trois francs soixante-dix centimes. Comment osai-je rentrer et affronter ta colère ? Déjà les deux omnibus valaient une dure admonestation ; mais les trois francs soixante-dix... Si je n'avais commencé à te désarmer en te racontant le drame bellevillois, j'étais perdu..... Et cependant, le lendemain, sans songer à ces pertes terribles, nous prêtons à G....., qui semble réellement nous prendre pour ses banquiers, la maison Murger et compagnie; il puise sans façon dans notre caisse. Je cherche par quels moyens insidieux ce G..... était parvenu à capter notre confiance, et je ne trouve que l'inexpérience d'une folle jeunesse; car enfin, deux jours après, G..... a l'audace de reparaître et de demander encore une nouvelle somme.

Rien de bien nouveau, excepté soixante-quinze centimes de vin. Cette idée de vin ne peut venir que de toi ; non pas que tu t'y sois jamais livré, nous avions une si douce habitude de l'eau, nous en avons tant bu sans nous en dégoûter, que le vin me paraît fort extraordinaire. Jusqu'au 8 novembre, on fait exactement l'addition au bas des pages, nous sommes à quarante francs soixante et un centimes; là s'arrêtent les additions. Nous ne voulions plus sans doute trembler à la vue du total ; le 10 novembre tu achètes un dé; sans être un grand observateur, il est facile de s'imaginer l'introduction momentanée d'une femme, quoique cependant quelques hommes aient l'adresse de recoudre leurs hardes dans des moments de loisir.

Tout dernièrement j'entrai chez un charmant littérateur qui fait des *Courriers de Paris* pleins de verve et d'esprit, remplis de jolis mots marivaudés; j'avais ouvert la porte si brusquement, qu'il rougit en jetant dans un coin un pantalon. Il avait un dé à son doigt. Ah! bourgeois misérables qui ne donneriez jamais vos filles en mariage à des gens de lettres, vous seriez remplis d'admiration pour eux si vous les voyiez raccommoder leurs hardes!

Le tabac à fumer entrait pour plus d'un tiers dans nos dépenses; il venait trop d'amis, surtout un célèbre ouvrier-poëte qu'on nous amena et qui récita tant de vers que j'allai me coucher.

A la date du 14 novembre, M. Crédit revient. M. Crédit

va chez l'épicier, chez le marchand de tabac, chez le charbonnier. M. Crédit n'est pas trop mal accueilli : il a même du succès, sous ta forme, auprès de la demoiselle de l'épicière. Est-ce qu'au 17 novembre M. Crédit est mort? Je vois écrit à la colonne AVOIR : « Redingote....... trois francs. »

Ces trois francs viennent du Mont-de-Piété. Quel être inhumain que ce Mont qu'on devrait appeler le Mont-sans-Pitié! Nous a-t-il assez humiliés par la voix de ses commis! L'histoire pourrait être longue et terrible, je la ferai courte et simple. Quand l'argent manqua, tu me montras un vieux cachemire qui recouvrait une table. « On n'en donnera rien, dis-je. — Oui, mais en y joignant des pantalons, des gilets. » Je fis immédiatement le paquet, et tu partis pour l'antre de la Croix-Rouge; mais tu revins un peu triste avec le gros paquet. — Ils sont désagréables là-dedans, me dis-tu, va voir à la rue de Condé; les commis, qui ont affaire d'habitude aux étudiants, n'y mettent pas tant de façons.

J'allai rue de Condé; les deux pantalons, le fameux châle et les gilets furent examinés à fond, jusque dans les poches.

— On ne peut pas prêter là-dessus, dit l'employé en repoussant dédaigneusement tous les habits.

Tu avais la bonne habitude de ne jamais te désespérer. — Il faut attendre le soir, dis-tu, la nuit tous les habits sont neufs. Pour plus de précautions, j'irai au Mont-de-Piété de la rue du Fouare, un Mont de pauvres; là-bas, comme ils ne sont habitués qu'à engager des guenilles, nos habits brilleront comme des étoffes de l'Orient. Hélas! le commissionnaire de la rue du Fouare fut aussi cruel que ses confrères.

Ce fut donc le lendemain qu'en désespoir de cause j'allai engager mon unique redingote, et cela pour prêter la moitié du prêt à l'incessant G... Enfin, le 19 novembre, nous vendons des livres! La fortune nous sourit donc, on mettra la poule au pot avec beaucoup de laurier; mais il ne faut pas croire qu'à cette époque nous ayons quelques relations avec les journaux. Te rappelleras-tu une digne mercière de la rue du Faubourg-Saint-Jacques, près la barrière, qu'on nous avait signalée comme tenant un cabinet de lecture? mais quel cabinet de lecture! des pièces de théâtre, trois volumes dépareillés d'Anne Radcliffe! Encore si cette brave dame ne nous avait pas connus! jamais les habitants du faubourg Saint-Jacques n'auraient eu vent des *Lettres sur la Mythologie*, du *De Profundis*, deux livres que j'eus la cruauté de vendre, malgré tous leurs titres à mon respect. Les auteurs sont mes compatriotes, l'un s'appelle Demoustiers, l'autre Alfred Mousse. Arsène Houssaye ne serait peut-être pas content si je lui rappelais un de ses *crimes* de jeunesse où l'on voyait en frontispice des squelettes — beaux temps du romantisme! — qui jouaient à la balle avec des têtes de morts.

Le *De Profundis* nous permit d'entrer le soir au café Tabourey. Tu vends encore pour quatre francs de livres. Permets-moi de consigner ce fait, ils provenaient de ta bibliothèque; la mienne est toujours restée dans ses rayons; malgré tes raisons, je ne vendis jamais de livres, à l'exception toutefois de la lamentable histoire d'Alfred Mousse.

M. Crédit continue avec un grand sang-froid d'aller aux provisions. Il se présente partout jusqu'au 1er décembre et paye intégralement toutes ses dettes.

Je n'ai qu'un regret, c'est de voir le petit registre s'interrompre brusquement après un mois, rien que le mois de novembre, ce n'est pas assez! Si je l'avais continué, ce seraient autant de jalons pour me rappeler ma vie passée.

Beaux temps! où de notre petit balcon nous voyions, de tout le jardin du Luxembourg, un arbre, et encore il fallait se pencher!

XVIII

MADAME POLICHINELLE.

C'est aux Funambules qu'il est doux d'être applaudi et qu'il est dur d'être sifflé. On n'y connaît pas la claque. Quand les voyoux applaudissent avec leurs grosses mains, noires comme l'aile d'un corbeau, crevassées comme un ravin et solides comme de la corne de bœuf, ça sonne pire qu'un tambour.

Mais aussi une fois j'ai failli être sifflé à une première représentation. Le paradis apportait un sérieux de membres du parlement; avec leurs blouses, les voyoux me semblaient en robes rouges, et leurs casquettes étaient des toques de magistrats.

Ordinairement ils écoutent sans rien dire et ne bronchent pas. A la première représentation ils applaudissent peu. Ils sortent en foule sur le boulevard, où une foule inquiète attend le jugement rendu par ce jury populaire.

Dans une affaire de cour d'assises, où il s'agit d'une condamnation capitale, je n'ai jamais été aussi impressionné par la demande brève du président : L'accusé est-il coupable? Sur le boulevard, la foule ne pose pas de questions; mais le jury répond à la demande muette des esprits :

— *C'est rigolo!*

Quand les voyoux secouent la tête, font la grimace et s'écrient en sortant d'une première représentation : « *Ce n'est pas rigolo,* » vous êtes perdu; rien ne saurait les faire revenir; leur réponse vient d'un *sentiment* intime qui repose sur des instincts vrais et qu'il n'est pas possible de faire varier.

Aussi ai-je été pris un soir d'une terreur sans pareille;

aussi ai-je fui sur le boulevard, la figure en sueur et la bouche sèche.

J'avais mis en pantomime une idée un peu abstraite que le jeu des acteurs ne put parvenir à rendre. Il courut dans la salle comme un brouillard ; le gaz me sembla s'éteindre, les violons jouaient faux ; un Polichinelle *en deuil*, costume sur lequel j'avais beaucoup compté, sortit tout à coup d'une trappe, mal habillé dans une étoffe de lustrine coupée avec aussi peu de soin qu'un sac. J'entendis une vague rumeur d'étonnement, de surprise désappointée, de colère et d'inquiétude.

Je me sauvai. La pièce n'eut pas de succès ; heureusement pour moi la Révolution de février vint couper court à cette pantomime.

Je dois avouer le médiocre succès de cette pantomime, qui se joua seulement quelques jours avant Février 1848. Je pourrais mettre ma chute sur le compte de la Révolution, qui arrêta un moment le mouvement des théâtres ; mais l'idée manquait de clarté ; et ma plus grande faute fut d'avoir habillé un Polichinelle en noir. Le public fut inquiet de ce deuil qui recouvrait deux bosses à l'ordinaire si gaies. Le public accepte souvent les invraisemblances les plus étranges, les monstruosités qui n'ont pas leur raison d'être ; mais sitôt qu'il flaire un peu de littérature dont le sens n'est pas suffisamment éclairci, il dresse le nez.

Voici l'argument de la pièce :

MONSIEUR ET MADAME POLICHINELLE, OU LES SOUFFRANCES D'UNE AME EN PEINE.

Il fut mauvais père, mauvais époux ! Cette courte légende ne s'est jamais, que nous sachions, étalée en lettres noires sur la pierre blanche d'un tombeau. Le cimetière du Père-Lachaise n'est peuplé que de citoyens vertueux, bons pères de famille, estimables négociants, gardes nationaux, qui, de leur vivant, étaient des hommes cousus de vices. — Mais Polichinelle n'est pas mort, Dieu merci; c'est l'auteur qui lui a jeté à la face cette terrible accusation de mauvais père, mauvais époux.

L'auteur n'avait pas tort, qu'on en juge.

Pendant que sa femme est allée au marché, Polichinelle ne soigne pas un instant son enfant. Le pauvre petit fait ses dents; il souffre. Au lieu d'apaiser ses cris, le père dénaturé boit, chante et jette son fils le nez contre la muraille. Bien plus, il lui fourre une carotte dans la bouche pour l'empêcher de crier. L'enfant étouffe forcément.

On comprend la colère de madame Polichinelle en rentrant, lorsqu'elle s'aperçoit de l'état du petit. — Ah! mauvais père! ah! vagabond! ah! coureur de filles! s'écrie-t-elle; ivrogne! avaleur de pintes! sac à vin! boit-sans-soif! Peut-on abimer ainsi son enfant, son fils chéri, mon unique rejeton, une si douce créature, bonne comme le pain! Ah! je t'en ferai des enfants pour que tu les arranges de la sorte!

Pendant qu'elle est en train de monologuer, Pierrot le valet entre. — Où est ton maître? demande la malheureuse mère. Pierrot n'en sait rien, seulement il sait que Polichinelle a l'habitude tous les soirs d'aller conter fleurette à Colombine.

Au second tableau, Polichinelle s'est introduit chez Cassandre, boulanger, sous le frivole prétexte d'acheter des gâteaux: mais il en veut à Colombine, la jolie pâtissière. Cassandre aime mieux perdre un chaland que sa fille, et il met Polichinelle à la porte.

Pierrot lui aussi est amoureux de Colombine; comme il lui faut un moyen pour entrer dans la maison, il se présente comme simple garçon boulanger. Mais la manipulation de la pâte lui est complétement étrangère; aussi se couche-t-il très-sérieusement dans le pétrin, croyant que Cassandre lui montre un lit; le boulanger se dit à part lui que voilà un garçon bien novice dans le métier; cependant il lui montre le réel usage du pétrin et la façon de s'en servir.

Pierrot, qui a passé plus d'une fois près des caves des boulangers, d'où sortent la nuit les cris du *geindre* en travail, pousse des hurlements terribles en restant les bras croisés. Pour des poumons, il en a, jamais Cassandre n'a entendu ses ouvriers crier avec autant d'ardeur, et il se félicite d'avoir trouvé un garçon qui souffle comme le vent; la pâte sera sans doute brisée à merveille, et le pain d'une qualité supérieure. Le boulanger va pour s'assurer par ses yeux du travail, lorsqu'il s'aperçoit que les bras de Pierrot sont deux fainéants et que le gosier seul s'enrichit de leur paresse. De plus, Pierrot a jeté méchamment dans la pâte le chat de la maison, ce qui produit un pain miaulant d'une vente difficile.

Cassandre veut se fâcher, mais Pierrot peu endurant le jette dans le four. Polichinelle rentre, ainsi que sa femme et Colombine. C'est une averse de coups de pieds, de coups de bâton à n'en plus finir. Polichinelle s'est sauvé, et il rôde par les rues, attendant la nuit. Il a pour suite des violons et des hautbois; lui-même tient la guitare, c'est l'heure des sérénades. La bande se dispose à donner une aubade galante à Colombine, quand Pierrot arrive, lui aussi suivi de musiciens. L'un des musiciens attachés à Polichinelle égratigne par hasard la chanterelle; un autre de la suite de Pierrot souffle à tort dans sa flûte. Les deux bandes sont aux aguets et se cherchent sur la place sans pouvoir se rencontrer.

Quand le silence est revenu, Polichinelle commence à chanter ses tourments, mais Pierrot jaloux y joint des accompagnements qui n'ont jamais existé dans les orchestrations connues; il accompagne en mineur pendant que Polichinelle chante en majeur. A ce charivari une patrouille accourt, qui met en déroute basses et clarinettes, flûtes et violons. Polichinelle, qui ne tient pas à avoir de démêlés avec la force armée, escalade le balcon de Colombine; mais Cassandre, que les déplorables combinaisons de majeur et de mineur ont éveillé, le jette du premier étage: il est reçu au bas par sa femme, qui ne comprend pas la nécessité de donner des aubades aux belles quand on est marié, et qui lui bat la mesure sur les épaules, non pas en mesure, mais outre mesure.

Polichinelle, le dos et les épaules meurtris, arrive au cabaret, où il boit indignement, en manière de frictions intérieures. Il se grise comme un tambour de la garde nationale, et perd complètement connaissance: c'est là que l'attend madame Polichinelle. Aidée de Pierrot, elle a changé sa chambre en antre de sorcière, elle en a pris les habits. Pierrot n'a pas grand peine à se changer en fantôme. Avec des cymbales il est facile d'imiter le tonnerre. Polichinelle effrayé ouvre ses yeux fermés par le vin.

— Ton âme va s'éteindre, lui dit la fausse sorcière; quand l'âme s'envole du corps de l'homme, il ressemble à une bougie sans mèche. Polichinelle, ton âme retournera sur la terre, mais inquiète et tourmentée. Ta vie, qui autrefois n'était pleine que de nourriture, de filles et de bouteilles de vin, te sera plus amère que l'absinthe. Tu n'entendras plus le chant des cigales, et les rossignols te paraîtront enrhumés.

Polichinelle est anéanti ; il s'enfuit. Pour mieux le tromper, pendant son ivresse, madame Polichinelle l'a complétement habillé de noir. L'homme au joyeux costume, avec des couleurs si crues, ressemble maintenant à un cercueil à bosses.

Il est rencontré dans cet accoutrement par deux saltimbanques, qui sont pleins de chagrin d'avoir perdu leurs curiosités, qui sont mortes, entre autres un fameux chien savant, qui périt victime de sa gourmandise, car à la dernière séance, ayant sans doute l'estomac creux, il avala la boîte de dominos avec lesquels il devait montrer son intelligence au public. Les deux saltimbanques, étonnés de voir un homme aussi singulièrement habillé, lui proposent de s'associer avec eux ; Polichinelle ayant l'air d'hésiter, il est garrotté, mis en cage, et montré en foire. Le plus terrible pour l'ivrogne est de retrouver là sa femme qui danse et fait les yeux doux à Cassandre, pendant que Pierrot courtise Colombine ; cependant il réussit à détacher ses liens et à se sauver.

La tête perdue, n'osant regarder son funèbre vêtement, il erre à l'aventure, poursuivi par tous, hué par tous ; il veut revoir les lieux où il fut jadis si heureux. Il entre chez Cassandre et se blottit dans le pétrin, espérant y demeurer quelques heures tranquille : mais Pierrot l'y découvre, et cette fois le valet prend sa revanche sur le maître. Polichinelle est trop heureux de devenir le domestique de Pierrot et de Colombine ; mais le nouveau maître est dur et méchant. Polichinelle est obligé, pour échapper à ses fureurs, de se précipiter par une fenêtre. Il tombe dans un sac à farine qu'on hissait au grenier.

Ses malheurs ne sont pas terminés ; il est découvert dans ce sac et battu comme plâtre. Cette prodigieuse quantité de coups de bâton l'a tellement affaibli, qu'il tombe privé de sentiment ; mais sa femme veille sur lui, elle recommence ses fausses opérations de sorcière ; et quand madame Polichinelle croit son mari suffisamment mortifié, elle lui rend son âme.

Polichinelle est-il guéri du vin, des filles? Je ne le crois pas, et ce serait malheureux; car il ne faut pas appauvrir une personne aussi riche en vices.

Comme innovation, l'apothéose était supprimée. On se met à table, on boit, et le rideau baisse.

Peu après je partis pour l'Auvergne, fatigué de la vie de Paris, que je n'avais pas quitté depuis quelques années.

XIX

LA LÉGENDE DE SAINT VERNI.

C'était une grande fête pour moi que d'arriver à Issoire. Issoire, c'est la patrie des bons vivants, des gros buveurs, des jouisseurs de la vie. Je me figurais une petite ville de Flamands perdue au milieu de l'Auvergne: de temps en temps, du haut de l'impériale, je regardais si je n'apercevais pas une grosse trogne rouge sur la route. Pour moi, l'habitant d'Issoire était un gai compagnon qui passe son temps entre la femme et la bouteille.

Idées que j'avais emportées de Paris à la lecture d'un proverbe :

> Qui bon vin veut très-bien boire
> Faut aller dans Issoire.
> Qui à belle femme veut parler
> Dans Issoire doit aller.

D'un autre côté, le guide me montrait les habitants d'Issoire sous un côté plus moral: il disait le pays entier occupé à la confection de la chaudronnerie, travaux qui veulent des têtes fraîches et raisonnables.

La diligence entra dans Issoire. Pas de chaudronniers! Le guide mentait. Pas de buveurs à nez rouge! Le proverbe mentait. Pas de belles femmes!

« Qui bon vin veut très-bien boire. » J'entrai dans une auberge pour vérifier le premier vers. La servante apporta une bouteille de vin noir qui pouvait se boire après une matinée de poussière dans une diligence; mais ce vin n'offrait réellement pas matière à proverbe.

Ayant une heure à ma disposition, j'allai à la cathédrale, espérant rencontrer sur mon chemin une de ces *belles femmes* chantées dans le quatrain. Je traversai la place du marché, où bon nombre de paysannes étaient assemblées. On ne voyait pas de belles femmes. J'arrivai à l'église, qui est un ancien monument fort curieux pour les archéologues, mais qui est d'une tristesse noire comme ses pierres. Ces sortes d'églises, quand on n'a pas la science, sont bientôt vues; la sévérité a chassé la sculpture, et les tableaux y sont aussi absents qu'en un temple protestant. Cependant, quelquefois dans les chapelles sont enfouies de vieilles peintures curieuses que la *fabrique* jette de côté, n'en voyant pas la valeur.

Je furetai un peu, lorsque, dans une chapelle, j'aperçus une statue de demi-grandeur d'homme, tout en or et en argent. Sur le socle je lus : *Saint Verni.*

Sans être entièrement versé dans la vie des saints et du martyrologe, il était facile de reconnaître un saint d'une invention récente. D'ailleurs son costume l'indiquait assez.

Saint Verni est coiffé d'un chapeau auvergnat à la forme basse et à larges bords ; sa veste est argentée, sa culotte dorée; d'une main il tient une bêche et de l'autre une énorme grappe de raisin.

Cette sculpture grossièrement coloriée, quoique tout nouvellement, a cependant le bon côté d'être franche et de ne pas s'environner de mystère. Dès la première vue on comprend que saint Verni ne peut être que le patron des vendangeurs ou des vignerons.

Je ne connus la légende que dix lieues plus loin. Il faut

savoir d'abord que l'Auvergne, depuis la Révolution de février, a marché dans la voie révolutionnaire.

En même temps la croyance catholique tend à décroître tous les jours. Le pays est encore occupé par l'Église, qui y possède de grands biens, par des congrégations, par des couvents; mais les cérémonies du culte n'amènent plus autant de fidèles que par le passé. Cependant le peuple a conservé, au plus profond de son cœur, des traditions, des légendes catholiques qu'il n'oubliera de longtemps.

Quelque temps après la Révolution de février, les habitants d'Issoire furent réveillés par une troupe d'hommes qui criaient à tue-tête :

— Vive saint Crépin ! vive saint Crépin !

Chacun se mit aux fenêtres et reconnut la corporation des bottiers, cordonniers, savetiers, qui marchaient en troupe tumultueuse vers le presbytère. A son tour, le curé fut réveillé par un cri formidable de : « Vive saint Crépin ! » suivi peu après de : « Vive la République ! »

En même temps, la corporation frappait à coups redoublés à la porte du curé, qui, ne sachant que penser de ces acclamations, craignit un moment l'emportement des Auvergnats. Il ouvrit sa fenêtre, et fut salué des deux cris : Vive la République et Vive saint Crépin ! Le desservant de la cathédrale se perdait en raisonnements sur ce rapprochement de la République et du patron des cordonniers, sur ce mariage spontané de saint Crépin et de la République. Cependant, comme on l'invitait assez brutalement à ouvrir, il s'habilla au plus vite et descendit recevoir ses visiteurs inattendus.

— Vive saint Crépin ! Nous voulons saint Crépin ! Il nous faut saint Crépin ! cria d'une seule voix la corporation.

— Mes amis... dit le curé, qui ne savait ce qu'on lui voulait.

— Vive saint Crépin ! s'écria la corporation des cordonniers.

— Mais, mes amis, répondit le desservant, qui comprit alors le motif de cette matinale députation, vous savez que nous avons enlevé la majeure partie des statues de notre église pour une bonne raison. Elles étaient abîmées, cassées, et il aurait fallu de grands frais de restauration pour les repeindre, les dorer et les arranger d'une façon convenable.

— N'importe, nous voulons notre saint Crépin tel qu'il est!

— Vive saint Crépin! s'écria la foule.

— Mes bons amis, je suis à vos ordres; vous voulez votre patron, rien n'est plus juste. Laissez-moi prendre la clef de l'endroit où il est renfermé, et nous irons chercher saint Crépin.

Au bout d'une demi-heure, deux délégués de la corporation descendirent des combles, portant, non sans fatigue, une statue peinte de saint Crépin qui avait reçu de notables atteintes du temps.

Le martyr romain avait perdu une jambe; et, quoiqu'il n'entre pas dans les habitudes des cordonniers d'avoir une grande extase pour les boiteux, ils emportèrent en triomphe leur saint à travers la ville, élevèrent sur la place un petit autel où se voyaient les attributs les plus connus du métier, tels qu'alênes, tire-pieds, etc., et commandèrent à un menuisier d'Issoire de refaire une nouvelle jambe à saint Crépin.

Cette cérémonie fit merveille dans la ville, qui n'est pas grande; les cordonniers joyeux allèrent eux-mêmes répandre le bruit de leur expédition, et ils arrosaient cette bonne nouvelle de vin noir d'Issoire. Cela valut au curé une nouvelle députation des jardiniers, qui n'auraient pas pensé à leur saint sans l'entreprise des bottiers. Ils allèrent réclamer saint Fiacre, qui apparut bientôt dans un tel état de dégradation, qu'on comprenait de reste les motifs de son exil. Mais il fut tellement couronné de fleurs, vêtu de feuillage, que la misère de son corps ne parut pas ouvertement.

Le lendemain, voici les charrons qui s'en viennent au presbytère demander leur saint. A cette demande le curé hésita. Quel était le saint des charrons? Il n'en savait rien. Dans ce calendrier tout local, ces saints n'avaient rien de bien canonique.

— Cherchez là-haut, mes amis, dit le curé, vous trouverez sans doute votre patron. D'ailleurs, personne n'y a touché... il y est bien certainement.

Les charrons trouvèrent une statue qui représentait un homme d'apparences robustes; cela leur suffisait. Ils l'emportèrent en le traînant sur un essieu démonté. Après les charrons vinrent les chaudronniers; le curé les envoya immédiatement dans la salle où logeaient tous ces saints perclus et détériorés.

Mais toutes ces réjouissances avaient travaillé les têtes des *belles* femmes d'Issoire, qui devinrent jalouses des hommes. Elles pensèrent que si leurs maris avaient des patrons, elles devaient avoir aussi des patronnes. Et les dentelières d'aller demander au curé leur sainte; puis, ce furent d'autres exigences. Chaque quartier voulut avoir son saint; ensuite chaque rue.

Le curé redevint aussi inquiet qu'à la première visite des cordonniers, car il finit par vider son garde-saints. Ce qui s'en alla de boiteux, d'éclopés, de manchots en bois, fut considérable.

Seulement, le curé se disait qu'il n'y aurait rien d'étonnant à ce que chaque propriétaire de maison voulût avoir un saint à sa porte; inévitablement les locataires de chaque maison voudraient aussi leur part dans cette distribution de saints.

Et il n'y en avait plus. La salle qui servait d'hôpital aux saints infirmes était vide. Le curé pensa qu'il n'avait plus qu'à se barricader dans son presbytère, si de nouveaux amateurs de saints se présentaient.

Effectivement, tout rentra dans l'ordre pendant deux jours; et le sacristain put se reposer de ses nombreuses courses au clocher. Mais le dimanche, à la sortie de la messe, le curé remarqua sur la place, devant l'église, un groupe qui paraissait avoir des intentions menaçantes.

C'étaient les vignerons, nombreux dans ce pays de vignes.

— Saint Verni! s'écriaient les vignerons, nous voulons saint Verni!

Le curé frissonna; car il connaissait dans le légendaire d'Issoire le nom de saint Verni. Il se rappelait confusément avoir vu jadis, dans une chapelle, une statue de saint Verni avec les emblèmes des vignerons. Où était passé saint Verni? Le bedeau vint redoubler les inquiétudes du curé, en lui disant qu'il n'y avait pas traces de saint Verni dans les combles de l'église. Cependant les vignerons criaient toujours sur la place.

— Vous l'aurez, mes enfants, disait le curé pour gagner du temps.

— Saint Verni! tout de suite... Il nous faut saint Verni! Saint Verni doit saluer la République!

— Mes amis, on cherchera saint Verni, répétait le curé.

Mais ce futur n'était pas de nature à calmer les vignerons, qui n'admettaient pas de temporisation.

— Il y a assez longtemps qu'il est à l'ombre, notre bon saint Verni, il veut voir le soleil.

Comme la foule répétait son immense cri de Vive saint Verni, le curé pensa alors avec terreur que le patron des vignerons avait été enlevé par une autre corporation. Et il ne songea plus qu'à le retrouver. Sans communiquer ses doutes à la foule, il rentra dans l'église et laissa à son bedeau la mission de parlementer le plus longtemps possible. En chemin, une réflexion pénible se dressa dans l'esprit du curé : « Jamais, se disait-il, la corporation qui s'est emparée de saint Verni ne voudra le rendre. Cela amènera des luttes dans Issoire; Dieu sait comment la journée se terminera... »

Heureusement le curé rencontra sur la place M. Trélat, qui venait d'arriver à Issoire, et qui jouissait d'une grande considération, en sa qualité de commissaire du gouvernement provisoire. M. Trélat promit qu'il essayerait d'apaiser les vignerons et se rendit à la cathédrale. Pendant ce temps, le curé examinait, sur les places publiques, saint Crépin, saint Fiacre, les patrons des charrons, des chaudronniers, et ne retrouvait pas saint Verni.

De son côté, M. Trélat s'était mis à la tête du mouvement, afin de le diriger dans des voies plus pacifiques. Quand il arriva à l'église, une des portes du clocher était enfoncée; le bedeau était accusé de complicité avec le curé. La foule s'était répandue dans les galeries, appelant à tue-tête saint Verni, comme s'il eût dû répondre à ces acclamations. M. Trélat, qui savait l'embarras du curé, dirigeait les recherches, faisait fouiller chaque coin, afin qu'on ne pût pas accuser le desservant de cacher le saint, au cas où il ne serait pas retrouvé.

Tout d'un coup, de la galerie opposée, on entend des cris d'enthousiasme, une des bandes avait découvert saint Verni dans une salle abandonnée, pleine de plâtras et de décombres. La joie du curé fut aussi grande que celle de ses paroissiens. Deux tonneaux vides furent apportés à la porte de l'église, sur lesquels on coucha le saint, et on le promena par toute la ville.

A quatre heures, la place était couverte de tables, et, sur les tables, que de bouteilles, de litres, de brocs, de pintes! M. Trélat fut le président de cette fête bachique, à laquelle assistaient tous les vignerons, vigneronnes et les petits des vignerons. On but à la santé de saint Verni. On parlait à saint Verni; on plaignait ce pauvre saint Verni de son emprisonnement; on lui passait le verre.

Saint Verni, calme et silencieux, restait impassible. M. Trélat était obligé de vider les verres auxquels le saint ne touchait pas.

— C'est votre frère, disaient mille voix. Vivent saint Verni et M. Trélat! — Ils ont été tous les deux enfermés dans les cachots sous la monarchie, s'écriait un orateur auvergnat.

— Vive la République! qui nous rend M. Trélat et saint Verni.

— Il faut boire, bon saint Verni; il a le gosier sec, il y a bel âge qu'il n'a pas bu.

Et toujours les pintes revenaient à M. Trélat, qui calculait avec terreur les quantités de vin noir que le saint lui faisait avaler par procuration. Ce ne fut que plus tard que M. Trélat eut l'idée de faire défoncer un tonneau. Pour échapper au danger qui menaçait sa raison, il fit un discours et plongea saint Verni dans le vin.

Au sortir de ce baptême, les vignerons acclamèrent leur patron. Seulement, quand il fut repeint à neuf, doré et argenté, le curé le baptisa plus catholiquement; et aujourd'hui saint Verni reçoit dans sa chapelle les hommages des vignerons.

XX

LA REINE DES CAROTTES

A cette époque, j'étais vivement préoccupé des doctrines de M. Gleizès, inventeur de *Thalysie*, livre qui prêche exclusivement le régime des herbes. Ma rencontre avec Jupille, son apôtre (voir les *Excentriques*), me donna l'idée de la *Reine des Carottes*, qui se montra en Auvergne dans un si beau jour, que je jetai immédiatement sur le papier une espèce de plan, ainsi que quelques tableaux; mais, un voyage subit ayant coupé mes idées, et ne trouvant pas de dénoûment, je confiai la pièce à un jeune auteur; c'est la seule de mes pantomimes qui ait été faite en collaboration.

Il y aurait beaucoup à dire sur la collaboration dramatique, qui ne peut jamais amener que des résultats déplorables. Il m'est bien prouvé maintenant que, deux intelligences inégales traînant le même boulet, la plus forte sera vaincue par la plus faible, l'esprit commun grimpera sur l'esprit distingué, l'homme à idées deviendra l'humble serviteur du faiseur.

Devant un dialogue commun, trivial, apporté par le collaborateur, l'inventeur est effrayé et n'ose dire son sentiment : l'affirmation est toujours blessante et ne se prouve pas. Le créateur, honteux de s'être laissé prendre à une collaboration, baisse la tête, gémit en silence, et jure de ne plus faire de pièces à deux.

Je me consolai en rédigeant le livret :

LA REINE DES CAROTTES

GRANDE PANTOMIME EN DOUZE TABLEAUX

Représentée pour la première fois à Paris, le 25 septembre 1848, au théâtre des Funambules.

PERSONNAGES

Pierrot	MM. Deburau.
Cassandre	Aleaume.
Le Juge	Antoine.
Polichinelle	Derudder.
Carottidor	Philippe.
Colombine	Mmes Béatrix.
La Sorcière	Lefebvre.
La Reine des Carottes	Carolina (la Laponne).

PREMIER TABLEAU

AMOUR ET LÉGUMES

Pierrot était jardinier, mais de ces jardiniers comme on en voit rarement dans sa profession. Tous les matins il allait arroser ses légumes, faisait la toilette des plates-bandes, enlevait soigneusement chaque petite pierre qui s'était introduite dans la terre.

Il faisait surtout une guerre acharnée aux insectes, aux taupes; mais quand il fallait arracher de terre les légumes, Pierrot en pâlissait ou s'y reprenait à trois fois.

Les longues racines sortant de terre lui semblaient aussi tristes à voir qu'un homme écrasé par une voiture et dont les intestins se répandent.

Il semblait aussi à Pierrot que chaque fois qu'il passait près de son potager des voix mystérieuses se faisaient entendre : c'étaient comme des cris de joie et de fête lorsqu'il donnait avec son arrosoir un baptême aux légumes.

Cette grande passion troublait la tête de Pierrot, qui oubliait Colombine; il la laissait exposée aux assiduités de Polichinelle, un gai compère, qui, profitant de la passion de Cassandre pour la bouteille, avait abusé de ce moyen pour entrer dans ses bonnes grâces.

Heureusement Colombine avait assez de sens pour démêler que Polichinelle n'était pas un époux convenable; mais la pauvre fille eût voulu que Pierrot ne dépensât pas toutes ses provisions d'amour auprès des légumes.

Effectivement, celui-ci entrait la tête pleine de chimères, ne voyait personne, était maladroit, cassait la tête de ses voisins avec ses instruments de travail.

— Ne ferais-tu pas mieux, rêve-creux, lui dit un jour Cassandre, de préparer le repas du soir?

Mais la journée avait été chaude; le soleil avait semblé prendre pour point de mire le corps du jardinier.

Au lieu de préparer le repas, il fit sa sieste. Pendant son sommeil, Pierrot aperçut la reine des Carottes, entourée de sa cour; la reine semblait mécontente.

Elle se plaignit vivement à Pierrot que déjà maintes et maintes fois elle lui avait ordonné de respecter ses sujets les carottes, et que, sans s'inquiéter de ces défenses, tous les jours il les massacrait, les faisait bouillir dans la marmite, leur découpait les membres pour en faire des juliennes.

— Tremble! s'écria la reine des Carottes, si tu continues ce métier d'assassin!

DEUXIÈME TABLEAU
LES CAROTTES SE RÉVOLTENT CONTRE PIERROT

Après un tel cauchemar, Pierrot n'eût pas mieux demandé que de dormir tranquillement quelques heures ; mais Cassandre arriva avec sa fille pour prendre son repas.

Rien n'était préparé. Pierrot dormait. On comprend la colère de Cassandre, qui, ne soupçonnant pas le rêve de son futur gendre, le traita de paresseux et de fainéant.

— Allons, dit-il, prends vite ces légumes et épluche-les !

Pierrot ne savait comment se tirer d'un tel pas. D'un côté, il craignait de blesser la reine des Carottes en continuant à martyriser ses sujets ; de l'autre, il n'osait aller contre les ordres de Cassandre.

Alors il essaya d'expliquer son rêve.

— Folles visions que tout cela ! dit le bonhomme Cassandre, qui ne s'inquiéta jamais des mystères de la nature.

Pierrot essaya de biaiser, en prétendant qu'il serait bien plus sage d'aller vendre les légumes au marché, et qu'ils rapporteraient beaucoup plus d'argent que de santé au corps.

— Ça se vend si bon marché ! dit Colombine.

Au risque de se fâcher avec sa future, Pierrot, essayant toujours de détourner le sort qui le menaçait, s'écria que les légumes avaient une grosse valeur, et que les fermières seulement mettaient à profit la baisse exagérée des légumes, en s'achetant, avec ce qu'elles détournaient de la vente, des robes, des bijoux, des colifichets.

Cassandre entra en fureur contre ces sophismes, mis en avant par Pierrot pour masquer un refus d'éplucher les légumes. Colombine bouda et se retira dans un coin.

L'amour triompha.

— Tant pis ! s'écria Pierrot, je vais faire la soupe.

Il se mit un tablier autour du corps, apporta une marmite, alluma le feu et débuta par laver les légumes.

Les oignons, remplis d'esprits malfaisants, lui tirèrent les larmes des yeux ; le chou se laissa faire ; car son ventre l'empêchait de protester.

Au moment où Pierrot ratissait la première carotte, il entendit un faible gémissement ; tout d'abord il ne s'inquiéta pas ; ce ne fut qu'à un second cri qu'il pensa à un chat enfermé dans une armoire.

Mais comme il continuait à éplucher les carottes, il finit par comprendre qu'il tenait ces gémissements dans sa main.

Pierrot fut effrayé autant qu'un couvreur qui tombe d'un clocher; les menaces de la reine se réalisaient; ces plaintes et ces gémissements des carottes n'étaient encore qu'une faible protestation de victimes innocentes; mais que réservait l'avenir!

Pierrot, effrayé, appela Colombine et lui expliqua que les carottes pleuraient. Colombine se moqua de lui; et, pour prouver à son futur qu'il était victime d'une hallucination, elle éplucha une carotte.

Les gémissements continuèrent.

Justement entraient Cassandre et Polichinelle, qui s'enquirent de l'émotion de Colombine; tous deux refusèrent de croire à ce phénomène.

— Essaye plutôt toi-même, dit Pierrot à Polichinelle.

Pendant ce temps-là, Cassandre avait pris une carotte et la ratissait avec une telle ardeur, que les cris et les pleurs redoublèrent.

Bien en prit à Polichinelle de n'avoir pas victimé les carottes; la désolation était dans la maison de Cassandre; lui-même, ce bourgeois si prudent, qui le matin se moquait des chimères de Pierrot, n'était-il pas forcé de convenir de l'étrange réalité qui se manifestait par des gémissements?

Pierrot courut querir le juge de paix du quartier, et lui expliqua l'affaire en quatre mots. L'homme de loi montra une telle incrédulité, que Pierrot le pria de venir à la maison s'assurer du fait par ses propres yeux.

Le juge de paix prit une carotte et lui coupa brutalement le corps en deux; jamais on n'entendit des plaintes aussi touchantes.

Le code est tout pour certains magistrats; celui-ci fouilla dans sa poche, en tira le petit livre aux tranches multicolores, et condamna les carottes à se laisser couper dorénavant sans souffler mot. Jugement inique! On peut condamner quelqu'un à mort, mais jamais on ne lui a retiré l'usage de la parole dans ses derniers moments.

Rassuré par la présence du magistrat, Pierrot fit la sourde oreille aux cris des carottes, les coupa en deux, en quatre, en six, et les jeta dans la marmite. Mais ces tronçons, comme la queue du serpent, se mirent à sauter de dehors la marmite, à courir par la chambre et à chercher à se réunir.

Il fallait que force restât à la loi ; le juge ordonna qu'on s'emparât des insurgés, les fit remettre dans la marmite, et le couvercle fut fermé soigneusement.

Les éléments ont beau se déchaîner, les carottes fourniront leur suc dans le potage de Cassandre.

TROISIÈME TABLEAU

L'ENSEIGNE DU DÉBIT DE TABAC

Pierrot, poursuivi par son idée fixe, courait par la ville. Étant arrivé en face d'un marchand de tabac, il pensa qu'il chasserait peut-être le souvenir de ces étranges aventures en fumant.

Comme il allait entrer acheter une pipe, la carotte de tôle rouge qui sert d'enseigne descendit et lui barra la porte ; Pierrot commençait à vouloir briser cet obstacle ; tout à coup la carotte se développa, et la reine des Carottes, qui y était cachée, apparut.

— Malheur à toi, Pierrot ! s'écria-t-elle, je te déclare une guerre à mort.

Puis tout disparut. Colombine, Cassandre et Polichinelle passaient justement sur la place. Pierrot leur raconta ce qui venait d'arriver.

— Il est fou, dit le vieillard Cassandre, qui avait déjà oublié la scène particulière de la matinée.

Polichinelle n'était pas mécontent de flatter les idées du père de Colombine. La répulsion de Cassandre pour Pierrot servait ses désirs de mariage.

Quant à Colombine, elle pria Pierrot de lui faire cadeau d'un bouquet ; il y avait sur la place des marchandes de légumes et des marchandes de fleurs. Pierrot acheta une botte d'oignons, et l'offrit galamment à sa prétendue ; celle-ci fut mécontente de cette mauvaise plaisanterie.

Mais Pierrot y mettait de l'insistance ; il voulait à toute force que Colombine attachât la botte d'oignons à son cœur ; au fond, il était persuadé qu'il offrait le plus joli bouquet du monde.

Polichinelle saisit cette occasion pour déployer sa galanterie ; il acheta un charmant bouquet, et l'offrit à la fille de Cassandre. Ce fut alors seulement que Pierrot s'aperçut de sa méprise, et il fit retomber toute son indignation sur l'innocente marchande de légumes, qui ne s'expliquait pas les grossièretés dont l'accablait Pierrot. La reine des Carottes avait déserté l'enseigne du débit de tabac; elle sortit tout à coup de la hotte de la fruitière et s'écria:

— Guerre à mort à Pierrot!

Pierrot s'élança comme un frénétique sur la hotte; mais Cassandre le retint et pria Polichinelle d'aller chercher le juge de paix. Aux yeux de Cassandre, Pierrot était fou à lier. Pierrot traita indignement la magistrature, et distribua à tort et à travers tant de coups qu'il mit tout le monde en fuite.

QUATRIÈME TABLEAU

LES CAROTTES ENCHANTÉES

Polichinelle avait reçu la majeure partie de la correction; il courut à telles jambes, qu'il arriva dans le petit bois qui se trouve hors de la ville.

Accablé de lassitude, il tomba sur le gazon. Aussitôt la reine des Carottes lui apparut; elle avait le visage plein de douceur.

— Tu as respecté mes sujets, lui dit-elle; je veux t'en récompenser. Prends ces carottes enchantées (*en même temps elle lui donnait une petite boîte*); chaque fois que tu te trouveras dans l'embarras, tire une carotte, et tes désirs seront satisfaits.

La joie de Polichinelle était sans bornes; mais il ne savait comment exercer en ce moment sa puissance.

Le juge de paix arriva dans la forêt, suivi des gardes; il était à la recherche de Pierrot, qu'on jugeait dangereux pour la société, et contre lequel un mandat d'amener avait été lancé.

Polichinelle, pour essayer son pouvoir, tira une carotte; au même instant juge et soldats furent enveloppés d'un filet qui les retint prisonniers. Peu de temps après Pierrot apparut, poursuivant Cassandre à coups de bâton; il essayait de lui prouver, en faisant entrer ses raisonnements par les épaules, qu'il n'était pas fou.

Enfin, l'un fatigué de donner des coups, l'autre d'en recevoir, ils se reposèrent; Polichinelle, toujours pour éprouver sa puissance, tira une carotte, dont le résultat fut que des chaînes mystérieuses attachèrent au même rocher le battant et le battu; pour augmenter les supplices de Pierrot, un repas tantalesque sortit de terre presqu'aux pieds de Cassandre ; et tous les deux, en essayant de se baisser vers ce divin festin, augmentaient leurs souffrances.

Polichinelle se retira, certain d'un bonheur perpétuel, à l'aide de ses carottes.

Le juge, les sergents, Pierrot et Cassandre, seraient morts de faim dans ce bois, si Colombine, attirée par le hasard, ne fût venue les délivrer et briser leurs liens.

A peine délivré, Pierrot, ne pensant qu'à sa gueule, sauta sur le pâté; mais il ne lui resta entre les mains qu'une simple botte de carottes. O colère! D'abord il hésita, les flaira, puis finit par les dévorer. Hélas! ces légumes qu'il avait tant chéris devaient dorénavant tourner contre lui; ce furent des souffrances sans pareilles. Pierrot eût avalé un boisseau de crapauds qu'il n'aurait pas ressenti d'aussi grandes misères.

— La vengeance a sonné, dit Cassandre. Polichinelle s'est livré contre nous à d'odieuses machinations. Jurons tous de ne jamais lui pardonner.

Le juge de paix et Pierrot accueillirent favorablement ces paroles; alors eut lieu dans le bois un de ces serments solennels, trilogiques, tels qu'on en a vu dans l'histoire, à des époques d'asservissement populaire.

CINQUIÈME TABLEAU

PIERROT CROQUE-MORT

Polichinelle s'était empli de boisson. Rien ne lui coûtait pour tirer une carotte, et un marchand de vins avait été sa victime.

Il rentra chez lui en se disant que les maisons dansaient la gigue, ce qui est un raisonnement commun à tous les ivrognes; mais, au lieu de dormir dans son lit, il dormit sur une borne, la trouvant plus douce qu'un édredon.

Pierrot aperçut son rival et profita de son ivresse pour lui faire entrer de force dans la bouche un énorme navet; il espérait ainsi l'étouffer. Heureusement que Polichinelle eut encore assez de vent dans les poumons pour cracher ce légume; certain que son ennemi ne s'en tiendrait pas là, il se blottit dans le coin d'une porte. Le danger l'avait dégrisé.

Pierrot, plein de confiance, revenait pour s'assurer si son crime avait réussi; mais, surpris à l'improviste, il tomba sous le bâton de son rival, trouva encore un restant de force et prit la fuite.

C'était malheureusement l'heure du rendez-vous; Colombine, qui venait rejoindre son ami Pierrot, tomba entre les mains de Polichinelle, qui saisit fortement la jeune fille et l'enferma de force dans sa maison. On ne sait à quels actes se serait porté Polichinelle sur l'innocente Colombine, si le juge et Cassandre n'étaient venus à son secours.

Tous deux essayèrent d'abord d'escalader le balcon de Polichinelle; mais leur âge s'y opposait; d'ailleurs Polichinelle était armé et tombait à grands coups de canne sur les assaillants, sans courir le moindre danger. Pierrot arriva à leur aide, et ne trouva de meilleur moyen que de jeter le juge de paix à la tête de Polichinelle.

Colombine fut délivrée; mais le magistrat étendu par terre n'avait plus de souffle; la garde, qui avait entendu le tapage, voulut arrêter Pierrot comme coupable du meurtre d'un magistrat.

Pendant qu'on criait, qu'on s'expliquait, Pierrot jeta le cadavre dans une cave.

— Eh! dit-il, monsieur le juge de paix n'est point si mort que vous le disiez; le voyez-vous courir?

Les gardes regardèrent inutilement dans les ruelles que désignait Pierrot et se retirèrent, le corps du délit étant disparu. Alors Pierrot prit la main de sa fiancée et se montra pour la première fois galant; il avait couru tant de dangers qu'il se croyait à l'abri maintenant de tous déboires.

Mais Polichinelle se tenait à l'écart et usait de son magique pouvoir. Au moment où Pierrot baisait la main de sa fiancée, celle-ci frémit et se trouva mal. Elle avait devant elle un sombre croque-mort.

Cassandre lui-même ne reconnaissait plus son gendre sous les funestes emblèmes qui le couvraient. Seul, Pierrot ne se doutait pas de sa physionomie d'enterreur patenté.

— Allons, dit-il, tous ces gens sont fous, je vais vivre solitaire!

— Et moi! s'écria tout à coup le cadavre du magistrat, qui sortit de la cave.

SIXIÈME TABLEAU

MADAME LA SORCIÈRE

Pierrot avait connu dans son enfance une sorcière; mais, quoiqu'elle lui témoignât de l'intérêt, il ne pouvait se résoudre à la fréquenter, à cause de son mobilier bizarre.

Cependant, se trouvant dans une suprême affliction, il alla au carrefour de la forêt, fit les conjurations connues et arriva dans le sombre cabinet de la sorcière.

A son entrée, les yeux des chats noirs lancèrent de rouges flammes; le serviteur fidèle descendit dans les entrailles de la terre où se trouve le grand livre sur lequel sont inscrites toutes les bonnes et mauvaises actions des mortels.

Le résultat de la cabale fut que Pierrot avait tout à craindre de la reine des Carottes; cependant il se débarrasserait de ses sortilèges en lui arrachant un cheveu.

Pierrot remonta fort triste sur son manche à balai, en pensant à la difficulté de l'entreprise.

SEPTIÈME TABLEAU

OÙ L'ON TIRE BEAUCOUP DE CAROTTES

Les absents ont tort. Pendant le voyage de Pierrot chez la sorcière, Polichinelle s'était insinué de nouveau dans les bonnes grâces de Cassandre. La noce était conclue; les cloches carillonnaient à toute volée lorsque Pierrot revint.

Jamais on ne vit homme mieux habillé que Polichinelle. Il avait tiré une carotte au tailleur, une autre au chapelier, une au giletier, une au chemisier.

Et tous ces braves fournisseurs s'étaient laissé prendre à ce vieux moyen.

Aussi Pierrot fut fort étonné de retrouver Polichinelle sous ce brillant costume; et le soupçon entra dans son cœur.

— Pourquoi ce bouquet? se dit Pierrot. Pourquoi cette écharpe? Pourquoi cet énorme plumet? Jamais Polichinelle ne fut aussi coquet: il y a quelque chose de louche.

Polichinelle jura en tremblant à son rival que l'amour des beaux effets s'était tout à coup emparé de lui. Et il s'enfuit, ne désirant pas continuer plus longtemps la conversation.

La reine des Carottes ne jugea pas à propos de continuer les mensonges de son protégé; elle sortit d'un arbre et annonça crûment à Pierrot le mariage de Colombine et de Polichinelle.

Pierrot se mit sottement à pleurer. Ame faible!

Colombine n'acceptait pas avec plaisir l'union voulue par Cassandre; de loin elle reconnut Pierrot. Elle accourut. Quelle joie! Depuis longtemps les deux amants ne s'étaient rencontrés.

— Je veux tuer Polichinelle, dit Pierrot. Il faut qu'il se batte avec moi.

A peine avait-il prononcé ces mots, que le pauvre amoureux sent un changement dans sa personne, dans son costume. Polichinelle a changé son rival en salsifis.

HUITIÈME TABLEAU

GUERRE ENTRE LÉGUMES

Pierrot profita de sa nouvelle position pour semer le trouble chez les salsifis; il proposa à ce peuple de faire la guerre aux carottes; mais après une bataille qui laissa bon nombre de courageux combattants sur le champ de bataille, les salsifis furent vaincus, et Pierrot tomba au pouvoir de la reine des Carottes.

Celle-ci se montra sans pitié.

— Qu'on le ratisse! s'écria-t-elle cruellement.

Et Pierrot fut ratissé et forcé de se précipiter dans la mer pour échapper à ses barbares ennemis.

NEUVIÈME TABLEAU

UNE VICTIME DES CAROTTES

Colombine, rusée comme toutes les jeunes filles, feignit de consentir à se marier avec Polichinelle. Elle espérait ainsi arriver à connaître ses secrets, car elle se doutait bien que le surnaturel se mêlait à la conduite de son futur époux.

Polichinelle avoua niaisement son pouvoir; à force de soins, Colombine s'empara de son talisman, et aussitôt elle en profita pour faire sortir Pierrot d'une botte de salsifis.

La sorcière avait fini par s'intéresser aux deux amants.

— La reine des Carottes est femme, dit-elle ; fais-lui la cour, elle te croira. Alors peut-être parviendras-tu plus aisément à réussir.

DIXIÈME TABLEAU

LE ROYAUME DES FRUITS

La reine des Carottes avait pour amie la reine des Fruits ; de temps en temps elle allait passer quelque temps dans l'empire voisin.

La sorcière, au moyen de son immense pouvoir, transporta Colombine dans la cour des Fruits, ce qui devait amener une scène de jalousie probable.

Effectivement, Pierrot, sans reconnaître Colombine sous les traits de la pomme, allait la cueillir, lorsqu'il fut arrêté par une voix :

— Tu te perds. La reine des Carottes est jalouse.

ONZIÈME TABLEAU

LA PREMIÈRE NUIT DES NOCES OU LE CHEVEU DE LA MARIÉE

Malgré les pleurs de Colombine, Pierrot suivit la reine des Carottes dans son boudoir.

La reine montra des trésors de coquetteries et d'agaceries. Pierrot semblait être amoureux sincère ; il aurait voulu passer sa main dans les cheveux de la reine.

Mais elle ne le souffrit pas. Seulement elle voulut présider à la toilette de nuit de Pierrot.

Le lit nuptial attend. Il est bassiné.

Les rideaux sont tirés... Mais quels cris sauvages se font entendre ?

Pierrot tout ému apparait en tenant un long cheveu rouge. Il a détruit le charme de la perfide reine des Carottes.

DOUZIÈME TABLEAU

ILS SERONT HEUREUX ET AURONT BEAUCOUP D'ENFANTS

Pierrot vole vers Colombine ; il dit les combats auxquels il a été exposé.

La reine des Carottes apparait pâle, défaite ; sa couronne tombe : elle est bonne tout au plus à jeter dans la marmite.

Pierrot épouse Colombine

XXI

LE COMÉDIEN TRIANON

Il importe de dire à quel propos je fis la connaissance de l'homme singulier que j'appelle de son nom de famille, afin de cacher son nom de théâtre. On jouait *Hamlet* sur un théâtre du boulevard, et je me gardai bien de manquer à cette représentation. Quand Hamlet parut, il se fit un grand silence dans le public, qui se trouva saisi aux premiers pas de l'acteur et à ses premières paroles. C'était un petit homme maigre, pâle, avec des caves dans les joues et dans le cou; il marchait avec emphase et s'arrêtait brusquement tout à coup; il tenait du professeur de belles manières et du maître de danse, et il coupait brusquement cette démarche pompeuse par une pose inattendue, simple et vraie. Sa parole, par moments, n'eût pas choqué les admirateurs du grand siècle; mais, quand il avait déclamé un vers suivant les fameuses traditions, il poussait une espèce de rugissement, de cri, il broyait le vers dans son gosier; par un singulier travail de la langue, il le prononçait presque inintelligible, et cependant le masque se prêtait si bien au sens voulu par le poëte, qu'un professeur du Conservatoire, qui détaille chaque mot avec clarté et complaisance, n'eût pu rendre plus dramatiquement la pensée de l'auteur.

A peine avait-il joué deux ou trois scènes, qu'une même pensée traversa l'esprit des quelques êtres intelligents qui vont rarement au spectacle : « C'est un élève de Delacroix. » Effectivement, à l'exactitude du costume, à certaines poses, à tout ce qui est extérieur, on reconnaissait un homme nourri de cette immense mélancolie qui a été dessinée sur pierre par le grand maître. La preuve en était dans quelques airs du peintre que le comédien gardait religieusement pendant toute une scène. Mais ceci n'est qu'un léger détail, qui deviendrait insupportable dans un acteur médiocre, et qui ne prenait son importance que par la pantomime trouvée par le comédien.

Il avait le geste.

Par cette phrase de quatre mots, qui est le plus grand éloge que je puisse faire d'un comédien, je crois tout dire; mais la nouvelle langue dramatique, mais les enthousiasmes des gazettes de théâtre et des critiques, me forcent d'expliquer ma pensée. Rien n'est plus rare au théâtre qu'un geste juste, et je ne sais pas trois comédiens qui puissent montrer une passion courir dans leurs membres. Quoique exagérés, les mouvements de Trianon étaient vrais; s'il tombait parfois dans le faux, cela ne servait mieux qu'à faire ressortir un geste de génie qui suivait. Ainsi, il se laissait aller à des mouvements de marionnette dont les fils sont trop longs pour, une seconde après, faire éclater la passion dans ce qu'elle a d'amer et de saignant. Cette façon de jouer convenait merveilleusement au rôle du jeune Hamlet, et le public du boulevard, peu habitué à une telle interprétation et encore moins à la dramatique de Shakspeare, faisait un merveilleux silence.

Le peuple du boulevard est étonnant en ce sens, il ne raisonne pas, mais il a un sentiment des grandes choses qui le rend supérieur aux meilleurs juges. Le comédien Trianon rompait avec toute espèce de traditions, anciennes et nouvelles, classiques ou romantiques; il jouait un rôle étrange, sur lequel les poëtes disserteront longtemps; pourtant le public comprenait la pièce et l'auteur. Quand Hamlet a tué Polonius et qu'il pousse son cri sanglant : *Au rat, au rat*, le comédien reparut avec sa petite épée, qu'il secoua trois fois comme un fouet, au lieu d'en nettoyer le sang suivant l'habitude; ce geste névralgique fit frémir la salle. La fausse et cruelle joie qui fait qu'Hamlet saute de joie comme un enfant habitué à faire souffrir les animaux, cette pantomime si fine qui appartenait bien à l'acteur, ne fut perdue pour personne, pas même des esprits les plus grossiers.

Entre le premier et le second acte il y eut un assez long intervalle, trop long même pour les bavards du foyer, car le moment n'était pas encore venu de discuter les mérites ou les défauts du nouveau comédien ; le bruit se répandit que le retard du lever de rideau venait de ce que l'auteur et l'acteur s'étaient pris, disait-on, d'une vive querelle à propos de la façon dont le rôle d'*Hamlet* était rendu ; mais il fut impossible à cette heure d'en connaître davantage, et, quelque vif que fût le démêlé de coulisse, la toile finit enfin par être levée. C'était le fameux acte des *Comédiens*. Hamlet, qui a engagé une troupe de comédiens, leur donne des conseils et les invite à représenter devant la cour une certaine tragédie, dont le dénoûment lui paraît avoir des analogies trop fondées avec la mort de son père. Le théâtre est élevé au fond du palais ; à droite, près du théâtre, sont assis sur un trône le roi et la reine ; en face, à gauche, Hamlet est aux pieds d'Ophélie, lui disant des douceurs, faisant mine de ne pas s'occuper de la tragédie terrible qui se joue double, l'une par les comédiens, l'autre dans le cœur du roi et de la reine.

Trianon avait imaginé cette singulière pantomime, qui est la plus dramatique que j'aie jamais vue. Tout en disant des *concetti* à Ophélie, il s'était emparé de son éventail, comme le font ces esprits inquiets qui touchent à tout dans un salon. Il agitait l'éventail pour se donner de l'air, et feignait d'en regarder les curieuses peintures ; mais le vrai est qu'à travers les meurtrières et les découpures des branches, sans être vu, il pouvait étudier à loisir l'effet que produisait la pièce sur la figure du roi et de la reine. La cour était trop accoutumée aux folies du jeune Hamlet pour s'étonner (lui dont le corps était toujours en mouvements inquiets) de le voir quitter son tabouret, se rouler par terre et s'avancer sur le milieu de la scène, les yeux toujours cachés par son éventail. Cette scène, qui dura cinq minutes, montra Trianon non plus élève de Delacroix, mais élève d'un serpent. Il rampait sur le plancher, et son corps s'allongeait comme mû par des anneaux. Dans cette position, l'acteur, qui était petit, paraissait avoir dix pieds; et encore aujourd'hui je ne suis pas certain que, par la tension des nerfs agités par une volonté suprême, Trianon ne gagnât au moins un pied en grandeur. Sa figure se creusait, les cordes de son cou se tendaient, et toujours l'éventail cachait sa figure amère. C'est de lui qu'on eût pu dire : « Il mord la poussière, » tant son corps s'effaçait et tendait à disparaître dans le plafond. Petit à petit il avançait onduleusement, faisant moins de bruit qu'une mouche; et, derrière son éventail, il riait de la façon sarcastique d'une tête de mort, en voyant, sur la figure du roi et de la reine assassins, les remords et les souvenirs que leur rappelait la représentation trop vraie d'un roi assassiné pendant son sommeil.

Jamais on n'a vu une salle si attentive à l'action d'un comédien; tous les efforts de l'acteur, sublime dans cette scène, passaient dans l'esprit des spectateurs; chacun devenait Hamlet, chacun souffrait, chacun rugissait en dedans, chacun ricanait avec rage et chacun rampait comme un serpent. Quand Hamlet, arrivé ainsi aux pieds du roi et de la reine, se leva devant eux comme le Remords en poussant un cri, il y eut dans la salle des éclats d'enthousiasme qui font peut-être plus de bien à celui qui les envoie qu'à celui qui les reçoit. Alors l'applaudissement est une dette sacrée; il n'y a plus de convenances à garder, on déchire ses gants, on crie, il faut que l'émotion sorte violemment; tout ce que l'acteur vous a donné, il faut le lui rendre. L'empereur de Russie défend d'applaudir quand il est dans la salle, sinon

18.

vous êtes conduit en Sibérie. Malgré l'empereur, malgré la Sibérie, vous applaudissez ou vous n'êtes pas un homme.

Le comédien était brisé comme les spectateurs. Et cela n'avait rien de commun avec ces fatigues maladives, ces cauchemars éveillés que le théâtre d'aujourd'hui nous donne avec ses moyens d'ogres puérils, avec ses parades ensanglantées, ridicules, avec tous les systèmes qu'on se vante d'avoir trouvés dans les théâtres étrangers, et qui deviennent monstrueusement niais, employés par des esprits pédagogiques, sans naïveté et qui ont mis la fantaisie en rhétorique. La scène des Comédiens, telle que l'avait jouée Trianon, laissait le cœur libre, la tête légère, l'esprit satisfait. C'est alors que commença la comédie du foyer. Il y a à Paris cent personnes intéressées, qui, entre les entr'actes, se promènent dans le petit corridor étroit du premier étage, qui est comme le chemin de ronde des premières loges. Le public ne va pas là, et, sur la foi de la tradition, se promène dans le vaste foyer avec l'honnête intention d'y coudoyer des célébrités ; mais le foyer n'existe plus aujourd'hui que pour les badauds, qui ne se doutent pas que ce petit corridor, où l'on se presse, où l'on s'étouffe, où l'on se parle en groupes, est désormais l'endroit où sont discutés les intérêts dramatiques. Ce boyau circulaire, qui rappelle les exercices des chevaux dans les tanneries, n'est pas sans quelque ressemblance avec ces endroits obscurs du passage de l'Opéra, où se tenaient jadis les boursiers qui discutaient à une cinquantaine les mystères de la hausse. Tout Paris est ainsi organisé en palais et en antichambre, en temple et en sacristie. Chacun va au temple, croyant y apprendre la vérité, qui ne se dit que dans la sacristie, où personne n'entre.

Dans la galerie circulaire du premier étage se promènent les critiques, suivis de *leurs* jeunes gens, qui sont de sincères admirateurs ou qui feignent l'admiration. Les actrices viennent assister à la création d'un nouveau rôle d'une camarade, se pressent autour du critique influent, cherchent à accaparer son bras et font leurs mille simagrées les plus aimables. Tout est mouvement et cohue dans le flot remuant de gens qui se cherchent et qui ont intérêt à se trouver. Le directeur recommande son théâtre, l'auteur sa pièce, on consomme des poignées de main sans fin.

Ce fut après la scène des Comédiens que Trianon fut discuté avec l'acharnement qu'on apporte, à Paris, contre tout ce qui s'éloigne des formes acceptées. L'opinion générale tourna contre le comédien; il était, disait-on, déclamatoire, emphatique, trivial, névralgique; on alla même jusqu'au mot saltimbanque. Peut-être dix personnes tout au plus dirent-elles : « C'est le plus grand comédien que nous ayons. » Mais ces dix personnes, qui étaient une minorité imperceptible, n'avaient pas l'habitude de discuter en public, n'acceptaient aucun jugement reçu, ne formaient pas de groupe et protestaient seulement par un silence méprisant contre les opinions de foyer. L'auteur, le premier, abandonna son comédien, et déclara que Trianon avait joué pour la dernière fois un rôle de sa façon, qu'il était orgueilleux, intraitable, n'acceptant aucuns conseils, et qu'il faisait le plus grand tort à sa traduction de Shakspeare. L'auteur jetait le comédien à la mer dans l'espérance de sauver son vaisseau. On verra comment il fut puni.

Je n'ai rencontré qu'un seul homme de valeur, rendant des arrêts dramatiques au bas du journal, qui eût conscience de sa mission. Jamais il ne monta au foyer pendant les entr'actes de la représentation, jamais il ne voulut accepter du théâtre plus d'une place à l'orchestre. Il allait seul, dans la crainte d'avoir avec lui un ami bavard qui lui parlerait de la pièce; il s'était condamné à ne pas bouger de sa stalle pendant la représentation. Aussitôt le rideau tombé, il quittait le théâtre la tête basse pour ne pas être reconnu. Il rentrait chez lui avec des impressions toutes personnelles, et il les jetait immédiatement sur le papier; mais c'était un homme modeste qui resta toute sa vie dans une position plus que modeste à cause de la sincérité de ses opinions. Contrairement à ses amis du journalisme, il ne croyait pas au pouvoir absolu de la critique. Tous les lundis il émettait des idées pour vingt mille abonnés; mais il savait que le sentiment public est plus fort que le sentiment privé. Il était depuis trop longtemps habitué aux succès dits *littéraires*, pour ne pas reconnaître la supériorité des succès populaires. Les cent personnes, plus ou moins intelligentes, disséminées dans l'orchestre, dans les loges, au balcon, et qui font l'opinion du monde le jour de la première représentation, n'étaient rien à ses yeux en comparaison des flots du parterre et des esprits naïfs qui se pressent dans l'atmosphère malfaisante des hauteurs du *paradis*. Donc cet homme avait résolu d'exprimer avec sagesse ses opinions, bonnes ou mauvaises, justes ou fausses, se trouvant heureux quand le succès d'une œuvre, aux représentations suivantes, venait confirmer la droiture de son jugement.

Cette nature droite faisait rire les beaux esprits de foyer, qui, battus souvent par l'opinion publique, ne se rendaient pas compte de leur faible importance. Les désœuvrés, qui demandent un jugement le lundi à la gazette, sont avides avant tout d'esprit, de paradoxes, de singularités, d'amusements, et ne s'inquiètent guère si le feuilletoniste apporte quelques idées nouvelles, s'il instruit l'auteur en le critiquant, s'il apprend quelque chose au comédien. Cela n'existera jamais.

Cependant on s'étonnait que l'auteur ne soutînt pas son acteur, et le retard du lever du rideau au second acte fut expliqué naturellement. Il faut remonter aux répétitions générales, dans lesquelles Trianon joua et apporta les effets singuliers et nouveaux qu'il avait puisés dans de longues études d'*Hamlet*. L'auteur, ayant assisté à une de ces répétitions, s'étonna des mouvements pantomimiques de l'acteur.

— Qu'est-ce que ces sauts, Trianon?

— Vous voyez, monsieur.

— Je ne comprends pas, dit l'auteur; je n'ai pas marqué ces jeux de scènes sur le dialogue.

— Cela ne se marque jamais, on ne note pas plus le mouvement des jambes que la voix, que les yeux.

— C'est mauvais, en tout cas, dit l'auteur.

— Je ne trouve pas, dit le comédien.

— Bien! allons jusqu'à la fin.

Et, pendant que la répétition continuait, l'auteur sautait de rage sur sa chaise.

— Vous vous moquez de moi, Trianon?

— Pas du tout.

— Je n'ai jamais vu jouer le drame de la sorte.

— Je l'espère bien, dit le comédien.

Et l'auteur marchait sur le théâtre en frappant du pied, regardant le comédien, haussant les épaules.

— Est-ce qu'il est malade? demanda-t-il au régisseur.

— Ah! monsieur, il me fait mourir avec ses idées; je le lui dis tous les jours.

— Je m'en vais, s'écria l'auteur, qui fut indigné d'un nouveau geste que Trianon prolongeait avec complaisance. Je m'en vais, Martin, dit-il au régisseur; cet homme me donne sur les nerfs; je le battrais... Vous qui êtes prudent, parlez-lui, je vous prie; qu'il étudie la pièce; cela ne peut pas marcher ainsi. Autrement nous verrons.

Après la répétition, le régisseur Martin, que tous les comédiens aimaient à cause de sa douceur et de sa modestie, appela Trianon.

— Mon cher, tu dois être fatigué; veux-tu venir prendre du café?

— Du café, non; je suis trop excité. Tu m'offriras une bouteille de porter, cela endort mes fatigues.

— Tu boiras ce qu'il te plaira... Du porter, c'est drôle; j'ai pourtant connu bien des artistes dans ma vie, ils ne buvaient pas de porter.

— Est-ce que tu veux m'irriter encore? s'écria Trianon; tu ne vois donc pas combien je suis énervé?

— Allons, mon petit, tu boiras du porter, tout ce que tu voudras.

— Prenons une voiture, dit Trianon.

— Une voiture! pour descendre au café du théâtre.

— Tu crois, Martin, que je vais boire du porter en bas; c'est rue de Rivoli que nous allons; il n'y en a de bon que là, chez un épicier.

— Mon petit, voyons, il faut deux heures pour aller et revenir. Et mes accessoires qui ne sont pas préparés pour la représentation de ce soir; tu ne voudrais pas mettre ton vieil ami en défaut... Dieux! si mes accessoires manquaient!... moi! Martin! je ne me le pardonnerais jamais.

— Je m'en vais seul, dit Trianon, je n'ai pas besoin de toi. Prépare ton vieux pâté de carton, ton poulet, tes épées de bois.

— Me promets-tu que je serai de retour à cinq heures?

— Certainement.

On arriva en une demi-heure dans le petit salon d'un épicier, qui a la spécialité de fournir du porter, de l'ale et autres boissons aux Anglais de la rue de Rivoli.

— Comment peut-on boire quelque chose d'aussi noir? dit Martin, qui en revenait toujours à son étonnement relativement au porter.

— Maintenant me voilà calmé, dit Trianon; je ne me souviens plus des fatigues de la répétition; tu devrais en boire, Martin.

— Oh! jamais! Je suis trop Français, et j'aime mieux le vin. Quoi que tu en dises, je ne peux pas croire à ton porter; j'aimerais autant de l'encre.

— Tu ne souffres pas, Martin, tu ne t'émeus de rien, tu fais ton devoir, mais tranquillement; pourvu que la répétition se fasse à l'heure dite, te voilà content.

— Tu parles de cela facilement, je voudrais te voir régisseur... Oh! Trianon régisseur! discutant les toilettes des actrices, les suppliant de ne pas mettre de bijoux quand elles jouent des rôles de paysannes, veillant à la tranquillité des coulisses, empêchant les entreteneurs d'entrer. Mon pauvre garçon, je ne te donnerais pas dix jours de mon métier pour devenir fou.

Après un silence, Martin reprit :

— Comment trouves-tu la pièce que nous répétons?

— Bien, dit Trianon; je ne donnerais pas mon rôle pour cent mille francs! Mais quel travail! Je n'en dors pas; si je m'endors, je rêve d'Hamlet, toujours Hamlet... Je le comprends bien; je le vois plus loin que l'horizon, et jamais je ne le rendrai comme je le sens... Quelle pièce!... Quel caractère! C'est une fortune que de créer un tel personnage.

— Est-ce que tu ne trouves pas qu'il y a des passages obscurs... des expressions hasardées? dit Martin.

— Tu as cinquante ans, mon pauvre bonhomme.

— Quarante-neuf, s'il te plaît.

— J'aurais dû dire soixante; tes paroles sont d'un homme de soixante ans.

— Ne dirait-on pas, dit Martin, qu'il faut avoir trente ans pour comprendre Hamlet; mais, mon petit, je le connais avant toi, Hamlet. J'ai été à la première représentation de l'*Hamlet* de M. Ducis, et le rôle était tenu par Talma.

— Et puis? demanda Trianon.

— Eh bien, je te souhaite de le jouer seulement la moitié aussi fort que Talma. Il ne faut pas croire non plus que vous avez tout inventé. Les artistes d'aujourd'hui font mépris du passé, et ils ont tort. Il y avait du bon, crois-moi, et, si tu avais eu le bonheur de voir jouer Hamlet par Talma, peut-être comprendrais-tu ton rôle d'une façon plus sage. Tiens, dans le fameux monologue, Talma pleurait presque.

— Et moi je ris! s'écria Trianon.

— Tu vois bien que tu ne suis pas la tradition.

— Si tu n'étais pas mon vieux Martin, dit Trianon, je te tordrais le cou... Est-ce que je suis Talma?

— Non, pas tout à fait, dit le régisseur d'un ton moqueur.

— N'étant pas Talma, dit Trianon, je ne puis pas jouer comme Talma. Était-il maigre comme moi?

— Non, il était gros.

— Était-il petit?

— Il était grand.

— Avait-il ma voix, mon nez, ma bouche, mes jambes, mes yeux? Non, n'est-ce pas? Et tu veux que je reproduise ses gestes, son regard, sa manière de marcher, ses vices, ses qualités. Tout au plus pourrais-je m'habiller comme lui. Encore, à cette époque, on ne savait pas ce que c'était que le costume vrai. Comprends donc, Martin, que je m'appelle Trianon, et que je dois jouer en Trianon.

— Cependant, dit Martin, la tradition...

— Tu oses encore parler de tradition; quel est le gredin qui a inventé la tradition? Où sont les auteurs qui ont laissé des détails assez exacts sur la manière dont jouait Talma pour que je puisse m'en servir?

— Il y a les connaisseurs, dit Martin.

— Ah! les connaisseurs! Des amateurs, des vieillards, qui vous disent : Qu'il était beau! sublime! comme il faisait frissonner la salle! Je veux bien que leur acteur faisait frissonner la salle; mais a-t-il laissé une recette positive sur la manière de faire frissonner la salle?... Parle, voyons... Comment faisait-il frissonner la salle?

— C'était par un simple geste, un certain coup d'œil, dit le régisseur.

— Je n'en suis pas plus avancé, dit Trianon, avec ton

simple geste, ton certain coup d'œil... As-tu pensé à mesurer le geste, à le dessiner, à savoir quel angle faisait son bras, la façon dont il tenait sa main, dont il écartait les doigts?... Son regard est-il peint? peux-tu l'imiter? Essaye de rendre le regard de Talma; je t'achète le regard.

— Quand tu te moquerais de moi...

— Je ne me moque pas, je demande le regard de Talma; tu ne peux pas me le rendre. Je m'en vais t'apprendre la tradition, mon vieux Martin. Je lis Hamlet, je cherche à le comprendre; je le relis, je réfléchis... et je commence à dire le rôle en marchant dans ma chambre, sur le boulevard, peu m'importe; je me regarde dans une grande glace, je me vois marcher, je vois mes gestes, je vois mon masque. Si je suis content de moi, c'est que je comprends le rôle. Je dois rire en étudiant les effets comiques, et je dois pleurer moi-même des pleurs que je ferai répandre dans la salle; j'ai peur des moyens qui feront peur au public. Enfin, il faut qu'en étudiant je passe par les sensations que je communiquerai plus tard au parterre; si je n'éprouve pas de sensations, c'est que le rôle est mauvais, la pièce absurde, je n'en pourrai rien faire à la représentation, et j'ai envie de refuser le rôle, mais je ne suis pas le maître. Le comédien, Martin, trouve tout en lui. Quand il va chercher des effets chez les anciens, il n'est pas comédien.

— Alors tu n'as jamais rien appris en voyant jouer tes camarades?

— Énormément! s'écria Trianon, j'ai appris à ne pas les imiter. Chez quelques-uns, j'ai trouvé des qualités particulières qui m'ont surpris et que j'ai employées.

— Ah! tu l'avoues, tu profites en voyant jouer un grand comédien, dit le régisseur, tu te condamnes, tu es dans la tradition.

Trianon sauta sur une chaise et effraya un Anglais qui lisait le *Morning-Herald* en buvant un grog.

— Vieil âne! dit-il, je profite des acteurs vivants parce que je les vois; mais je ne peux pas me servir d'acteurs enterrés dont il ne reste pas de traces possibles de leur jeu; toi-même, qui es un homme intelligent, tu ne peux pas me rendre un seul geste de ton Talma.

— Il n'y a pas à raisonner avec toi, dit Martin, tu es écervelé, jeune et orgueilleux.

— Orgueilleux! s'écria Trianon; moi, un orgueilleux! Prouve-moi que je joue une scène au rebours de la vérité, arrête-moi à la répétition quand un mot te semblera faux, et, si tu me le démontres, je change immédiatement.

— Mais tout le monde le pense au théâtre; l'auteur lui-même est effrayé de la façon dont tu comprends le rôle : il n'y a pas qu'un geste faux, il y en a cent.

— Dis-tu vrai? demanda Trianon d'un ton grave.

— Oui, mon pauvre ami, tout est faux : ta manière de marcher, ta voix, tes gestes. C'est baroque; tu jouerais Hamlet les pieds en l'air, la tête en bas, que tu ne serais pas plus ridicule.

— Vraiment? dit Trianon, qui réfléchissait.

— Ce n'est pas moi seul qui le pense, c'est tout le monde.

— Est-ce croyable? disait le comédien, qui, les deux coudes sur la table, enfonçait la figure dans ses mains. C'est impossible... ajouta-t-il. Ma mère est contente cependant.

— Les mères, mon petit, trouvent tout beau, mais, tu me crois ton ami, n'est-il pas vrai? Eh bien, je te le dis pour ton bien, il faut revoir ton rôle et changer tes allures. Au théâtre, je prends ton parti devant le directeur et l'auteur, je leur dis que tu exagères tes effets aux premières représentations afin d'arriver à des moyens plus calmes ensuite, et je mens parce que je t'aime... Je sais ce que c'est que la jeunesse, j'ai été jeune aussi; je me croyais le meilleur comédien de la terre... Vois où j'en suis ; j'ai une position aujourd'hui, mais j'ai reconnu qu'il ne fallait pas choquer le public par des extravagances. Le public aime le jeu simple et naturel... Tu ne m'écoutes pas, Trianon ?

En effet, le comédien n'écoutait plus, il n'entendait pas et souffrait. Tout le monde le trouvait faux ; tout le monde pouvait avoir raison ; rien ne lui prouvait qu'il était dans le vrai, rien que des sensations isolées, personnelles. Ne pouvait-il pas se tromper la nuit quand, rentré dans sa chambre, il étudiait son rôle aux flambeaux et que, seul devant sa glace, il ne trouvait que son image réfléchie qui l'applaudissait ? Trianon avait rencontré assez de comédiens médiocres dont l'orgueil grandissait en raison de leur peu de talent. Le public les jugeait mauvais, mais ils ne s'en croyaient pas moins les rois du théâtre. La crainte d'être un comédien vulgaire avait paralysé Trianon, qui resta près d'un quart d'heure sans dire un mot, laissant le vieux régisseur parler pour lui seul. Il se leva par un mouvement spontané.

— Adieu, Martin.

— Tu me laisses m'en retourner seul ?

— Je souffre.

Et il s'enfuit dans la direction des Champs-Élysées. Le lendemain, le régisseur dit à l'auteur :

— J'ai parlé à Trianon ; il sera plus sage aujourd'hui, vous verrez.

Trianon entra, pâle, les traits fatigués, le corps un peu affaissé.

— Comment va ? lui dit le régisseur.

— Bien ; je suis content, j'ai étudié depuis que je t'ai quitté, je suis sûr de mon affaire ; ce que tu m'as dit hier m'a profité.

— J'en étais sûr, dit le régisseur ; si tu voulais mettre un peu d'eau dans ton vin, tu irais loin.

La répétition commença. Le premier acte marcha assez bien ; l'auteur et le directeur étaient contents de la manière dont Trianon jouait sa scène avec l'Ombre ; mais tout d'un coup il recommence ses gestes désespérés, parcourt le théâtre comme un fou. On lui crie : « Trianon ! Trianon ! » Il n'entend rien, continue ; le régisseur se jette sur lui.

— Arrête donc ! tu es plus mauvais que jamais.

— Mais je vais vous retirer le rôle, dit l'auteur ; vous compromettez ma pièce, monsieur !

Le directeur se fâche plus fort que l'auteur et dit que Trianon le fait exprès, qu'il est scandaleux, et qu'il demande à rompre l'engagement. Trianon finit par devenir froid.

— Voulez-vous m'écouter, oui ou non ? dit l'auteur ; j'ai vu jouer Hamlet par le fameux Kean, et ce n'est pas ça. Je m'en vais vous dire comment Kean entrait en scène.

— Eh ! monsieur, dit l'acteur, le régisseur a vu jouer Hamlet par Talma, vous par Kean ; d'un côté on me tire pour ressembler à Talma, d'un autre on veut que je joue comme Kean ; je n'y puis rien...

— Il est bien question de Talma ! dit l'auteur ; je ne vous ai pas parlé de Talma... Oui ou non, voulez-vous jouer le rôle comme je l'entends ? sinon je vous le retire à la minute... Dieu merci, il ne manque pas d'acteurs intelligents qui seront enchantés de créer Hamlet.

— Monsieur, si vous voulez me donner quelques conseils, je jouerai comme il vous plaira.

— Voilà qui est mieux. Demain matin passez chez moi, nous lirons la pièce ensemble, et je vous jure que vous vous en trouverez bien.

Le lendemain, Trianon va chez son auteur à l'heure dite ; il écoute attentivement la lecture, en l'interrompant par des *très-bien !* et des marques d'enthousiasme. Il n'avait pas compris la pièce ainsi ; mais maintenant il disait qu'il s'était fait une révélation en lui. Aux répétitions, l'auteur était dans le ravissement; il citait Trianon comme le modèle des comédiens soumis. Martin lui-même, quoique la tradition Kean dérangeât un peu la tradition Talma, était forcé de dire comme l'auteur et de renchérir sur ses éloges. C'est peu de temps après que se donna la première représentation. L'auteur avait fait grand bruit de Trianon dans Paris.

— Vous croirez voir Kean lui-même, disait-il à tous ses amis.

Mais le scandale fut d'autant plus grand que la conduite du comédien avait été rusée. Devant le public, il se dépouilla de tout ce qu'on lui avait enseigné aux répétitions; il ne tint aucun compte des conseils de l'auteur, il semblait prendre plaisir à faire le contraire.

L'auteur était joué. Il n'y avait plus moyen de reculer, Trianon avait le dessus, il était maître du public, il pouvait ouvrir la porte à toutes ses fantaisies, ses caprices, ses études; il redevenait le grand Trianon, le comédien qui avait puisé toute sa force dans son tempérament, dans son individualité et dans une fréquentation assidue de la plus grande œuvre de Shakspeare. Les vers de l'auteur, il en faisait bon marché; il ne prononçait distinctement que ceux qu'il lui plaisait. Le comédien se souciait peu de la colère de l'auteur, et il supporta avec beaucoup de patience les reproches de celui-ci.

— Laissez-moi faire, dit-il; est-ce vous ou moi le comédien? Est-ce vous ou moi qu'on va siffler ou applaudir? A chacun son métier. Je ne pense pas à refaire vos vers, vous n'avez rien à voir à mes effets.

Cette réponse, prononcée avec le ton d'un homme entier dans ses opinions, fit hausser les épaules à l'auteur, qui se retira, laissant Trianon continuer la pièce à sa fantaisie. Le comédien fut admirable dans la scène du cimetière, et le public se laissa aller à son enthousiasme. Les esprits les plus chagrins, de ceux qui se soucient peu des meilleures qualités pour s'attacher aux petits défauts, étaient émus malgré eux; mais ils faisaient durement payer ce moment d'admiration involontaire en insistant sur les côtés baroques et neufs du comédien. La fin d'*Hamlet* traîna en longueur. Nous ne sommes pas habitués à d'aussi longues représentations, et le dernier acte fut reçu médiocrement; surtout les esprits intelligents furent choqués d'un dénoûment nouveau qui n'avait aucune raison d'être. Hamlet, ayant vengé le meurtre de son père, ayant puni les assassins, échappait à leurs embûches et vivait heureux sur son trône. Le beau dénoûment de Shakspeare, qui nous montre au contraire Hamlet, cette pauvre âme, mis à mort après avoir accompli sa mission, était remplacé par un moyen de mélodrame de boulevard : le crime puni, la vertu récompensée.

La pièce, en somme, n'eut pas grand succès : c'était justice. Malgré ses préfaces et les assentiments de ses amis de la critique, qui soutenaient que la France ne pouvait admettre les moyens barbares du poëte anglais, l'auteur fut puni de son sacrilége. Il soutenait que, supposé que Shakspeare eût vécu de notre temps, il eût traité le dénoûment tel qu'il venait d'être refait. Cet ordre de raison tombait évidemment devant le suivant : Si vous n'êtes pas satisfait de l'*Hamlet* de Shakspeare, ne le traduisez pas pour le théâtre. Puisque vous vous dites un des plus fervents admirateurs de l'auteur de *Macbeth*, montrez-le dans son ensemble et ne touchez pas à ses jambes; montez-le sur le plus riche piédestal que vous pourrez, mais ne mettez pas au contemporain d'Élisabeth des souliers de Franklin. Soyez certain que le sentiment populaire sera contre vous à la moindre profanation. Le peuple n'a pas lu Shakspeare; vous lui montrez *Hamlet*, il ne demande pas mieux que de s'y intéresser, il aime tout ce qui est beau; mais aussitôt que vous aurez introduit des idées bourgeoises dans une œuvre grande et fière, le public le verra aussi clairement que si un sauvage trouvait un arbre taillé du parc de Versailles dans une forêt vierge.

Les esprits ignorants ont un instinct merveilleux de ces choses; ils ne se rendent pas compte des *raccords*, ils ne les jugent pas scientifiquement, mais ils en sont aussi vivement blessés qu'un musicien qui entend accompagner en *mineur* une mélodie en *majeur*. C'est ce qui explique le peu de succès qu'eut *Hamlet*, soutenu seulement pendant quinze représentations, grâce au génie de l'acteur, tandis que l'auteur mettait la chute de sa traduction sur le compte du comédien.

Je perdis de vue Trianon et je n'entendis que rarement parler de lui, à l'exception d'un incident dont les journaux rendirent compte. Il y avait au même théâtre que lui un de ces beaux comédiens à barbe et moustaches romantiques, qui avait conservé les manières théâtrales du temps de Buridan. Les femmes adoraient ce bel acteur, qui, par un geste favori, abaissait lentement ses paupières sur deux grands yeux taillés en amandes. Il appartenait à cette classe d'acteurs qui flattent le public, qui lancent des coups d'œil langoureux dans la salle, dont chaque geste semble dire : « Regardez-moi, je suis si beau! » En effet, il était convenablement bâti. Ses principaux effets dramatiques venaient de costumes étudiés avec un grand soin, presque toujours riches, qu'il portait avec une espèce de sans-gêne cachant de longues études. Les auteurs ne manquaient jamais d'écrire un beau rôle qui devait contenir ces mots : *manant, gentilhomme*, car il les disait depuis vingt ans avec une exagération chérie du public féminin. Toutes ses phrases devaient être coulées dans un certain moule où l'idée prend la forme ronflante. Il aurait été incapable de dire : *Bonjour, monsieur*; mais il disait : *Salut, messeigneurs*, avec un accent supérieur. Aussi le soir, quand il sortait du théâtre, trouvait-il dans la loge du concierge nombre de petits billets parfumés contenant des déclarations, des invitations à souper de femmes qui ont la manie d'aimer les comédiens.

Trianon contrastait par sa grande simplicité avec le beau premier rôle. Jamais en jouant on ne le vit regarder dans la salle; il ne parlait pas au public, mais aux acteurs. Sur les planches, il oubliait qu'une foule énorme le contemplait; il agissait et marchait comme si un mur l'eût séparé du parterre. Il fallait les applaudissements du dehors pour lui rappeler qu'il jouait un rôle, car, une fois entré dans l'habit d'Hamlet, il était devenu Hamlet. Jamais on ne vit Trianon lancer pendant une scène quelqu'une de ces plaisanteries que les acteurs français aiment tant à montrer, prouvant par là au public qu'ils sont fiers de ne pas oublier qu'ils sont plaisants tout en exerçant l'état de comédien. Dans la conversation avec le fossoyeur, celui-ci, qui était un goguenard de profession, pendant qu'Hamlet monologue, lui ayant soufflé une grosse farce à voix basse, Trianon l'attendit dans les coulisses, le prit à la gorge et lui déclara que s'il recommençait ses facéties en sa présence il le traînerait à genoux devant la loge du souffleur et le forcerait de demander pardon au public. Par ces raisons, le comédien était mal vu de ses camarades. Comme il apportait au théâtre, aux répétitions, ses inquiétudes, son travail perpétuel de cerveau, son sérieux et ses croyances, Trianon passait pour un être bizarre, colère et méchant, qui ne supportait pas le plus petit mot pour rire. Cependant, quand il ne travaillait pas, Trianon était la nature la plus douce de la terre, affectueuse, bonne, sensible à l'excès; mais, aussitôt que son art le tenait, il n'appartenait plus à la vie. Souffrant des difficultés énormes de l'art théâtral, cherchant à les vaincre, il ne comprenait pas pourquoi chacun n'en faisait pas autant que lui. Il eût voulu que le dernier des figurants comprît l'importance de la pièce. Aussi il se faisait de grands ennemis dans les mediocrités qui peuplent les coulisses, et il jouait le rôle d'un réformateur que personne ne se soucie d'écouter.

La scène du duel faillit avoir des suites sérieuses : le rôle de Laertes était tenu par le beau comédien, qui, n'ayant cette fois qu'un modeste rôle, avait pensé à s'y montrer sous le côté des formes. Pour cela, il saisissait les épées d'une manière gentilhomme, se posait avec complaisance et ne demandait pas mieux que de parader un quart d'heure devant le public. Trianon, qui apportait une grande conscience dans les plus petits détails, prit des leçons d'armes un mois avant la représentation ; il s'était rompu aux exercices élémentaires, afin, le jour venu, de ne pas faire de fautes contre les règles. Mais il abandonna ce qu'il avait appris, pour se battre avec violence et impétuosité, ce qui est dans le caractère exalté d'Hamlet. Le beau comédien, son adversaire, qui lui aussi savait les armes, voyait tous ses effets rompus par un tel furieux ; il y eut même à ce propos une querelle de coulisses pour laquelle Trianon prit à témoin le directeur, lui demandant si Hamlet doit se battre de sang-froid comme un maître d'armes quand il a à venger la mort de son père.

— Vous, dit-il au comédien, vous n'êtes qu'un instrument du roi, vous devez chercher à me tuer, vous tirez parti de toutes les ressources de l'escrime, mais cela est froid et calculé parce que vous n'apportez pas la même passion que moi.

Le directeur, qui aurait donné dix acteurs tels que Trianon pour son beau comédien, fut obligé de convenir que Trianon avait raison. Mais à une représentation, Hamlet se laissa emporter et fondit sur son adversaire avec une rage et un emportement tels, qu'il lui fit des marques violentes, quoique les épées fussent mouchetées. La jalousie et la malignité s'emparèrent de ce fait : le beau comédien contrefit le malade pendant deux jours, et le bruit se répandit parmi tous les acteurs de Paris que Trianon, pour se venger d'un acteur aimé du public, avait essayé de le blesser.

Trianon connut alors ce que peuvent la sourde jalousie, les basses haines de ses camarades, qui ne pouvaient lui pardonner d'avoir été malmenés par la critique, à l'occasion de l'*Hamlet*. En effet, qu'on admirât ou non Trianon, il ne faisait pas moins l'effet d'une lumière électrique entourée de lampions. Sa façon de jouer rompait tellement avec les habitudes de ses camarades, que le plus ignorant des spectateurs devait être frappé de l'accent de sincérité qui se manifestait à chacune de ses paroles. Quand Hamlet donne des conseils aux comédiens, on sentait combien Trianon était nourri de Shakspeare, combien il le comprenait et combien il désirait faire passer ses convictions dans la bande. Mais c'étaient des cabotins orgueilleux qui n'étaient pas de force à rendre le drame du grand poëte anglais. Leur métier était d'apprendre des rôles, de se lever tard, d'aller aux répétitions en s'ennuyant, de rêver à des parties de billard, et, le jour de la représentation, de montrer à nu leur impuissance et leur médiocrité.

Le drame ne se joua guère qu'une quinzaine; et cependant chaque jour amenait une anecdote nouvelle sur Trianon; ses ennemis, comme tous les ennemis du monde, contribuaient pour une bonne part à sa réputation, soit en inventant des calomnies contre lui, soit en dénaturant ses actions, soit en commentant ses propres paroles. S'il est vrai que les oreilles tintent à celui dont il est question ailleurs, Trianon aurait dû être tourmenté de bourdonnements sans interruption. Il ne faisait rien comme personne, disait-on; il se grimait la figure avec des drogues particulières. Les comédiens achetaient les grands journaux qui critiquaient le jeu de Trianon et les lisaient à haute voix dans les coulisses; d'autres feignaient de le plaindre et lui montraient ces feuilles, lui disant qu'un journaliste qui écrirait de pareilles choses sur leur compte passerait un mauvais quart d'heure. On comptait sur sa nature fiévreuse, et l'on espérait un scandale; les comédiens n'aiment pas les journalistes, et n'auraient pas été fâchés d'en faire insulter un par Trianon, sauf à l'abandonner aux suites de cet esclandre; c'est par la connaissance de tels faits que les comédiens avaient essayé de mettre Trianon aux prises avec un journaliste; bientôt l'artiste rencontra au café du théâtre un de ceux qui l'avaient le plus malmené dans une mauvaise feuille de théâtre.

— Est-ce que vous croyez un mot de ce que vous avez écrit sur mon compte? lui demanda Trianon.
— Mais certainement.
— Eh bien, monsieur, tant pis pour vous.
Il n'en dit pas davantage et lui tourna le dos.

La dernière aventure de Trianon montrait assez à quel emportement il pouvait se laisser aller quand il croyait qu'on se moquait de lui. Un de ces dessinateurs dont le métier est de reproduire les traits d'un comédien, son costume dans les principales scènes, invita Trianon à se rendre à son atelier pour lui poser une esquisse. Trianon n'avait pas grande sympathie pour le dessinateur, qu'il trouvait perpétuellement dans les coulisses, en train de jouer quelque farce; cependant il obéit à l'habitude et se rendit un matin à l'atelier du peintre. Il sonne, il entre, et à peine a-t-il fait quelques pas qu'il entend une détonation; très-nerveux de sa nature, le comédien tressaute et marche encore lorsque le bruit recommence; le peintre rit aux éclats d'avoir semé des pois fulminants dans un endroit obscur et d'avoir inquiété Trianon. Il introduit le comédien dans l'atelier et le prie d'attendre quelques minutes. Trianon, moulu des fatigues de la répétition, tombe sur un divan, reste dans cette position si enviée des gens brisés, heureux de ne penser à rien. Une porte s'ouvre, un ours blanc paraît et fait entendre un grognement terrible; le comédien tressaillit en voyant avancer vers lui l'ours blanc; mais, en entendant un second grognement, il redevient calme, car il a reconnu un faux ours; le peintre est certainement dans cette peau. Cependant l'ours avance toujours et se dispose à mettre ses pattes sur l'épaule du comédien, qui, sans rien dire, donne un énorme coup de poing sur la tête de l'ours. Le peintre croit que sa plaisanterie a réussi et que la terreur est dans l'âme de Trianon; il continue à rôder autour de lui et reçoit un violent coup de pied qui lui fait pousser un cri moitié ours, moitié homme. A la fin, le comédien, impatienté de la sottise du peintre, le prend à bras le corps, lutte avec lui et le renverse à terre; l'ours crie : « C'est moi, tu ne me reconnais donc pas! » Trianon, sans paraître remarquer cette parole humaine, prend un paquet de cordes qui se trouve à sa portée, lie les pattes du malheureux ours vaincu, et s'en va en le laissant étendu sur le plancher.

Quand je fis la connaissance de Trianon, il était sans engagement et sans espérance d'engagement; mais c'était une nature croyante, quoique maladive, qui retrouvait de nouvelles forces dans l'adversité. Plus il se sentait bas aujourd'hui, plus il se voyait grand demain. Le comédien souffrait momentanément des mille tracasseries dont les gens médiocres couvrent un homme supérieur; aussitôt la part faite à ces irritations, il se relevait plus fier que jamais, poursuivant avec passion ses études favorites.

— Tout l'art dramatique consiste dans la pantomime, me dit-il un jour; certes, la voix est quelque chose, mais je mets le geste en premier. Le jeu de la physionomie est également une affaire de pantomime, et c'est justement ce à quoi on pense le moins. La grande affaire des jeunes comédiens est d'étudier la diction : ils apprennent comme une sorte de mélopée, soit tragique ou comique, avec laquelle ils viennent jouer Racine ou Molière; mais leurs bras sont de bois, leurs jambes sont en fer et leur figure ressemble à une belle tête de coiffeur. Je préfère entendre un perroquet crier *vive le roi*, ou demander *à déjeuner*. Si j'avais quelque puissance, continua Trianon, je vous le dis à vous, à tout autre je n'oserai en parler, j'ai une idée qui me poursuit depuis longtemps, et qui, exécutée sagement, produirait de bons comédiens. Le Conservatoire, tel que je le comprends, je l'ai découvert au Jardin des Plantes.

Le comédien s'arrêta en me voyant sourire.

— Avez-vous vu quelquefois le palais des singes? Eh bien, dit Trianon, supposons qu'on m'amène un jeune garçon qui se destine au théâtre, vous me savez assez d'intelligence pour reconnaître s'il a en lui quelque germe; d'ailleurs, si je me trompe, je le saurai au bout de deux jours. Je fais enfermer mon futur comédien dans le palais des singes au Jardin des Plantes. Là je le laisse seul avec un singe. Mon jeune homme reste sans nourriture; naturellement à la fin de la journée il a faim, et comme il n'y a pas de gardien qui vienne lui apporter à manger, il est bon qu'il se fasse un ami du singe à tel point que l'animal juge à propos de partager sa nourriture avec l'homme. Or, pour devenir ami du singe, il faut déjà une certaine souplesse de naturel; pour que l'homme fasse comprendre à l'animal qu'il a faim, il ne peut employer que des gestes : si le singe consent à partager son repas, c'est qu'il a compris les gestes de mon comédien. Des gestes d'homme qu'un animal peut saisir, sont des gestes justes. Donc c'est un grand pantomimiste, soyez-en persuadé. Je n'hésiterai pas à lui confier un rôle dans l'ouvrage le plus sublime.

— Mais si le singe n'apporte pas de nourriture?

— Oh! dit Trianon, mon homme n'a pas l'instinct dramatique, il n'a pu accomplir la première de mes épreuves, il ne sera jamais bon à rien.

— Il peut arriver, répondis-je, que le singe, par gourmandise ou par caprice, ne veuille pas faire les honneurs de sa table à votre débutant.

— Pardonnez-moi, dit Trianon; d'ailleurs vous pensez bien que je choisirai un animal d'une voracité pas trop énorme.

— Et les femmes? dis-je à Trianon.

— Les actrices! dit celui-ci en soupirant, jamais je n'arriverai à les faire entrer dans mon conservatoire du Jardin des Plantes. Les actrices! s'écria-t-il, les actrices, il n'y a rien à en faire... Vous en rencontrerez une par hasard qui a le diable au corps! qui ne craint pas de se casser la tête en descendant d'un escalier comme madame Dorval. dans *Chatterton*, mais ces femmes-là sont des phénix... Si vous saviez comme j'ai souffert des actrices... Vous vous rappelez bien la Orry, qui jouait Ophélie avec moi?

— Oui, elle était bien mauvaise...

— Si elle n'eût été que mauvaise actrice; mais ce n'était pas même une femme, c'était un banquier... Vous n'avez donc pas remarqué son œil froid et calme, sa bouche d'usurier... Ah! les femmes d'argent au théâtre... pas de cœur... Elle aurait mené une vie dévergondée, elle aurait trompé trente-six amants à la fois, elle pouvait être une grande comédienne; malheureusement elle ne trompait personne, elle n'avait jamais aimé que l'or, les actions de chemins de fer et les coupons de rentes. Qui est-ce qui a poussé les comédiennes dans cette voie-là? Les malheureuses! elles ne veulent plus mourir à l'hôpital. C'est une honte. Que voulez-vous faire de pareilles femmes au théâtre? l'argent leur a glacé le cœur, il leur est impossible de trouver un cri, un geste vrai. L'habitude de vivre avec des gens d'argent leur fait avancer les mains comme pour recevoir un sac de louis ou un portefeuille; en un moment, tout devient faux en elles, aussitôt qu'elles ont mis leur corps en exploitation régulière, rapportant tant bon an, mal an. Elles jouent la comédie, le drame, le vaudeville, parce que cela les pose, les fait admirer, les met en montre ; on devrait les envoyer tourner, en costume décolleté, chez les marchandes de modes à la place des poupées de cire. Voyez-vous un comédien, un homme qui pense, qui sent vivement, et qui adresse une déclaration à une telle actrice ; il a pensé qu'il l'échaufferait à force d'émotions, qu'il lui remuerait le cœur, les entrailles ; et rien... Vous avez toujours devant vous cette femme qui fait des multiplications en dedans, qui *fait l'œil* à quelqu'un ou à quelques-uns de l'orchestre, et qui vous répond avec la même voix qu'elle a en discutant chez son agent de change. Son costume n'est pas plus vrai que sa voix : n'importe comment elle s'habille, vous retrouvez à tout moment les goûts de la femme entretenue. Pas de cœur, vous dis-je, pas de cœur ! Je suis sorti quelquefois de scène en grinçant des dents contre la Orry ; une fois seulement elle apporta dans son rôle une certaine tristesse, mais qui n'avait rien de commun avec la mélancolie d'Ophélie. Cette fille, depuis quelque temps, affectait une grande passion pour un des plus élégants jeunes hommes du boulevard qui s'appelle le comte Villot, un beau garçon très-spirituel, à ce que vous allez voir. Le jeune comte avait hérité d'une quarantaine de mille livres de rente, et, en sa qualité d'héritier, il ne croyait pas absolument à la passion de la Orry. Cependant, comme elle le poursuivait partout, comme elle avait l'air de se compromettre pour lui, le comte accepte un souper chez la Orry ; il y passe la nuit et s'en va le matin. Puis on n'entend plus parler de lui ; notre Ophélie se plaint, lui fait parler, le comte ne répond pas ; enfin, poussée à bout, l'actrice lui écrit qu'il est étonnant qu'on ne l'ait pas revu à la suite du souper. Le soir, en venant au théâtre, la Orry trouve chez le concierge du théâtre un billet par lequel l'amant s'excusait d'avoir oublié sa petite dette de souper en envoyant un louis.

Ce jour-là j'ai été vengé, et peut-être si la Orry avait pu être volée coup sur coup par ses amants, peut-être eût-elle reconnu que l'art ne vole pas. Elle était d'autant plus honteuse, qu'elle avait confié l'histoire à une rusée qui s'empressa de la répéter à tout le théâtre. Aussi joua-t-elle Ophélie tristement. Quand j'y pense, je suis encore heureux, s'écria Trianon en sautant. Pourquoi ces créatures-là ne s'engagent-elles pas dans les tableaux vivants, elles ont tout ce qu'il faut pour réussir ; point, elles viennent toucher à Shakspeare... Ah! que je leur en veux!... Aussitôt que je vois une comédienne regarder dans l'orchestre ou à l'avant-scène, je me dis : nous sommes perdus ; elle ne pensera plus à son rôle, elle ne pensera plus au public, elle pense à quelqu'un... Tous les théâtres sont pleins de ces femmes ; et il faut les connaître dans la vie privée, même celles à qui l'on trouve de l'esprit. C'est une sorte de langage qu'elles ont appris avec les poëtes et les peintres, qu'elles répètent avec une certitude renversante. On est effarouché d'abord de cette espèce d'esprit ; bientôt on finit par s'apercevoir que tout cela est appris comme une grammaire, et on donnerait cent francs pour entendre causer un chiffonnier, parce que celui-là ne va pas chercher ses pensées dans les ateliers ni dans les vaudevilles. J'ai remarqué, continua Trianon, que les acteurs étrangers apportent beaucoup plus de passions que nous dans leur art. Ils s'y mettent tout entiers et en jouissent les premiers. On m'a mené presque de force voir la Prospero, une danseuse espagnole ; je me fis prier d'abord, ayant quelque haine contre les danseuses françaises ; cependant, aussitôt les premiers pas de la Prospero, je me suis senti pris, j'étais un amateur fou de danses parce que je venais d'avoir une révélation. J'avais devant moi sur les planches une femme qui croyait à son affaire et qui était heureuse comme un enfant qui saute à la corde. Je ne vous parlerai pas de sa façon particulière de danser : toutes sont bonnes quand elles sont sincères; mais je veux vous citer un fait qui montre le profond amour de la Prospero pour la danse. Elle avait terminé sa scène, une longue scène très-fatigante. Une autre danseuse venait la remplacer; vous croyez que la Prospero va retourner dans la coulisse, tomber épuisée de fatigue dans les bras de sa femme de chambre, se faire entortiller d'un grand châle. Peuh! cela est bon pour nos danseuses françaises. La Prospero restait au fond du théâtre et se mettait à rouler des castagnettes avec l'animation d'un gamin qui suit des tambours, deux morceaux de faïence dans la main. Cette action m'a ému, oui ému, car j'y ai vu toutes sortes de bonnes qualités. La Prospero, la tête de la troupe, le premier sujet, l'étoile, comme on dit dans le nouveau et inepte dictionnaire de théâtre et de feuilleton, cette femme applaudie servant d'orchestre à une autre danseuse, à une rivale... jamais vous ne verrez cela dans aucun théâtre français, où l'ambition et l'orgueil sont démesurés. Et j'ai appris par des camarades un fait qui a rapport aussi à ces danseuses : la mère de la Prospero est une femme fort âgée, pouvant à peine marcher, à cause de son embonpoint. Les jours de représentation de la troupe, elle venait dans les coulisses avec ses castagnettes et elle les faisait claquer avec rage, comme si elle avait encore vingt ans. Cet exercice la mettait en nage; n'importe ! elle se croyait dans son pays! elle oubliait le théâtre, les coulisses; peut-être d'ailleurs la Prospero reconnaissait-elle le son particulier de ces castagnettes, tenues par une vieille main enthousiaste. Nous avons trop d'esprit, l'esprit nous perd tous les jours, dit Trianon... Ah! l'esprit français! quelle fâcheuse qualité qui est la perte de toute croyance, de toute naïveté. Chacun tire à soi l'extraordinaire, le bizarre, pour faire de l'effet, et il arrive des artistes nouveaux qui veulent renchérir là-dessus et qui se tortillent dans tous les sens pour amener les résultats que vous savez. Je ne nie pas, continua le comédien, qu'il n'y ait dans les arts des êtres en dehors de toutes les formes reçues; mais ce sont des êtres incomplets, qui ont des défauts et des qualités extrêmes, qui tombent des nuages sur la terre, et qui n'y ont pas plutôt pris pied qu'ils s'envolent. Ces natures exceptionnelles ont existé de tous les temps et ont beaucoup souffert; mais, quand je vois d'honnêtes gens qui se mettent en quatre pour paraître singuliers, je me dis : Voilà des personnes qui se préparent une destinée amère et une triste fin. Cela est bon quand ils sont jeunes; on les trouve drôles comme de jeunes chats qui font des cabrioles: mais quand arrive l'âge plus sérieux où ils réfléchissent que leurs grimaces ne les ont menés à rien, ils veulent rattraper le simple, le naturel, et ils ne trouvent que le terre à terre.

J'admirais à part moi combien Trianon se servait vis-à-vis des autres des reproches qui lui étaient adressés de partout, et ces idées saines dans la bouche du bizarre acteur prouvaient assez combien un jeu excentrique était personnel à sa nature; cependant je voulus le tâter jusqu'au bout.

— Des comédiens, lui dis-je, se plaignent de ce que vous ne voulez pas vous mettre au diapason.

Trianon éclata de rire.

— Ah! on vous a parlé du diapason?

— Oui. Cela m'a fort surpris; je ne connaissais jusqu'ici de diapason qu'en musique; mais un comédien m'a expliqué assez clairement qu'il y avait une certaine tonalité de convention dans le drame ou la comédie, que chacun s'y mettait même sans le vouloir, et que vous les dérangiez beaucoup par votre changement de diapason.

— Tout cela sent le Conservatoire, dit Trianon; le plus extraordinaire est qu'au boulevard du Temple les comédiens subissent de pareilles règles. Puis-je raisonnablement dire le rôle d'Hamlet sur une tonalité qui, quoique vaste, me gêne encore dans ses règles. M'avez-vous entendu faire des fautes vocales, enfin m'avez-vous entendu parler faux? Non.

Eh bien! du moment que je ne parle pas faux, je ne trouble pas leur concert, et mes camarades n'ont rien à y voir. Je n'admets pas leur diapason... S'ils ont été quelquefois victimes de *Frédérick*, cela ne me regarde pas *Frédérick* est un rusé comédien; il veut être le maître au théâtre; il n'admet pas d'intelligence dramatique à côté de lui, tout au plus veut-il des médiocrités. *Frédérick* est même jaloux d'une femme; si elle avait des effets trop marqués dans un drame, il ne consentirait pas à jouer le drame. Vous pensez que je ne vous fais pas là des cancans de coulisses. Il s'agit de regarder *Frédérick* dans une loge, assistant à une première représentation dans un autre théâtre que le sien. Tout le temps que jouera un acteur remarquable, il grognera, il se remuera ou bien il fera semblant de dormir, comme si l'acteur ne valait pas la peine d'être écouté; mais aussitôt qu'une honnête médiocrité aura paru et dit quelques mots, vous verrez *Frédérick* se réveiller, s'enthousiasmer, pousser des grognements approbateurs, crier bravo, applaudir, enfin jouer une très-comique comédie... voilà *Frédérick*. Au théâtre, c'est autre chose. Un jour, on engage pour jouer avec lui un jeune homme, beau garçon et qui avait pour toute qualité un organe remarquable dans le médium de la voix. Aux répétitions, *Frédérick* se tournait vers son troupeau de médiocrités dont il avait fait des esclaves dévoués:

— Quel crétin que ce garçon-là!

Au directeur, il disait:

— Comment avez-vous pu jeter ainsi dix mille francs à l'eau en engageant cet homme?

Et tout le théâtre croyait à la sincérité de *Frédérick*; mais cela ne lui suffisait pas; il ne fut content qu'après avoir trouvé une forte ruse:

— Monsieur, dit-il à l'acteur, qui, plusieurs fois dans le drame, devait se trouver seul avec lui, je ne vous entends pas; veuillez répéter la phrase.

L'autre répète bonnement sans se douter du tour.

— Plus haut, monsieur, s'il vous plaît?

Le comédien hausse un peu la voix.

— Mais, monsieur, votre voix se perd dans le trou du souffleur; à peine si le chef d'orchestre vous entendra.

Le débutant hausse encore le ton.

— On voit bien, monsieur, que vous sortez d'un théâtre de province, vous êtes habitué à de petites salles; croyez-moi, parlez plus haut. Si vous continuez sur ce ton, nous ne jouerons pas la pièce jusqu'au bout; vous ne connaissez guère les voyous, ils veulent tout entendre.

Le malheureux débutant haussa de deux notes sa voix ordinaire et fut exécrable, car sa voix n'était agréable que dans les cordes moyennes. Comme tous les gens qui se forcent, il était aussi maladroit qu'un perruquier qui voudrait fabriquer de la chandelle. *Frédérick* fut charmant dès lors pour son nouveau camarade, qui n'avait eu aucun succès. Si je vous parle de *Frédérick*, c'est pour vous faire comprendre à fond cette question de diapason; mes camarades ont cru que dans *Hamlet* je voulais jouer cette même comédie; mais jamais je ne me suis inquiété de leur tonalité, j'étudie la mienne à fond, et je les laisse parfaitement libres de chanter leur rôle comme il leur plaît.

La conversation de Trianon m'intéressait au plus haut degré; constamment préoccupé de son art, je le rencontrais toujours réfléchissant, et je ne le voyais pas cinq minutes qu'il ne me fît quelque observation intéressante sur l'art dramatique.

— N'êtes-vous pas fâché, me dit-il un jour près du Château-d'Eau, de ce que je vous aie quitté si brusquement la dernière fois? Je vous avoue que j'étais froissé, et j'avais tort. Ce mot d'*instrumentiste*, que vous m'aviez lancé tout d'un coup, m'a humilié sur le moment. J'ai beaucoup réfléchi depuis. Oui, certainement, dans l'échelle des arts, le comédien n'est qu'un instrumentiste.

— Je suis content, Trianon, que vous soyez de mon avis.

— Il est très-difficile, dit le comédien, de jouer du violon; j'en ai causé avec un ami... Quelle mécanique terrible à dévider que ces doigts, que cet archet, que ce bras gauche. Et pour comprendre un maître, pour rendre sa pensée juste, sans efforts, sans augmentations, sans variations, sans *farces*... Oui, un instrumentiste sérieux est encore un homme rare... Nous ne sommes que des instrumentistes, les esclaves des poëtes, et je crois que nous pouvons être orgueilleux quand nous les rendons juste... Mais il faut les comprendre, et cela n'est pas facile... Je vais comme tout le monde voir jouer des vaudevilles, des drôleries, cela a une importance médiocre; vous ne sauriez croire combien je souffre quand je vois le comique introduire des plaisanteries à côté de celles de l'auteur. Si j'étais directeur de théâtre, je condamnerais à cent francs d'amende tout comédien qui se serait permis d'introduire un mot de lui dans une pièce.

— Vous êtes dur, Trianon.

— Oh! non, je vous assure; il y a déjà tant de gestes qu'on ne peut empêcher; ces mots, sur lesquels l'acteur appuie avec intention, comme s'il doutait de l'intelligence du public. Et ces comédiens qui s'avancent vers le trou du souffleur, qui s'arrêtent au milieu de la phrase; on sent qu'ils pensent: Je vais vous dire quelque chose de très-drôle. Cela fait pitié. Le public a du sentiment ou non. S'il n'a pas de sentiment, rien ne lui en donnera; s'il en a, ce n'est pas en soulignant les mots qu'on les lui fait comprendre.

— Puisque nous disons beaucoup de mal des comédiens, lui dis-je, j'ai encore une observation à vous soumettre qui me paraît résumer en un mot leur orgueil de Titans: quand ils ont étudié un rôle et qu'ils l'ont joué, ils disent avoir créé un rôle...

Trianon ne répondit pas.

— Où voulez-vous en venir? me dit-il.

— Ce mot *créer* ne vous choque-t-il pas?

— Il est tellement passé dans la langue, dit Trianon, que j'y étais habitué et que peut-être je m'en serai servi. La coutume est, en effet, aveuglante. Nous serions blessés d'entendre dire que Shakspeare a créé de grands drames, et le moindre cabotin s'entend dire par des journaux qu'il a créé un rôle.

— Voilà où nous conduit tous les jours l'asservissement des écrivains. Ils finissent par prendre au sérieux les mots inventés par l'orgueil des coulisses, et il arrive qu'un drôle a fait, à lui seul, plus de créations que Dieu.

— Vous allez bien loin, me dit Trianon; mais il faudrait savoir d'où part le mot et à quelle époque il a été employé pour la première fois. Peut-être un grand comédien, n'acceptant pas ce rôle d'*instrumentiste* que vous lui accordez, s'est-il révolté et a-t-il imaginé de se poser en créateur, insistant sur le mot et le répétant de telle sorte qu'il a fini par prendre racine. Notre rôle est double : d'un côté, je veux bien être l'esclave du poëte; mais, de l'autre, je reprends ma liberté et j'apparais au public tel qu'il oublie l'auteur, qu'il ne se demande pas si je suis un simple interprète, qu'il m'applaudit moi acteur et qu'il se soucie fort peu de la pensée qui dirige mes gestes. Dans une première représentation, l'honneur revient presque tout entier à l'auteur; aussi a-t-il un public particulier, ses amis, ses parents, ses confrères, des artistes de toutes sortes; mais, le lendemain, il court sur les boulevards, chez les petits bourgeois, dans les ateliers, ce seul bruit : *La pièce a réussi*, ou bien *la pièce n'a pas réussi*. Pensez-vous que ce vrai public pense à l'auteur? Pas du tout. Le public veut être ému, intéressé; l'acteur rend bien ou mal la situation du drame, et l'acteur est applaudi ou sifflé parce qu'il est l'être le plus visible, celui qui concourt le plus apparemment à la pièce; quant à l'auteur, on ne le voit pas et on l'oublie. Vous brûlez du charbon de terre dans votre cheminée, et vous ne pensez guère au mineur qui passe sa vie à extraire ce charbon de terre. D'ailleurs, nous avons droit à ces applaudissements publics, à ces enthousiasmes visibles, à ces appointements élevés, que quelquefois on nous reproche avec dureté. Le poëte qui meurt à trente ans a vécu, j'en suis sûr, d'autant de sensations que le poëte qui meurt à cinquante ans. Pour les êtres organisés délicatement, plus la vie est courte, mieux elle est remplie. Les comédiens vivent peu, ils vivent seulement le temps de leur vie. Quand le comédien est mort, qu'est-ce? un souvenir pour quelques vieillards qui se font moquer d'eux par les jeunes gens. C'est ce qui justifie jusqu'à un certain point la part de fortune, d'honneurs, de bravos, qu'ils recueillent pendant leur vie. Morts, on les enterre dans l'*Almanach des Spectacles*, et c'est un petit enterrement, un convoi de dernière classe tout à fait.

Un matin, Trianon accourt chez moi, un journal à la main :

— Mon ami, que je suis heureux, tout ce que j'avais dit à la répétition de *Hamlet* est confirmé. Si vous saviez ce que j'ai lu!

— Qu'est-ce?

— Attendez, j'ai monté trop vite vos escaliers et je suis fatigué. Vous vous rappelez ce beau morceau dans *Hamlet*, où il est démontré qu'un mendiant peut manger un roi. Ce passage avait été supprimé à la représentation.

— Je ne le sais que trop, j'attendais toujours cet endroit si comique et je fus désolé de la mutilation.

— Et moi, dit Trianon, j'ai bataillé tant que j'ai pu aux répétitions; je n'en avais pas le droit, cela ne me regardait pas, mais j'étais appuyé par l'auteur, et pour la première fois nous nous entendions. Le directeur disait : « Jamais le public n'acceptera cette grossièreté, ce n'est pas fin, ce n'est pas là de l'esprit français. » Je crois bien. Il y a une chose à remarquer, toutes les fois qu'un homme médiocre s'entête contre quelque chose qui dépasse son esprit, il se rejette sur le public, il prend le public à témoin, il se dit le représentant du public, il met ses sottises sur le dos du public; ce pauvre public a servi bien des fois à masquer des mauvais vouloirs et des inepties. Enfin notre directeur ne voulut pas entendre parler de cette nouvelle cuisine. Vous rappelez-vous bien le fameux dialogue entre le roi et Hamlet?

— J'en ai l'idée, mais je ne saurais dire les détails.

— Alors il est nécessaire de vous le réciter pour vous le mettre en mémoire.

Et Trianon se mit à déclamer les deux rôles :

LE ROI. Eh bien, Hamlet, où est Polonius?

HAMLET. A souper.

LE ROI. A souper. Où?

HAMLET. Non pas dans un lieu où il mange, mais où il est mangé. Un certain congrès de vers politiques s'est réuni autour de lui. Votre ver est votre véritable souverain en fait de nourriture; pour nous engraisser, nous engraissons toutes les créatures de Dieu; et pour qui nous engraissons-nous? pour les vers. Votre roi gras ou votre mendiant dîne, ce n'est que le même repas, mais diversement accommodé; deux plats pour la même table; c'est la fin de tous.

LE ROI. Hélas! hélas!

HAMLET. Il peut arriver qu'un homme pêche avec le ver qui a mangé d'un roi, et qu'il mange du poisson qui a avalé ce ver.

LE ROI. Que veux-tu dire?

HAMLET. Rien; vous prouver seulement comment un roi peut traverser l'estomac d'un mendiant.

— Que c'est beau! s'écria Trianon; faut-il être directeur

de théâtre pour couper de pareilles choses! Enfin le mien disait que cela était contre la nature, que cela soulevait le cœur rien que d'y penser, qu'il y avait assez de têtes de mort, de fossoyeurs, de plaisanteries de croque-morts, et que l'auteur devait lui savoir déjà beaucoup de gré d'avoir laissé presque en totalité la scène du cimetière. Jugez de mon bonheur, continua le comédien; ce matin, je tombe sur un vieux journal, un numéro de la *Gazette des Tribunaux*, et j'y trouve la confirmation de la fameuse scène de Shakspeare. Je vous avertis qu'il s'agit d'une petite chanson de bon enfant, sans façon; mais je voudrais bien connaître le brave homme qui l'a faite. Il était traduit devant la police correctionnelle pour avoir pêché sans autorisation, et il disait aux juges qu'il avait l'habitude de chanter pour attirer les poissons, qu'il ne faisait de tort à personne et qu'il ne pensait pas à inquiéter le gouvernement. « Lisez-la, disait-il aux juges; je ne peux pas vous la chanter ici, bien sûr, parce qu'il faut être au bord de l'eau pour qu'elle ait tout son charme. » Comme vous allez le voir, c'est un dialogue entre le goujon et le ver :

LE GOUJON.

Toi, qui n'es pas d'ici,
Que viens-tu faire
A Bercy ?

LE VER.

Celui qui m'envoie ici
N'est pas loin d'ici,
Dieu merci !
Si tu me manges, il te mangera aussi.

LE GOUJON.

Merci.

— Voilà-t-il pas une bonne drôlerie, dit Trianon; le rapport avec le fragment du vieux Shakspeare n'est pas difficile à saisir, et cependant ce pauvre homme, on peut en juger par sa chanson, n'avait jamais lu *Hamlet*. Vous m'accusez peut-être d'enfantillage ; mais cela m'a plu parce que j'ai la tête pleine d'*Hamlet* et que tout ce qui s'y rapporte m'intéresse.

Il y a à Paris quelques gens peu nombreux qui vivent tout à fait d'une vie étrangère à la société ; ils vivent uniquement de l'art, ils s'y sont jetés à corps perdu, ne connaissent ni père, ni mère, ni femme, ni enfants ; pour eux, la famille se compose de cinq ou six personnes qui éprouvent les mêmes sensations, les mêmes jouissances, les mêmes souffrances. Tout ce qui est en dehors de l'art leur échappe, la politique les ahurit, les moindres besoins de la vie pratique les effrayent ; malheur à eux s'ils ne rencontrent pas un ange de dévouement qui accepte leurs douces manies, leurs innocentes joies, qui les console de leurs vifs chagrins et qui les relève de temps en temps. Trianon était un de ces rares hommes entrés dans l'art sans arrière-pensée.

Trianon fut engagé à l'Odéon par un directeur qui, voulant monter des pièces de Shakspeare, crut avoir trouvé son homme dans le comédien qui avait joué le rôle d'*Hamlet*. L'éducation moderne, les tentatives littéraires, ont fini par vulgariser Shakspeare plutôt par le nom que par les œuvres. Vous rencontrez beaucoup de personnes honorables de la magistrature, du commerce, de la finance qui s'écrient : *Shakspeare, ah! ah!* en fermant un peu les yeux, en faisant claquer la langue et en secouant la tête. D'autres vous disent : *Shakspeare, diable!* Vous n'en tirerez pas davantage ; c'est une manière à eux d'exprimer un profond enthousiasme simulé, car ils n'ont jamais lu le poëte anglais. Le directeur de l'Odéon était dans ce cas ; il avait entendu parler de Shakspeare dans le monde, et lorsqu'il fut reçu par le ministre qui lui demandait comment il entendait la question littéraire, il fit entendre son : *Shakspeare, ah ! ah !* qui lui valut immédiatement sa nomination.

Heureusement il avait pour secrétaire un jeune homme doux, qui avait lu une certaine traduction de *Macbeth* par un poëte romantique, célèbre en 1827. La tentative de l'*Hamlet* avait amené une association assez singulière, mais dont les gazetiers se servent souvent : c'était de confondre Trianon et Shakspeare, de n'en faire qu'un pour ainsi dire : le bruit en vint aux oreilles du secrétaire qui en parla à son directeur, c'est ainsi que Trianon fut engagé, seulement on n'avait pas songé que Trianon n'avait pas de rôle dans *Macbeth;* mais il était engagé. Il passait pour un *acteur shakspearien*, et il fallait l'utiliser. On lui donna le rôle de *Macbeth*, qui n'entrait pas dans ses moyens. Trianon étudia le rôle, et ce fut alors que commencèrent ses vives colères, qui étaient quelquefois comiques à entendre. Il entrait chez moi comme un orage.

— Ce monsieur n'a pas de sang dans les veines.

— De qui parlez-vous?

— Le malheureux! il n'est pas possible qu'il ait traduit lui-même, il aura pris la version d'une demoiselle forte sur l'anglais.

Comme il jetait la brochure avec colère sur la table, je la pris et je reconnus le *Macbeth* du tendre romantique.

Effectivement Trianon se gendarmait avec raison contre cette traduction qui semblait sortie d'une plume chlorotique.

— Est-il possible de déclamer des vers pareils, s'écriait l'acteur; cet homme-là n'a pas de nerfs, ma parole !... Est-ce qu'il avait besoin de traduire Shakspeare?

— Le plus simple, dis-je, serait de le jouer en prose.

— Ah ! n'est-ce pas? dit Trianon; j'y avais pensé.

— Cela paraît tout naturel, mais vous ne savez pas qu'il vous serait plus simple de gagner une bataille que de faire jouer *Macbeth* ou *Hamlet* en prose; les gens qui font des vers sont plus rusés qu'ils ne le paraissent, ils savent qu'ils étonnent le public; tandis que la majorité n'a pas grand respect pour un homme qui écrit une simple prose que chacun manie à tous moments, les commerçants dans leurs lettres à leurs commettants, les créanciers à leurs débiteurs, les grisettes à leurs amants, et ainsi de suite. Un directeur de théâtre a encore quelque respect pour les vers; il s'incline et regarde un manuscrit versifié comme une chose curieuse; un comité de lecture entend une petite sottise qui n'a ni queue ni tête, qui ne répond à aucun sentiment, qui ne contient ni drame ni analyse de passions, n'importe! la petite niaiserie est en vers, elle offre en apparence de la difficulté, ce qui n'est pas, car le vers est plus facile à écrire que la prose. Eh bien, ce comité accepte la drogue; elle est jouée dix fois, tout le monde s'ennuie, mais on n'ose pas trop dire de mal des vers dans les gazettes. Voilà pourquoi on ne jouera jamais Shakspeare en prose, car jamais un directeur ne soupçonnera la différence qui existe entre une prose ferme et riche et une poésie mollasse et cotonneuse.

— Pourquoi ne diriez-vous pas cela dans un journal?

— Parce que cela ne servirait à rien. Pour arriver à la traduction en prose de Shakspeare au théâtre, il n'y aurait pas assez de dix critiques sérieux qui le crieraient à tue-tête toute l'année.

— Mais, dit Trianon, il y a bien dix critiques de bon sens.

— Dix, c'est beaucoup; mettons-en cinq; ces cinq-là se soucient peu de faire triompher une idée, ils préfèrent faire triompher une actrice. Le combat fatigue l'esprit et le corps; or, un critique qui veut durer une vingtaine d'années à faire ce triste métier, s'arrange de telle sorte qu'il soit à l'abri de toute passion et de toute lutte. Il s'userait trop vite.

— Quand il s'userait! s'écria Trianon.

— Vous en parlez bien à votre aise; il y en a beaucoup qui trouvent la vie curieuse, amusante, pleine de jouissances et qui ne tiennent pas à aller voir ce qui se passe dans l'autre monde. Pour se maintenir sains de corps, ils font des concessions à l'esprit bourgeois, à la tradition, et surtout ne s'amusent pas à creuser leur esprit pour en faire jaillir quelque chose de neuf. Ce Macbeth, que vous joueriez si bien en prose, n'a l'air de rien; c'est une révolution; je veux bien essayer d'imprimer mes raisons, mais je vous avertis que nous ne réussirons pas.

Le traducteur de *Macbeth* était un homme doux, poli, et qui avait dans le caractère de souples insinuations qui mettaient Trianon en fureur; le comédien préférait encore le violent traducteur d'*Hamlet*, avec qui il avait eu tant de scènes désagréables. Après avoir étudié le rôle de *Macbeth*, Trianon le rendit, en faisant comprendre qu'il ne saurait s'en tirer; seulement, pour ne pas montrer trop de mauvaises dispositions à son début à l'Odéon, il consentit à jouer le rôle de *Banquo*; mais il sema le trouble dans le théâtre. L'idée de la prose le poursuivait; et comme certains acteurs avaient quelque confiance en lui, parce qu'il sortait d'un théâtre supérieur, il leur fourra la haine de la poésie. Il s'avisa d'acheter une douzaine de brochures d'une traduction de *Macbeth* en prose, et leur en fit cadeau, en les engageant à apprendre leur rôle en prose par cœur, afin de se pénétrer de l'esprit du drame, qui était tout à fait dénaturé par le traducteur en vers.

Quelques-uns se laissèrent persuader, et apprirent sérieusement leur rôle en prose.

— Ils iront très-bien, dit Trianon à l'auteur, je leur ai donné des conseils.

— Ah! mon cher monsieur Trianon, je vous en remercie bien, disait le poëte romantique.

— Il n'y a pas de quoi.

— Au contraire, c'est un grand service que vous me rendez.

— De rien, dit Trianon.

— Pardonnez-moi, dit le traducteur, qui se confondait en compliments, et qui déclarait n'avoir jamais rencontré de comédien aussi enthousiaste de son art que Trianon.

— Écoute ici, Félix, dit Trianon à un comédien qui jouait le rôle de Macduff, récite un peu de ton rôle à monsieur.

Le comédien obéit et commença ; l'auteur le regardait avec étonnement, n'entendant plus ses rimes.

— Qu'est-ce donc? dit-il, je ne vous comprends pas.

— Je dis mon rôle, dit Félix.

— Votre rôle, s'écriait le traducteur, mais vous me parlez tout naturellement comme s'il était écrit en prose.

— En effet, dit le comédien, c'est de la prose.

— Je m'y perds, disait l'auteur.

— N'est-il pas convenu, dit Macduff, qu'on jouera *Macbeth* en prose. »

Le traducteur s'enfuit devant cette menace, et alla se plaindre au directeur, qui découvrit la conspiration. Une partie de la troupe était passée à l'ennemi, avait suivi les conseils de Trianon, et étudiait le *Macbeth* en prose, pendant que les autres se conformaient au texte dit poétique du versificateur.

Cette conspiration, montée par Trianon, lui fit perdre la faveur de la direction, qui ne pouvait supporter cet enragé conseilleur, qui ne rêvait que plans et réformes dramatiques ; lui-même comprit sa mauvaise situation, et rompit à l'amiable son engagement. Il vint me dire adieu.

— Je suis engagé.

— A la bonne heure, lui dis-je, et j'en suis bien heureux... A quel théâtre?

— Hélas! je ne sais à quel théâtre ; je m'en vais courir la province.

— Peut-être vous comprendra-t-on mieux qu'à Paris.
— J'en doute, dit Trianon.
— Et quand reviendrez-vous ?
— Qui sait !

Depuis cette époque, je ne revis plus ce grand et bizarre comédien; j'ai quelquefois cherché son nom dans les comptes rendus de gazettes de théâtre. Jamais on ne parlait de lui.

XXII

LES TROIS FILLES A CASSANDRE,

PANTOMIME BOURGEOISE

Après des infortunes inouïes, les *Trois Filles à Cassandre* furent enfin jouées.

Trois Cassandres avaient étudié successivement la pièce et étaient tombés malades. Le Pierrot s'était foulé un pied, la Colombine avait attrapé un demi-choléra, le régisseur avait eu trois attaques d'apoplexie. Jamais on ne vit autant de malheurs fondre sur une pantomime bourgeoise.

Il n'y avait que Deburau qui fût resté valide pour soigner les trois Cassandres, mademoiselle Colombine et Polichinelle. Enfin la maladie, cette terrible censure qui arrêtait la pièce, s'enfuit des coulisses des Funambules. Deburau, la Colombine, allaient jouer cette nouvelle pantomime avec d'autant plus de verve et d'esprit que depuis longtemps ils n'avaient eu à créer de rôles importants.

C'est à partir de ce moment que je compris dans quelle voie je m'engageais. Une œuvre dramatique écrite par un auteur dans son cabinet ne représente pas le dixième des travaux d'Hercule qu'il lui reste à exécuter.

Répétitions, compliments, orgueils à caresser, demanderaient un diplomate tel que M. de Talleyrand. J'ai gardé quelques notes que j'écrivais sous l'influence de mes sensations :

« 27 février 1849. — Je sors de la première répétition des *Trois Filles à Cassandre*, j'ai un mal de tête sérieux qui s'est aggravé de ce que m'a conté Paul, le Pierrot. On a lu hier ma pantomime aux acteurs. Leur grand mépris : « *Qu'est-ce que c'est que ça?* » ont-ils dit. Paul lui-même, je le sens, n'est pas content; l'intrigue est faible, il attend de moi une grande chose, l'œuvre suprême.

« Ah! que je voudrais être un mois leur directeur! Comme je les mènerais! Ces défiances des acteurs me remplissent de tristesse et de doute. Je n'ose plus les regarder en face.

« Heureusement madame Lefèvre, une femme qui se bat à la hache comme un sapeur, a pris ma défense à la répétition. Digne femme! Elle est mariée et femme d'un cordonnier. De plus, elle a accepté son rôle sans frémir; c'est bien, et je la remercierai comme si elle m'avait sauvé la vie. Une des nouvelles inventions de cette pantomime bourgeoise a été de peindre une femme en blanc, j'entends la figure.

« Comme j'en parlais à Paul :

« — Les actrices, me dit-il, ne voudront pas.

« — Ah! me suis-je écrié, mais sans femme blanche, il n'y a plus de pièce.

« J'ai dit à Paul Legrand que j'avais choisi madame Lefèvre.

« — Elle non plus, me dit-il.

« Au fond le Pierrot avait raison; ce blanc est toute une cuisine; il faut enlever le rouge, se graisser la figure, se frotter les joues avec du blanc d'Espagne en poudre, revenir dans les angles, dans les cavités des yeux, avec un crayon blanc. C'est beaucoup de besogne.

« En Angleterre, les actrices qui jouent la pantomime sont pleines de dévouement; on les couperait en quatre qu'elles enverraient au public leur plus gai sourire; mais, aux Funambules, toutes, à la moindre invention, montrent un rechignement sans pareil. »

« 4 mars 1849. — Le directeur est venu aujourd'hui à la répétition, comme on allait terminer. C'était le dernier tableau qui représente une forêt. Un cerf passait au fond, Pierrot luttait avec lui, le renversait et finissait par lui arracher son bois. De ce bois de cerf il faisait une couronne et la posait tranquillement sur la tête d'un certain capitaine, son rival heureux.

« Le directeur fronça le sourcil et demanda l'explication de tous ces gestes, car, aux répétitions, on ne se sert pas encore des accessoires.

« — Pierrot tue le cerf, lui dis-je.

« — Quel cerf? demanda-t-il.

« — Vous savez... je vous ai lu la pièce, un cerf passe au fond du théâtre.

« — Un cerf! s'écria-t-il, je ne comprends pas votre cerf.

« — Le cerf est l'image du mariage; ne vous rappelez-vous pas que dans tous les vaudevilles on fait des cornes au-dessus de la tête du mari?

« — Bah! bah! dit-il, c'est vieux, je ne veux pas de cerf. Trouvez un autre dénoûment pour demain.

« Je cherchai inutilement un nouveau dénoûment.

« — Eh bien! me dit le directeur le lendemain, comment terminons-nous la pièce?

« — Je ne sais, lui dis-je, ce que vous avez contre le cerf.

« — Encore le cerf! dit-il.

« Et il appela son chef d'accessoires.

« — Quels animaux avez-vous en magasin? dit-il.

« — Monsieur, nous avons un lézard.

« — Il y a un lézard, me dit le directeur.

« — Comment, un lézard! m'écriai-je.

« — Un grand lézard, reprit le chef des accessoires,

« — Mais un lézard n'a pas de cornes, dis-je. Puisque Pierrot met sur la tête du capitaine, qui se marie, un bois de cerf, ce n'est pas un lézard que nous pourrons dépouiller d'un bois de cerf.

« — Nous avons aussi une peau de singe, dit le machiniste, mais elle a besoin d'être raccommodée.

« Si je ne m'étais retenu, j'aurais battu l'homme aux accessoires, qui ne s'inquiétait guère de la pièce, mais qui répondait seulement à la demande de son directeur : Quels animaux avez-vous?

« — Vous oubliez l'ours, dit le régisseur, qui complotait également contre moi.

« — Qu'est-ce que je peux faire de votre ours? m'écriai-je furieux.

« — Il y a longtemps qu'on ne s'est servi de l'âne, dit malicieusement le Pierrot.

« — Oui, oui, me dit le directeur enthousiasmé, je vous donne l'âne. »

Il faut avoir passé par ces tribulations de théâtre pour savoir la bile que peut amasser un auteur dramatique qui demande un cerf, et à qui on donne un âne. La mauvaise foi était ce qui m'irritait le plus ; le directeur feignait de ne pas comprendre mon idée, mais au fond il pensait qu'il était d'une sage économie de ne pas faire fabriquer un cerf. La lutte était impossible, j'acceptai l'âne. J'étais arrivé du reste à une soumission absolue, et je luttais de mon mieux en faisant des pantomimes *bourgeoises*, puisqu'on me refusait costumes, décors, etc. La lésinerie allait si loin, qu'on refusa d'acheter une rose pour le corsage d'une actrice ; la rose servait à faire comprendre la mimique d'une situation, et je dus courir, le jour de la représentation, les marchandes de fleurs artificielles.

Le régisseur ne me voyait pas d'un bon œil ; il était à la fois acteur, auteur et contrôleur du théâtre, à la porte.

Je n'avais pas un rival en sa personne, j'en avais quatre.

Malgré tous ces tiraillements, la pièce fut jouée sans cerf; j'en ai écrit une analyse fidèle.

Dans le gros village où demeure Cassandre, ce sont les mœurs les plus pures. Tout le monde travaille, et tout le monde est heureux.

Le perruquier Polichinelle, depuis qu'il est établi, rase demain pour rien, et les bons villageois rient encore aux larmes de cette bonne plaisanterie qui n'a pas de fin.

Dans ce gros village, ce sont des joies et des fêtes perpétuelles; tout le monde y danse. Arlequin avec sa pochette, secoue toutes les jambes des filles de l'endroit.

On ne connaît qu'un fainéant, Pierrot, qui toute l'année boit, mange et dort; cependant il est aimé pour sa douce figure et ses jolies manières.

Vers le temps où l'on rentre les seigles, le village fut mis en rumeur par le tambour public suivi de l'homme aux annonces. Il criait par toutes les ruelles:

« M. Cassandre père fait à savoir qu'il a trois filles à marier. La première est grande, brune, le poing solide, fera une excellente ménagère. La seconde est un peu plus petite, brune aussi, elle danse dans la perfection, bonne personne. La troisième, de la même taille, est faite au tour; elle est plus tranquille et s'entend à faire la soupe au lard. M. Cassandre père donne en mariage cinq cents livres à chacune de ses filles. Il invite le public à se présenter chez lui, et il espère que le public sera content. »

Arlequin, Pierrot et Polichinelle qui avaient écouté le crieur public, tentèrent l'occasion. Au moins ce père vieillard ne trompe pas les épouseurs et ne veut-il pas qu'on épouse la marchandise en sac.

Les trois filles à marier étaient bien parées et bien timides ce jour-là; mais à la maison elles faisaient tourner la tête à Cassandre.

L'aînée passait son temps à livrer des combats avec des sabres en bois; elle s'était pourri l'imagination de livres de chevalerie dont la funeste influence retombait sur le mobilier de la maison.

La seconde, coquette à l'excès, se mirait perpétuellement, elle usait deux miroirs par jour rien qu'en se regardant. C'étaient des mines, des poses, des valses, des danses sempiternelles.

Quant à la troisième, qu'on avait surnommée *Souillon*, elle ne bougeait pas de sa petite chaise ; elle était sale à l'excès et habillée sans goût. Autant son aînée était minutieuse en toilette, autant celle-là s'en occupait peu.

Arlequin, Polichinelle et Pierrot ne furent pas très-mécontents des trois demoiselles ; mais l'embarras du choix était grand, surtout pour Pierrot, qui allait de l'une à l'autre fille, ne sachant à laquelle donner sa main.

Il fut convenu qu'on tirerait au sort les épousées ; le chapeau de Cassandre servit de boîte à loterie. Pierrot tomba sur la femme aux combats, Arlequin sur la coquette, et Polichinelle sur la souillon.

Ah ! les belles noces qui se firent en même temps ; les filles de Cassandre avaient leurs grandes parures. Il fallait voir madame Polichinelle avec son joli chapeau à plumes, et Colombine toute heureuse d'être la femme d'Arlequin ; et la combattante qui trouvait peut-être son mari un peu lâche. La nuit des noces de Pierrot se passa d'une façon si originale, qu'elle vaut la peine d'être racontée. Il germa dans la tête de Pierrot une idée si étrange, qu'on en voit tout au plus de semblables dans les imaginations anglaises. Au moment d'accomplir le premier des devoirs conjugaux, Pierrot s'imagina qu'il avait mal fait de se marier. Comme il avait conscience de sa mine particulière, il se dit qu'une jeune fille aux couleurs roses devait avoir quelque crainte de se trouver auprès d'un homme à la face blanche.

Alors se déroula devant lui un avenir chargé des couleurs les plus jaunes ; et, pour en finir, il déclara à sa jeune épouse qu'il allait lui blanchir la figure ; qu'une douce union résulterait de deux visages aussi identiques.

L'ex-demoiselle Cassandre, qui était une virago, n'entendit pas raison, elle refusa. Pierrot se fâcha ; sa femme perdit tout respect, sauta sur un manche à balai et commença par rosser hardiment le pauvre mari.

Mauvaise nuit de noces que celle-là ! Pierrot, qui n'était encore que battu, joua l'homme content ; mais, comme il était d'un naturel plein de ruse, il attendit. La femme, fatiguée du combat, s'endormit ; Pierrot profita de son sommeil pour la teindre complétement en blanc des pieds à la tête. Et il employa à cette besogne des moyens que la chimie admet, mais que la morale réprouve.

Le lendemain madame Pierrot se réveilla aussi blanche que la neige d'hiver; il fallut bien se résigner, mais ce fut une haine à mort entre les deux époux.

Pour se distraire, Pierrot alla rendre visite à Colombine, qui faisait meilleur ménage avec Arlequin; seulement ce dernier était fort jaloux. Il tomba au milieu d'un grand dîner auquel assistaient Cassandre, Polichinelle et sa femme.

Il fut question, pour rendre la gaieté plus complète, de tirer le gâteau des rois; par malheur la fève tomba à Pierrot, qui, devenu sordide tout à coup, cacha la fève dans sa manche.

Cependant la société, inquiète de la disparition de la fève et ne voulant pas voir la royauté disparaître tout d'un coup, se fouille. On interroge les bouches de chacun. Pierrot craignit de voir sa faute démontrée et s'essaya à avaler la fève. Napoléon avait raison de dire que « tout se paye; » la fève resta dans le gosier de Pierrot.

On court chercher le médecin, qui ordonne des boissons émollientes et désagréables. La fève ne passe pas; il faut que la chirurgie vienne en secours au pauvre Pierrot. On choisit dans les trousses les instruments de Charrière les mieux trempés et l'on retire la fève de la gorge de Pierrot.

Pour le punir de sa traîtrise, on le couronne d'une façon ridicule; madame Pierrot entre et, toute irritée, frappe son mari-roi et lui fait boire une détestable drogue, tandis que tous crient..... : Le roi boit!

Le lendemain, Pierrot, oubliant ce que ses amis lui avaient fait, courut faire sa cour à madame Polichinelle. Le mariage avait achalandé la boutique du barbier, qui était obligé non-seulement de prendre deux garçons pour le rasoir du village, mais encore qui employait sa femme à savonner le menton des gens.

Pierrot regarda longtemps les singuliers personnages qui se faisaient friser à des prix modiques; et, les pratiques parties, il considéra ces têtes en bois qui servent de formes aux perruques et aux tours.

L'une de ces têtes était grosse et courte, avec une perruque rousse et des favoris de cette même désagréable couleur.

L'autre tête en bois, plus fluette et plus svelte, portait des anglaises destinées à réparer chez la femme l'irréparable outrage des années.

Par une vision singulière, Pierrot crut voir remuer la tête en bois à perruque; elle faisait une déclaration d'amour à la tête à tours. Bientôt ces deux têtes se rapprochèrent l'une de l'autre, entamèrent une douce conversation et dansèrent une chaconne pleine de volupté.

Pierrot, effrayé, essaya de les arrêter; mais quand il voulait toucher à la tête en bois de l'homme, elle se rapetissait jusqu'au plancher; une autre bizarrerie faisait que la tête en bois de la femme se grandissait jusqu'au plafond.

Le rigaudon de ces deux êtres fut si long et si fatigant, qu'ils tombèrent évanouis sur le carreau.

A ce bruit accourut madame Polichinelle, qui trouva Pierrot dans une émotion sans pareille; ces phénomènes, dont il est trace dans Jérôme Cardan, lui semblaient inexplicables.

Pierrot oublia bien vite ses terreurs en présence de l'aimable femme Polichinelle; il lui déclara son amour, lorsqu'on entendit au loin la chanson reconnaissable du mari.

— S'il vous trouve ici, vous êtes perdu, dit la jolie Polichinelle.
Et il n'y avait pas moyen de se sauver.

— Ah! s'écria Pierrot, donnez-moi vite cette grande barbe qui est à l'étalage, votre homme ne me reconnaîtra pas.

En un clin d'œil le déguisement fut opéré, M. Polichinelle entra et ne reconnut pas Pierrot; mais, voyant Pierrot avec la barbe qui en remontrait à celle du Juif-Errant, il pensa que c'était une pratique, et il le fit asseoir.

Pour une barbe pareille il fallait un de ces rasoirs cyclopéens qui puissent lutter avec l'épée de Charlemagne. Pierrot s'était assis, tremblant de se voir dans les mains armées d'un mari jaloux. Effectivement, quand le barbier eut coupé, non sans peine, la moitié de cette barbe immense, Pierrot fut reconnu. Le mari n'était pas cruel; mais il prit plaisir à redoubler les angoisses du galant; il lui grattait fort le cou avec le dos du rasoir, semblait vouloir lui couper le nez ou un morceau de l'oreille. — Enfin Pierrot sortit non sans peine de tous ces désastres, et, persuadé que son mariage était l'unique cause de ses malheurs, il alla trouver le juge et lui demanda s'il était permis de vendre sa femme légitime. — Le juge répondit que la législation particulière à leur village ne disait rien sur ce sujet, qu'alors on pouvait passer à la vente.

Pierrot mena donc sa femme au marché, suivant l'usage d'Angleterre, et la fit crier par le crieur public; mais il avait compté sans la pitié publique. Polichinelle, homme de mauvaises mœurs, fut houspillé par la foule, pour avoir mis une simple enchère. — A la fin Pierrot fut en butte aux mauvais traitements de madame Polichinelle, de Colombine, de Cassandre, qui se révoltèrent d'un si mauvais procédé.

Tous tombèrent sur lui, et madame Pierrot elle-même lui livra un dernier combat dont il finit par se tirer en prenant la fuite.

Pierrot se retrouva dans les bois, tout meurtri et couché sous un grand chêne. Il se livrait à de fâcheuses conjectures sur sa triste position maritale, lorsqu'une vieille sorcière, qui garde les cochons et que tout le pays connaît, lui tint le langage suivant, qui lui sortait par la bouche en forme de beaux vers, suivant son habitude :

> Le mariage n'est pas ton lot,
>   Mon blanc Pierrot.
> Tu n'es pas fait pour les soins du ménage,
> Toujours t'en empêchera ton image.
>   Reste célibataire sans fiel.
> Le célibataire habite le ciel ! [1]

Pierrot profita de cet enseignement, fit un cadeau à sa femme pour l'indemniser de ce qu'il lui avait fait souffrir pendant la première nuit des noces et partit en voyage.

Et tout finit par des danses et des chansons.

XXIII

DE LA MUSIQUE.

Elle joue un rôle important dans la pantomime, sans qu'elle la maîtrise comme dans l'école classique. Ainsi, jadis, les acteurs jouaient la pantomime *à la note.*

Ce genre de spectacle n'était autre que la danse vue sé-

---

[1] Célibataire, *cœlum habitare*, disent les étymologistes.

rieusement et didactiquement. Chaque scène finissait invariablement par une mélodie dans le goût de la *marche des Tartares*.

L'acteur n'avait plus d'inspiration, son pas était compté et réglé comme un menuet.

Mais aussi quelles pantomimes étaient-ce là ! Toujours des empereurs, des victimes dans des tours, des tyrans farouches, enfin ce qu'on a appelé, avec plus de raison, *mimodrame*.

Deburau père donna à cette pantomime le même coup de pied que Frédérick au mélodrame, quand celui-ci créa le Robert-Macaire de l'*Auberge des Adrets*, mélodrame sanglant qui se transforma en plaisanterie énorme.

Après avoir obéi quelque temps à l'assujettissement de la pantomime à la note, Deburau père la tua avec une joie sans exemple. Il donna un coup de pied au cul de la princesse pour l'envoyer plus vite à son donjon, et distribuer des montagnes de soufflets au tyran farouche.

C'est dans une pantomime sérieuse que Deburau père, poursuivi par un ours (rôle sérieux), s'avisa de retourner brusquement la tête de l'ours. Le malheureux figurant, privé de la vue, se traîna sur la scène et vint tomber sur la rampe. Ses pattes imploraient grâce et cherchaient vainement un point d'appui.

Du jour de ce lazzi, la pantomime-Ponsard fut balayée. Le public avait ri de l'ours. Deburau père, encouragé dans cette veine, joua les tours les plus féroces aux *satellites* soldés par un empereur cruel.

De temps en temps, l'ancienne école dresse la tête, et nous sert un plat de mimodrame, où les brigands, les torrents, la dame à l'hache, le vieil ermite de la chapelle, se livrent à de coupables forfaits ou à des vertus méritoires. Mais la chose est morte, bien morte ! Et il faut que Pierrot se montre dans un rôle muet pour que la représentation puisse aboutir.

J'ai déjà donné mon sentiment sur la musique des Funambules, je ne saurais trop écrire sur ce sujet important. L'orchestre, tout mal composé qu'il soit, m'a jeté souvent dans des extases que ne me donnerait pas l'orchestre du Conservatoire.

Trois violons, un alto, une clarinette, un cor et un violonar, se mettent, sans le savoir, à jouer du Mozart, du Glück, petits morceaux qu'on coupe dans de vieux cahiers. C'est le cornet à piston qu'il faudrait supprimer et remplacer par un hautbois, une flûte et un violoncelle. Pas d'instruments en cuivre! cela est bon pour accompagner des chanteurs; mais aux mimes, il faut une musique douce, tantôt vive et tantôt mélancolique, qui ne trouble pas ce monde si plein de calme.

Il est important qu'on n'aille pas chercher d'autres compositeurs que ceux du dix-huitième siècle et qu'on s'arrête à Grétry. L'instrumentation de ces doux compositeurs est simple et naïve.

Mais le chef d'orchestre, s'il a l'amour du furetage, a toute une mine dans la musique allemande, italienne des siècles passés.

Un jour, j'ai vu un assez mauvais ballet avec de la mauvaise musique. Seulement, mademoiselle Auriol dansait, et il y eut une phrase de musique.

La situation était des plus banales. Un paysan déclarait son amour à mademoiselle Auriol; elle l'écoutait, elle lui donnait son bouquet; ils frémissaient tous deux d'amour; la femme se tordait, ses yeux lançaient des flammes.

PAN! fit la grosse caisse solo.

Les deux cœurs étaient fondus en un, les deux corps s'étaient fondus ensemble, les deux bouches s'étaient jointes avec rage. Une explosion avait troublé ces deux beaux corps, riches d'amour et de jeunesse.

Cette simple note de grosse caisse est un trait de génie.

Il est de M. Pilati, médiocre musicien ; mais je gage qu'il a été une fois *amoureux*.

La note de grosse caisse le prouve.

C'est une femme comme la demoiselle Auriol qu'il faudrait pour jouer les Colombine. Comme je m'enthousiasmais fort pour elle devant un maître de ballet ;

— Elle n'est que *saltimbanque*, me dit-il.

Oui, saltimbanque, je le veux bien ; mais saltimbanque comme Diderot. C'est-à-dire que, toutes les fois qu'un grand artiste, poëte, peintre, comédien, musicien ou danseuse, veut bien se livrer au public, montrer son feu, jeter son âme en dehors, il est saltimbanque.

Ce maître de ballet était né maître d'écriture.

Et voilà pourquoi je l'ai aimée, ma Colombine ! et voilà pourquoi je l'aime encore et je l'aimerai toujours ! Pauvre fille ! — Elle s'appelait..... Je l'ai vue, la première fois, avec des bas couleur feu, un peu déteints ; son corsage de velours noir de coton blêmissait ; mais sa jupe était blanche comme ses dents. Elle dansait avec une joie d'enfant, et elle était d'une hardiesse, d'un sans-gêne pour envoyer un coup de pied dans la gueule de Polichinelle ! Après les danseuses espagnoles, je n'en ai pas connu qui cherchât autant à plaire au public. Jamais d'ennui, toujours aimable.

Elle arrêtait ses grands yeux noirs noyés de bonheur sur le parterre ; et, une chose extraordinaire, faisait croire qu'elle louchait. Mais que de beauté dans cette loucherie qui n'existait pas ! C'est un bonheur que d'écrire pour de pareilles filles. On peut essayer tout avec elles ; elles ont l'intelligence vive comme les jambes et fine comme un cheveu.

Pensez que j'ai écrit cinq pantomimes pour des femmes maigres qu'on disait jolies ; je m'en soucie bien de ces beautés niaises ! Elles ne veulent pas travailler. Elles ne savent rien faire ; elles dansent comme si le plancher du théâtre était rembourré d'aiguilles. Pour celles-là, la direction a dépensé les yeux de la tête, en costumes : rien n'est trop beau, rien n'est trop riche.

Mademoiselle Béatrix, la précédente Colombine, ne déclara-t-elle pas qu'elle ne jouerait pas parce que le Pierrot se trouvait changé en croque-mort ? Elle fondait en larmes à la répétition ; je fus cruel, et je n'eus aucune pitié pour la drôlesse, qui ne voulait pas qu'Arlequin la serrât dans ses bras, et que Pierrot l'embrassât sur la joue !

Vraiment elle serait sortie du couvent des Oiseaux qu'elle n'eût pas été plus pudique.

Quant à mon amie, je lui aurais dit qu'un saut de carpe était nécessaire : elle se serait brisé les reins chez elle, et l'aurait fait.

— C'est écrit ! Il le faut ! aurait-elle dit.

Grande confiance de sa part dans l'auteur, quel qu'il soit. « *C'est l'auteur !* » Et elle ne peut guère se vanter de mon amabilité, de mes compliments, de gracieusetés et de bouquets. Je l'ai fait répéter huit jours sans lui dire un mot, sans presque la saluer.

XXIV

DES ACCESSOIRES.

On va voir un de mes grands bonheurs dans les *Trois Filles à Cassandre*. Mes inquiétudes au sujet du cerf se tournèrent en une immense joie. Au dernier tableau, Pierrot s'en va en voyage ; il monte sur son âne.

L'âne entre en scène. Surprise de la salle. Le bel âne ! Jamais on n'a vu d'âne pareil ; demandez à Callot ou à

Goya de vous dessiner une pareille chose, ils n'arriveront jamais à ce vieux âne.

Une peau *verte*, pelée par endroits, recouvre un figurant à longues jambes. Il serait trop fatigué de rester toute une scène, les mains à terre, il a des petites bûches au bout de ses mains. On devine vaguement cette *rallonge*. Le dos est maigre; les pattes sont beaucoup trop hautes.

La France, qui a cru, et qui s'est fâchée sérieusement du cheval *violet* de Delacroix, devait frémir devant mon âne *vert*.

C'était comme un lézard très-haut, avec une tête inconnue, même à Geoffroy Saint-Hilaire.

Le lendemain, à la répétition, il fallait faire des coupures ; tout le monde proposait de supprimer l'âne vert, qui avait intéressé les esprits les plus chagrins.

Je tenais beaucoup à cet âne, et je n'étais pas compris : c'est là justement un de ces types d'accessoires rêvés si longtemps et qu'aucun dessinateur n'aurait trouvé en lui.

Il n'avait pas été bâti par la tradition, cet âne mystique, lézard de l'apocalypse. Non, la vieillesse, la poussière, lui avaient donné une forme et un ton particuliers auxquels l'art n'atteindra jamais.

Mon ami Schann', qui fera un jour des joujoux sculptés, et qui apportera dans cet art important une rêverie et un génie dévergondés, Schann' dit le mot vrai : « Tu ne mets pas assez d'animaux pareils dans tes pièces. »

On essaya jadis aux Funambules des animaux véritables : un chat était attaché à la troupe; il avait un joli logement dans la loge de la portière. Son emploi consistait à entrer comme entremets dans les dîners goulus de Pierrot. Plus d'une fois le chat joua admirablement la scène du pâté; le couvercle levé, le chat passait sa tête, et de ses deux grands yeux verts, pleins d'un charme cruel, il magnétisait Pierrot.

Mais le chat devint vieux et atrabilaire; il n'avait plus,

dans ses rapports avec les comédiens, cette douceur de manières, cette politesse exquise qu'on dit avoir existé au foyer du Théâtre-Français. Il ne se tint plus avec son calme si précieux dans le pâté, et ce bout de rôle, qu'il avait rendu important à force de sérieux, il le convertit en scène d'épilepsie. Il sauta de son pâté aux jambes de M. Laplace, le roi des Cassandre, grimpa au manteau d'Arlequin, et s'élança dans le paradis, où les voyous le reçurent avec des huées et des cris tels, qu'ils furent entendus au Château-d'Eau.

L'administration se mit à la poursuite du chat. Mais lui, qui jadis arrivait le premier à la répétition, désormais se sauva aussitôt que le son de la cloche lui apprit qu'on n'attendait plus que lui. Mon chat, dans sa courte existence, eut autant de finesse sans que son génie le conduisît à des actes aussi répréhensibles.

XXV

PORTRAIT DE SCHANN'.

L'occasion est trop belle pour que je ne donne pas ici le portrait d'un ami qui ne m'a guère quitté depuis dix ans, et qui s'est jeté avec moi corps et âme dans la musique, dans la faïence, dans les chansons populaires, dans la peinture naïve. Joignez à cela un vif sentiment de la littérature, une ardente curiosité pour la médecine, une sensibilité toute allemande qui ferait croire qu'il a un harmonica dans le cœur, une grande supériorité sur les femmes, des mélodies franches et mélancoliques à la fois, une grande gaieté de caractère, un certain laisser-aller dans la toilette, un nez remarquable, et vous aurez mon ami Schann' tout entier, quittant le chevalet pour le piano, et se demandant à toute heure du jour : « Suis-je peintre ou musicien ? » De l'art il n'a pris que le dessus du panier, et il a laissé les inquiétudes, les soucis, les tristesses, les amertumes, qui sont au fond. Tel est mon brave ami Schann', qui doit certainement une partie de sa gaieté à l'influence permanente des polichinelles suspendus au plafond de son père, fabricant de joujoux, rue aux Ours.

XXVI

J'AIME LA COLOMBINE ET JE DIS TOUT.

— — — — — — — — — — — — — — —
. . . .
— — — — — — — — — — — — — — —
. . . .
— — — — — — — — — — — — — — —
. . . .
— — — — — — — — — — — — — — —
. . . .
— — — — — — — — — — — — — — —
. . . .
— — — — — — — — — — — — — — —
. . . .
— — — — — — — — — — — — — — —
. . . .

Le 30 mars, toutes mes souffrances de théâtre étaient épongées, j'étais léger, tout jeune, je ne me sentais pas marcher, et j'étais libre comme un ballon dans l'air.

XXVII

AMÈRE TRISTESSE !

Amère tristesse, fille de la pluie et du brouillard. amère tristesse, tu m'envoies de jaunes pensées!

Les femmes sont laides, les hommes méchants, mon habit se déchire au coude, les parapluies sont les rois de la rue.

Amère tristesse!

Si j'allais chez la mère Cadet! mais le cabaret est morne, le vin bleu, et, sous la fenêtre, passent trempés jusqu'aux os des bandes de croque-morts en habits râpés.

Amère tristesse!

Je courrais bien voir la douce et saltimbanque Colombine, l'étrange et cruel Polichinelle : rien que leur costume me réchauffe le cœur. Polichinelle a attrapé une entorse, et mon aimée Colombine s'est oubliée à boire quelque peu dans le verre d'un autre.

Amère tristesse!

C'est dans le travail qu'on secoue toutes les mauvaises pensées; mais le lit blanc vous tend les bras. On travaillera demain. Nuit funeste et longue, où le tic tac de l'horloge, trop distinct, ne peut être pris pour un rêve. Fouillis de pensées, plans enchevêtrés, laissez ma tête. Par grâce, que mon cerveau se vide un quart d'heure!

Amère tristesse!

Le lendemain, le soleil inonde la chambre; les oiseaux chantent leurs carillons. De la fenêtre ouverte, on entend le babillage des marchands, et les fleurs du marché envoient la dîme de leurs aromes jusqu'à ma mansarde.

L'amère tristesse est envolée.

XXVIII

LETTRE A COLOMBINE

J'ai à me plaindre de toi; tu tournes à la grande actrice et tu ne sembles pas exécuter ta danse d'une façon sérieuse. Crois-tu que tu t'es cassé les jambes dans ta jeunesse avec un maître pour t'amuser par la suite, rire avec les comédiens sur le théâtre, regarder dans la salle ce qui s'y passe et faire de petites agaceries au chef d'orchestre? Si tu continues longtemps ce commerce, Colombine, il vaudrait mieux tâcher d'obtenir un bon bureau de tabac.

Il passe toute la journée une quantité de jeunes gens parmi lesquels on rencontre facilement trois ou quatre adorateurs; l'art du cornet de papier ne demande pas de longues études; aie bien soin de peser le tabac à fumer et à priser sans trop pencher la balance de ton côté; tu auras une petite patte de lapin blanc avec laquelle tu ramasseras précieusement les bribes de tabac sur le comptoir; tu les mêleras adroitement au tabac frais, afin de ne rien perdre, et tu arrangeras le tout de telle sorte que le consommateur ne se doute pas que tu lui as servi au moins moitié miettes. Quant aux cigares, il est bon de procéder à la visite des boîtes de la régie et de trier ceux qui sont les mieux faits, pour les mettre dans une boîte spéciale destinée à la clientèle riche; les mauvais cigares mal faits, verts, humides, sont réservés à la population flottante parisienne qui ne fait que passer par hasard dans ta boutique plutôt que dans celle d'à côté; cette population fume pour avoir quelque chose dans les lèvres et ne s'inquiète pas de la bonne qualité des cigares. Certainement tu feras une jolie marchande de tabac. J'oubliais encore une recommandation : quand un jeune homme, ou plutôt un homme d'un certain âge, jette sur le comptoir une pièce d'or en demandant un cigare de cinq sous, ne manque pas de lui dire : « Trois bien secs, monsieur; » c'est la formule que j'ai surprise à une marchande du boulevard Montmartre, l'illustre Lolo, qui est en train de faire une fortune avec le *trois bien secs*, comme d'autres avec le trois-six. Tu comprends, mon amie, qu'il est difficile de refuser une jolie femme qui vous offre un petit paquet artistement fait, contenant trois cigares, et qui vous les garantit bien secs avec un doux sourire. Il faut être tout à fait manant pour refuser; et il se trouve qu'au bout de la journée, tu peux avoir pris à ce piége une centaine d'hommes polis, c'est-à-dire qu'avec un simple cornet de papier, tu as forcé la vente de deux cents cigares.

Ne trouves-tu pas heureuse mon idée de débit de tabac, où il est plus facile de trôner qu'au théâtre? Quand une comédienne croit qu'elle est sur les planches pour s'amuser, il vaut mieux pour elle s'adonner à un de ces petits commerces faciles tels qu'un débit de tabac. Tout m'indique une certaine paresse qui est venue s'abattre sur toi; aux dernières répétitions tu ne faisais pas attention à ce que t'a dit le régisseur; tu laisses imposer ses idées ineptes à Arlequin, qui fait le maître de ballets; enfin, j'ai vu le moment où, toi, premier sujet, tu laissais danser un pas fort important à une des figurantes, une petite drôlesse infiniment trop protégée par Arlequin. Que ce maître de ballets adore cette figurante, cela ne me regarde pas, mais qu'il ne vienne pas me l'imposer. Et tu ne disais rien, tu n'as même plus l'orgueil de ton emploi. Ah! Colombine! prends garde, tu es sur une mauvaise voie. Arlequin est furieux contre moi, à cause de l'explication que nous avons eue devant le directeur.

Il est certain que je n'ai pas été souvent aussi ému que ce jour-là. On répétait; nous en étions arrivés à ce passage du ballet où « quelques jeunes paysannes reviennent de la fontaine. » Tout à coup une figurante se détache d'un groupe, s'avance au milieu du théâtre et commence un pas sur une fort jolie musique. Je me demandais : « Qu'est-ce que cette paysanne vient faire là? La censure aurait-elle ordonné un pas particulier? Qui est-ce qui se permet de changer quelque chose à mon manuscrit? » Je courus vers le régisseur et lui fis part de mon étonnement; lui-même n'en savait pas plus que moi, mais il laissait faire; dans un ballet, pourvu qu'on danse beaucoup, le régisseur est content. Cependant, voyant que je poursuivais mes plaintes, le régisseur commanda au chef d'orchestre de s'arrêter; aussitôt Arlequin, soupçonnant quelques tracas, s'approcha. — « Monsieur, lui dis-je, vous auriez dû me prévenir de l'intercalation subite de cette danse ; elle ne signifie rien, elle n'est pas en situation. » Le malheureux dit qu'il était maître de ballets et qu'il était de son devoir de s'occuper des danses, et que cela ne rentrait pas dans mon métier d'*auteur*.

Admire, Colombine, la profonde duplicité du maître de ballets, qui ne répondait pas à ma question, et qui me forçait d'entrer dans une suite d'explications, de raisonnements sur l'art, multitude de paroles qu'il n'est pas facile de faire sortir de mon gosier, surtout quand je suis atterré par la mauvaise foi. Il m'eût été facile de dire : — « Monsieur, je m'incline devant votre spécialité de maître de ballets, et je la reconnais entièrement. J'écris des situations et vous les traduisez en danse; cela est admis par les esprits les plus étroits; mais ici, vous ne vous êtes pas borné à traduire, vous avez tout à coup introduit sans motif un nouveau personnage, vous lui faites danser le pas le plus important du ballet, si bien que la danseuse principale se trouve éclipsée par une figurante qui arrive on ne sait pourquoi. » Tout cela, que je trouve facilement au bout de ma plume, ne vint guère au bout de ma langue; tu étais dans un coin du théâtre, Colombine, jouissant avec les autres acteurs de ma colère concentrée ; si le directeur n'avait pas pris mon parti, le maître de ballets triomphait et faisait danser à son amoureuse, la figurante, un pas qui te ruinait dans tes fonctions de premier sujet.

Vois où te mène l'apathie, Colombine. On ne respecte plus tes droits, parce qu'on sait que tu ne t'en inquiètes guère. Avais-je raison de te conseiller le débit de tabac?

Une autre chose m'a beaucoup froissé à la représentation; mais il ne s'agit plus d'art ni de danses, il s'agit de sentiment. Ah! Colombine, je doute que tu aies un cœur; en tous cas il est bien petit. Quand, à la fin du ballet, on t'a redemandée, on t'a jeté pas mal de bouquets et quelques oranges; tu as déjà mal agi en ramassant les oranges, qui s'expliquent naturellement quand on les envoie au Pierrot. Il y a dans ce fait d'un fruit jeté par le public, et ramassé par Pierrot, quelque finesse de la part de celui qui l'envoie et de celui qui l'accepte. La gourmandise du Pierrot est proverbiale; c'est au Pierrot et non à l'homme qu'on jette des oranges; d'ailleurs cela coupe l'action, les oranges roulent sur le plancher incliné du théâtre, et vont se perdre près des quinquets. Il faut que Pierrot soit subtil pour arriver à prendre l'orange avant qu'elle n'ait disparu sous le théâtre, par l'ouverture de la rampe; en se jetant sur les oranges, en les empochant, Pierrot se livre à mille contorsions gourmandes qui amusent le public. Le rôle permet ces plaisanteries. Au fond, je sais bien que l'homme ne reste pas étranger à la distribution des oranges faite à l'acteur, et que le soir une forte salade d'oranges, nageant dans l'eau-de-vie sucrée, rappelle au gourmand Pierrot des applaudissements palpables qui lui descendent dans l'estomac; mais toi, Colombine, tu ne dois pas laisser soupçonner un moment au public que tu es capable de manger de la salade d'oranges. Des fleurs, je les admets, conviennent à Colombine; je lui permettrai même une orange, mais une seule sur sa cheminée, comme ornement, j'irai même jusqu'à deux, pour faire pendant; une de chaque côté de la pendule; car Colombine tient de la grisette, elle en a le caractère, la gaieté et le franc sans-souci; mais je n'aime pas te voir chargée d'oranges, je pense trop à la future salade.

Ce ne sont pas les oranges qui m'ont le plus vivement froissé, c'est quelque chose qui est tombé du haut du théâtre, que tu n'as peut-être pas vu, que tu n'as pas ramassé, dans ton empressement à faire ta moisson de gros bouquets.

Ce quelque chose était un bouquet de violettes d'un sou.

Rien ne m'a plus ému que ce petit bouquet de violettes : il venait évidemment du *paradis* ; il était si modeste auprès de ces gros bouquets qu'on vend au moins vingt sous à la porte des Funambules, que si j'étais femme ou danseuse, j'aurais d'abord pris le petit bouquet d'un sou, et que j'aurais fait passer dans mon regard tout ce que j'ai d'affections, en levant les yeux du côté du paradis.

Mais les acteurs aiment trop la richesse, les gens à la mode et les princes. Vous jouez tous pour les avant-scènes, tandis que votre véritable public, c'est le public à quatre sous; le public qui s'entasse, qui suffoque, qui est privé d'air et de mouvement, et qui applaudit parce qu'il croit. — « Mon Dieu! qu'on est mal ici! » dit une femme d'un air pincé, quand elle est dans une des meilleures loges de la salle. Au paradis, il ôtent leurs vestes quand ils ont trop chaud, ils mangent des pommes quand ils ont trop soif, et jamais tu n'entendras sortir une plainte de ces malheureux qui semblent des cariatides, car ils supportent sur leurs épaules des montagnes de spectateurs enthousiastes.

Les princes, ma chère, et les banquiers sourient dédaigneusement à l'action dramatique ; ils se moquent d'une situation attendrissante. En haut, les spectateurs versent de vraies larmes et ne s'inquiètent pas de mettre leurs sensations en plein jour; les riches ont le bon goût de trouver de mauvais goût de grosses bouffonneries qui font sortir d'énormes éclats de rire du public à quatre sous. Et cependant les comédiens n'ont pas de respect pour le vrai public qui fait leur gloire, leur fortune ; car tu n'ignores pas, Colombine, que les Funambules ne font d'excellentes affaires que par le public en blouse.

Tu n'as pas compris quelle délicatesse il y avait dans l'en-

23.

voi de ce petit bouquet de violettes d'un sou. Un sou là-haut représente vingt francs à l'avant-scène : l'homme qui dépensait un sou pour toi faisait un plus grand sacrifice que ce lion des premières loges qui t'enverrait un bouquet d'un louis.

Si tu n'as pas vu ce petit bouquet, je peux encore croire à ton cœur ; mais, si tu l'as laissé par mépris, tu n'es pas la Colombine que je croyais. Comment se fait-il que je l'ai vu tout de suite, que je l'ai remarqué, et que j'ai été plongé dans une grande perplexité, me demandant : Le ramassera-t-elle en premier ou en dernier? jugera-t-elle plus convenable de manifester son remercîment d'abord ou ensuite? Et, pendant que je songeais, tu ramassais les oranges, les gros bouquets ; à l'avant-dernier gros bouquet, qui n'était pas fort éloigné des violettes, je crus que ton intention claire avait été de le laisser exposé à la vue de la salle entière, pour montrer que l'enthousiasme te venait également des dernières galeries ; mais tu fis un pas vers le gros bouquet, et tu laissas sur les planches, dans la poussière, un aimable petit bouquet, qui se sera fané, une heure après, dans l'atmosphère malfaisante du théâtre.

Eh bien, au point de vue de l'orgueil, tu as été punie ; car, si tu avais pris le petit bouquet de violettes avec le respect qu'il méritait, tout le paradis t'aurait applaudi avec rage : ce sont des applaudissements sincères et plus sonores que ceux des loges, que tu as perdus. J'ai beaucoup pensé à ce bouquet de violettes, et, comme j'étais contrarié, j'ai préféré te l'écrire avec quelques explications, car tu ne m'aurais pas compris de vive voix, et je n'eusse pas tant parlé.

Au moment où je t'envoyais cette lettre, Colombine, on m'apportait un journal de théâtre. J'ai copié pour toi un passage qui rabaissera un peu ta vanité de bouquets ; ce sont des Marseillais enthousiastes qui font une ovation à une cantatrice. Il s'est trouvé un chroniqueur qui a fait le catalogue exact de ces bouquets. La cantatrice paraît en scène, où elle reçoit :

« 1° Deux cent onze bouquets tombés des loges les plus élevées, en guise de pluie. »

Recevras-tu jamais une pareille pluie, Colombine? *Deux cent onze* bouquets, il n'y a pas à en douter. Si le correspondant avait écrit deux cents bouquets, je pourrais en douter ; mais le *onze* qui termine l'inventaire prouve avec quel soin ils ont été comptés.

Pendant la représentation, il a été jeté :

« 2° Quarante-neuf bouquets de grand diamètre, partis de tous les côtés de la salle. »

Ce ne sont plus là, Colombine, les méchants bouquets à vingt sous du boulevard du Temple, ce sont *quarante-neuf* bouquets de *grand diamètre*. Mais qu'est-ce que ces bouquets à côté du numéro trois ?

« 3° Un bouquet splendide, monumental, en camellias, construit à Gênes, ayant deux cent cinquante centimètres de circonférence, et arrivé à Marseille dans une grande caisse. »

Qu'il a eu raison de l'appeler *monumental*, l'homme qui l'a mesuré, ce bouquet, et comme l'image se continue avec art, *construit* à Gênes ! J'aime cette exactitude, l'emballage, l'arrivée à Marseille, la grande caisse, et surtout cette mesure précise, les *deux cent cinquante centimètres* de circonférence. Ce n'est pas tout encore.

« 4° Plus onze couronnes en or, en argent, en fleurs artificielles, dont plusieurs méritent une attention particulière. »

Ah ! Colombine, il faut aller danser à Marseille, si tu ne prends pas le petit débit de tabac. Il y a là une certaine société *Trotebas* qui fait bien les choses.

« En première ligne de ces couronnes, il faut mettre celle

offerte par la société Trotebas, dont chaque feuille en argent massif porte le nom d'un des rôles favoris de la cantatrice. Cette idée, reproduite dans une couronne plus grande, a dû coûter beaucoup de soins et de patience, si l'on en juge par la perfection avec laquelle sont brodés, en lettres d'or, les titres d'Angèle, d'Élisabeth, de Virginie et de Madelon, sur des rubans de couleurs différentes. »

Enfin, une dame de la ville, une *ravissante fée*, offre à la cantatrice, de sa main, deux magnifiques bouquets en camélias, ce qui porte le total des bouquets à deux cent soixante-deux, sans compter « les bravos et les rappels, *hommages fugitifs, il est vrai*, dit le catalogueur, mais qui, pour n'avoir pas de formes palpables, n'en sont pas moins flatteurs pour l'artiste. »

Que penses-tu de cette *avalanche* de bouquets? Il me semble que l'enthousiasme ne saurait s'arrêter; je voudrais voir jeter à la cantatrice de petits orangers, des sapins et des pins, des chênes ; on pourrait faire venir un cèdre du Liban, ou même des arbres de l'Inde avec leurs branches chargées des oiseaux les plus rares. Quel triomphe pour une cantatrice qui verrait tomber à ses pieds un beau pommier de Normandie garni de pommes, ou un cocotier plein de singes !

J'étais à un concert dernièrement : il y avait une jeune pianiste *adorable* ; elle jouait un concerto de Beethoven avec tant de douceur qu'on ne l'entendait pas ; mais elle avait une agilité de doigts incroyable, ses mains sautaient les unes par-dessus les autres comme un escamoteur ; de temps en temps elle s'essuyait le front, tant elle mettait d'action dans son jeu. On lui fit recommencer une certaine variation, pendant laquelle on remarquait de charmantes broderies de basson qui couraient en arpéges élégants sous la mélodie des premiers violons. La jeune pianiste s'arrêta sans que j'eusse pu entendre une seule de ses notes, excepté, cependant, certains bruits confus qui faisaient pâmer mes voisins. La salle applaudit, bat des pieds, des mains; le chef d'orchèstre embrasse la jeune pianiste, chacun se lève pour voir cette scène touchante; les premiers violons, les seconds violons, les altos, les violoncelles, les contre-basses, frappent de leur archet sur le bois de leurs instruments; les flûtes, les hautbois, les bassons, les clarinettes, soufflent une note grave et enthousiaste, les timbales exécutent un roulement; la grosse caisse, les tambours et les cymbales s'en mêlent aussi; les cors, les trompettes, les ophycléides, les trombones tiennent un *très-bien* prolongé; on applaudit de nouveau la jeune pianiste, elle reparaît quatre ou cinq fois, sa vieille mère s'évanouit; on les entraîne toutes deux dans la galerie des choristes qui applaudissent de nouveau; la vieille dame reprend ses sens et demande de l'air; les choristes mâles et femelles les reconduisent en battant des mains; les contrôleurs, saisis eux-mêmes d'enthousiasme, applaudissent; deux gardes municipaux à cheval, émus, frappent de leurs sabres contre leurs casques. Dans la rue, les curieux à la porte de la salle du concert, éclatent en bravos; la jeune pianiste ne peut tenir devant ces excès d'enthousiasme, elle se jette avec sa vieille mère dans un omnibus qui passe; mais des admirateurs acharnés l'ont suivie, ils applaudissent toujours en entraînant les voyageurs, le conducteur et le cocher à partager leurs bruyantes manifestations. Les chevaux eux-mêmes partagent ces transports, galopent et font sonner le pavé. Toute une population effrénée court après l'omnibus en applaudissant, jusqu'à ce que les chevaux, hors d'eux-mêmes, précipitent l'omnibus, les voyageurs, le cocher, la jeune pianiste et sa mère dans la Seine, près du pont Saint-Michel, où on ne les a repêchés que le lendemain, ce qui a inspiré aux journaux du soir de sages réflexions sur le danger d'un trop vif enthousiasme pour les jeunes pianistes.

XXIX

VOYAGE A LONDRES.

Un mythe de train de plaisir dévoilé. — Boulogne, capitale de l'Angleterre. — Le chapeau vert-pomme de M. Weil. — Les arts malsains contrarient la nature. — Meurtre du *Vol rapide*. — Initiation aux forces provinciales.

Le train de plaisir a ceci de neuf, que, la veille, vous êtes à travailler, vous ne pensez pas à voyager; vous passez dans la rue, vous lisez une affiche, vous admirez le bon marché du voyage; les affiches se répètent à chaque pan de muraille, elles entrent dans votre tête; vous y pensez déjà trop; vous vous efforcez de chasser ce commencement d'idée fixe. Un ami vous rencontre, il est un peu plus décidé; c'est fini, tout est conclu, on part.

Je veux donner aux voyageurs en train de plaisir une instruction très-utile, c'est de faire croire aux employés du chemin de fer qu'un wagon est plein quand il n'est qu'à moitié, leçon que j'aurais payée bien cher si je ne l'avais sue trop tard; mais il faut plusieurs voyages pour former l'expérience.

Pour cela, il est bon que chaque voyageur se dédouble; il ôte son second paletot, passe dedans sa canne, et coiffe la canne de son chapeau. Ce *mannequin*, sorti évidemment de l'imagination d'un peintre, est aussi simple que les œuvres du génie, et trompe les employés du chemin de fer, comme les bonshommes de paille, dans les champs, intimident les oiseaux pillards.

Vers les sept heures du soir, il commence à faire nuit; l'employé du chemin de fer inspecte les wagons, regarde rapidement les six voyageurs vrais et les six voyageurs faux, et passe à un autre wagon. Alors il est permis de s'étendre avec autant de bonheur que sur le meilleur divan : l'administration en est quitte pour atteler quelques wagons de plus.

Il est bon aussi de donner la clef d'une plaisanterie qui court tous les chemins de fer, et qui, à l'heure qu'il est, est peut-être répandue en Allemagne, laissant l'esprit de chacun torturé par un cri aussi mystérieux qu'un hiéroglyphe.

— *Dupoty!* tel est le cri que répètent tous les jours cinquante mille voix, sur toutes les lignes de Paris à Londres, à chaque relais.

Il faut être bien peu flâneur pour n'avoir pas remarqué sur les monuments publics une inscription et un dessin grossier qui tourmenteront les générations futures.

L'inscription, c'est : *Crédeville, voleur.*

Le dessin, c'est : *Le nez de Bouginier.*

Paris a toujours eu de ces plaisanteries impossibles qui ne s'expliquent pas, qui renferment quelquefois un drame, et qui partent de la main d'un jeune rapin pour s'étendre sur tous les murs, sur tous les édifices, qui gagnent la province et l'étranger sans jamais trouver d'interprètes.

Les numismates qui retrouvent un portrait sur une médaille entièrement fruste, les Champollions contradictoires qui tous les jours expliquent l'obélisque d'une nouvelle façon, les savants qui déchiffrent les inscriptions assyriennes, ceux qui se vantent de lire la langue *clou*, comme on l'a dit plaisamment à propos des monuments assyriens et de M. de Saulcy, tous ces archéologues seraient embarrassés devant l'inscription *Crédeville, voleur*, devant le dessin du *nez de Bouginier*.

Après la révolution de Février, lorsqu'il prit à la garde nationale la fantaisie de voir Londres, il paraît qu'un des camarades, du nom de Dupoty, se trouva en retard et ne put monter en wagon quand les derniers sifflets de la machine annoncent qu'elle reprend sa course. Toute la compagnie s'égosilla à appeler Dupoty, qui ne paraissait pas. Au relais suivant, nouveaux cris de Dupoty. Peut-être était-il entré dans un autre wagon. Jusqu'à Calais, les gardes nationaux appelèrent Dupoty, qu'on voulait bien supposer encore endormi. Sur le bateau à vapeur, pour égayer ceux qui avaient le mal de mer, on leur criait aux oreilles : « Dupoty! » Dans les rues de Londres, nos gardes nationaux émancipés, et voulant faire des farces aux Anglais, leur demandaient des nouvelles de Dupoty. En revenant en France, mêmes cris, même tapage.

Ce cri resta dans l'esprit de tous les paysans curieux, qui regardent encore avec stupéfaction, aux barrières, la lourde machine fuyante. Il est à présumer que quelques gardes nationaux, sans doute des commis-voyageurs, firent de nouveaux voyages sur la même ligne ferrée, et continuèrent la tradition en appelant Dupoty.

Toujours est-il qu'aujourd'hui, à chaque relais, d'un wagon sort le cri : « Dupoty! » Aussitôt, cinquante voix s'unissent à cet appel et font retentir le chemin de fer du même cri.

Je conseillerai aux caractères trop français de ne pas quitter directement Paris pour Londres.

Boulogne-sur-Mer est la meilleure préparation au voyageur qui n'a jamais vu l'Angleterre. C'est une ville qui n'est ni française ni anglaise, et qui tient des deux pays à la fois. Boulogne est à Londres ce que Strasbourg est à Mayence.

Le Français qui n'a pas le spleen à Boulogne peut s'embarquer hardiment; mais combien Londres sera funeste à celui qui ressentira déjà en France de vagues tristesses!

Boulogne est une ville neuve, bourgeoisement aristocratique, sans aucun monument. Ma première course fut vers le Musée, où je devais rencontrer un tableau de Brawer; mais Boulogne était dans les pieuses traditions de notre ancienne direction des musées, qui, aux époques du Salon, recouvrait avec les toiles peintes d'aujourd'hui les chefs-d'œuvre d'autrefois.

Une exposition indigne d'aquarelles, de sépias, de portraits à l'huile, de fleurs peintes par des dames, masque les toiles du Musée ancien. Cependant ce Brawer, avec ses murs de cabaret enfumés, m'aurait consolé des grandes maisons droites de la ville; j'aurais pu oublier, avec les pipes des Flamands, les cigares des lions provinciaux: les ménagères au nez rouge, qui rapportent de la bière dans de petits pots de grès à fleurs bleues, m'auraient distrait des marchandes froides et guindées dans leur comptoir.

Si j'avais vu le Brawer, je ne passerais pas mon temps à dire du mal des produits anglais qui s'étalent au devant de toutes les boutiques. Ce n'est pas que la faïence française soit aujourd'hui bien estimable, et certainement je rougirais d'avoir chez moi un de ces pots en porcelaine qui se voient partout à Paris.

Mais il me semble que l'Angleterre est encore plus à plaindre que nous du côté de la poterie; elle invente des pâtes particulières qui donnent des nausées rien qu'à les regarder; sur des fonds de pâte blanche, elle ajoute des bas-reliefs couleur violet-tendre, dont la sculpture est plus fade que le ton. Pour la question de forme, le vase ne veut pas se montrer supérieur au peintre et au sculpteur; il s'efface, se fait modeste et reste prétentieux malgré tout.

On ne rencontre que des Anglais et des Anglaises par les rues: les Anglais ne sont pas gracieux, surtout depuis une certaine coiffure qu'ils semblent affectionner, et dont je voudrais pouvoir donner une description exacte. Il s'agit d'un chapeau en feutre qui a exactement la forme du chapeau des Chinois, c'est-à-dire une calotte qui emboîte juste le crâne et qui dégage les yeux en se retroussant orgueilleusement par tous les côtés.

Cette coiffure, qui n'est commandée par rien, qui forme des gouttières sans fin, qui ne protége pas contre le soleil, est généralement couleur olive. Quelques Anglais audacieux osent se montrer dans les rues avec de pareils chapeaux en feutre vert-pomme.

Inévitablement, nous en verrons bientôt à Paris, et nous en porterons. La manie d'imitation anglaise est poussée si loin chez nous, que j'ai rencontré à Boulogne un seul Parisien, qui a été poëte, qui écrit en vers et en prose, qui est habitué du Divan, qui a fait des romans et des livres d'histoire, en allemand et en français, qui a écrit de petits chefs-d'œuvre, les *Histoires de village*, qui parle les deux langues aussi indistinctement l'une que l'autre, qui a obtenu vingt mille voix aux élections de la Seine, qui allait prendre des bains de mer, enfin M. Weil.

M. Weil portait un chapeau de feutre vert-pomme!

La ville est tellement anglaise par ses inscriptions, ses costumes, ses habitudes, sa cherté de vivres, que tout subit l'influence britannique. J'aime à regarder les poupées des marchandes de modes, dont la mission est de prêter leur crâne en carton aux formes de bonnets et de chapeaux de femme. En France, les demoiselles de carton ont la bouche rose, sourient perpétuellement au public; elles ouvrent de grands yeux étonnés et vous regardent quelquefois avec une telle ténacité, qu'il est impossible de soutenir le feu de leurs prunelles.

A Boulogne, ces demoiselles de carton ont changé de manières : elles se sont faites anglaises; elles sortent cependant des fabriques de la rue aux Ours, mais elles ont compris qu'il ne fallait pas froisser le *cant* anglais. Les poupées des marchandes de modes boulonnaises pincent la bouche, ne vous regardent pas de cet œil particulier à la grisette parisienne; elles prennent un maintien et se font prudes, en attendant qu'elles se fassent blondes ; car rien, je crois, ne saurait changer la franche couleur noire de leurs cheveux si lustrés, arrangés en bandeau par un pinceau fils de l'Allemand Cornélius.

Cependant Boulogne a un coin important, le quartier des Pêcheurs, que les touristes ne visitent pas souvent, personne ne se doutant dans la ville que la curiosité peut s'attaquer à un quartier escarpé et montueux, roide comme une échelle droite, où les vieillards trouveraient peut-être plaisir à considérer la perspective des pêcheuses en jupon si court et si rouge, qui s'échelonnent du haut en bas de la rue, sans penser aux distractions que leurs jambes nues peuvent donner à des habitués de l'Opéra.

Dans cette rue, un petit polisson se mit à crier : « Eh! Parisiens! » Nous grimpions sans nous retourner. « Eh! Parisiens! » continua-t-il de crier. Les paysans des environs de Paris, quelques provinces, ont un tel mépris et une telle défiance du *Parisien*, que je croyais à une insulte, lorsque le gamin nous appela Parisiens pour la troisième fois en demandant un sou.

C'était un compliment.

Je l'ai remarqué ailleurs dans des campagnes environnantes, où l'on s'étonne de ces quantités de voyageurs qui arrivent par les trains de plaisir; et je regrette de m'être laissé aller à une plaisanterie vis-à-vis d'une grosse paysanne, d'une belle santé, bien habillée dans son justaucorps de drap, mieux taillé que le corsage d'une amazone aux Champs-Élysées.

— Vous êtes de Paris, est-ce que vous êtes venus beaucoup à Boulogne? nous dit-elle en nous arrêtant sur la route.

— Oh! beaucoup.

Comme nous étions en blouse et le sac au dos :

— Qu'est-ce que vous vendez? dit-elle en me regardant plus spécialement.

— Je vends de la littérature.

La paysanne se retourna vers sa compagne, qui allait avec elle entendre la messe au village voisin, et parut un peu inquiétée par ce commerce qui lui paraissait singulier.

Je crois que le peuple de Boulogne n'aime pas les Anglais, dont il vit, ce qui arrive assez communément entre le supérieur et l'inférieur.

Quand on est arrivé en haut de la haute ville, on voit se dérouler un immense panorama, la mer, le port, la vieille jetée et la neuve, l'établissement de bains, la ville.

Ce panorama ressemble à un panorama en liége.

Les maisons sont de trente-six couleurs, qui ne sont pas plus motivées que les couleurs voyantes des villages emprisonnés dans des boîtes de joujoux; les couleurs ont le ton mat empesé du bouchon peint.

Boulogne, vu du haut des falaises, ressemble à s'y méprendre aux petits modèles de ports de mer du Musée de marine du Louvre; il ne manque qu'une grande glace pour empêcher la poussière de tomber sur la ville; quelques gardiens en redingote bleu de ciel à boutons d'argent qui se promèneraient tristement à côté de poteaux sur lesquels se lirait : « *Ne touchez pas, S. V. P.*, » compléteraient l'illusion.

Ai-je le caractère mal fait ou l'œil mal construit? Je ne le crois pas. Mais cette idée de liége ne m'a plus quitté. Je crois qu'il est fâcheux que le liége soit arrivé à une trop grande servilité exacte dans la reproduction de la nature, et qu'on devrait interdire cet art de décoration de cheminée qui vous enlève tout plaisir en présence des sujets réels.

Il faut savoir avouer ses rêves, ses maladies et ses travers d'esprit, si importants quand ils sont sincères, mais si déplorables quand ils passent à l'état de paradoxe, et qu'on s'en fait un jeu et un titre.

Bien souvent la nature m'a paru une mauvaise imitation de la peinture : conséquence logique d'une mauvaise éducation. Nous sommes tellement gâtés par la civilisation, que nous n'avons plus d'yeux pour regarder la nature. Pendant nos vingt premières années, ceux qui ont vécu au milieu de la campagne, passent tous les jours devant des rochers, des arbres, des blés, et ignorent la forme et la couleur de ces arbres, de ces rochers et de ces blés.

Je dis ce qui m'est arrivé, et ce qui est applicable à beaucoup d'individus qui n'ont pas eu mon bonheur; car, plus tard, à force de voir de la peinture, je me suis pris à aimer les prés verts de Jules Dupré et les matinées brumeuses de Corot.

Un ou deux ans après avoir passé mon temps devant des tableaux, je revois un pays où j'avais vécu cinq ans, et que je n'avais jamais vu ; ma première pensée a été : — Cela ressemble à un Jules Dupré.

Dans la province du Velay, les rochers sont couleur de rouille, grattés, gratinés, roussis, cuits au four ; on dirait que Decamps et ses élèves ont été employés par la municipalité du Puy à décorer les rochers, afin d'égayer les Parisiens qui aiment ces sortes de peintures.

Et puis on calomnie la nature ; elle n'a plus que l'intérêt d'une huitième représentation, si fastidieuse quand on a vu les sept premières. Cela vient tout simplement de ce que vous avez fait votre éducation par la peinture, qui a un certain avantage sur la nature ; car la peinture arrange toujours un peu, choisit les motifs les plus heureux, et a soin d'élaguer certaines maladresses causées souvent par la main des hommes. La nature n'est jamais maladroite; tout a été bien et beau dans la création, mais les hommes ont desséché des rivières, ont arraché des forêts entières, ont amené de l'eau là où il y avait du bois, et planté des artichauts là où y il avait de la vigne.

C'est ce qui explique l'amusante variété des environs de Paris.

Autour de Paris, pas plus loin qu'à trois lieues de distance, vous traversez des paysages charmants : mais ce ne sont que des échantillons. La banlieue résume tous les pays de la France, comme la ville résume toute l'industrie de la province.

Quoique j'aie heureusement perdu l'habitude de regarder la nature en me servant d'un tableau pour lorgnon, le port de Boulogne en liége est resté dans mon esprit, et je déplore cette ressemblance avec un art méprisable, comme la vue d'un homme dont les chairs rappellent les figures de cire me fait peine.

On peut monter aux falaises par des chaises à porteurs. Il est singulier qu'une ville aussi neuve que Boulogne ait laissé subsister de semblables moyens de transport.

La ville ne possède que deux chaises à porteurs, il est vrai, mais deux pleines d'orgueil.

L'une, couleur aurore, a pour titre : *Chemin de fer*. Que d'ambition ! L'autre, qui est d'un lilas tendre, s'intitule : Le *Vol rapide !*

On comprendrait encore un nom comme celui de ce Ioway, qui s'appelait la *Pluie-qui-marche*. Cela aurait un sens; car, par un temps de pluie, une chaise à porteurs n'est pas à dédaigner, et elle *marche*. Mais se comparer à la puissante et rugissante machine de fer, avec ses sifflements et ses dangers ! oser se mesurer à l'aigle ! Le *Vol rapide !* Si je ne l'avais pas vue, la bourgeoise machine, transporter aux bains une Anglaise longue et maigre, qui n'était pas lourde ! et cependant le *Vol rapide* s'arrêtait à chaque coin de rue, se reposait, essuyait son front.

Mais, en revenant d'Angleterre, j'ai appris que la chaise à porteurs avait été punie de son orgueil immodéré. Un journal de Boulogne contenait quelques lignes sur l'audacieuse qui se parait de vains titres :

« Dans la nuit du 17 août, des malfaiteurs se sont introduits dans le *Vol rapide*, qui était déposé près du bal des Tintelleries. Ils se sont livrés à des actes de sauvagerie que l'ivresse à peine saurait excuser. On a retrouvé dans la ville des morceaux d'étoffe jaune souillés qui ont été reconnus pour avoir appartenu au *Vol rapide*; mais on n'a pas retrouvé la chaise à porteurs, qui aura été soit fracassée, soit jetée à la mer. Une enquête est ouverte. »

Dans les *Deux frères*, M. de Balzac a peint, avec tout le comique que comportait un pareil sujet, un groupe de jeunes gens de Châteauroux qui ravagent la ville toutes les nuits, qui dépensent leur activité, leur force et leur intelligence en farces nuisibles aux bourgeois. J'ai bien peur que la police anglo-française de Boulogne ne découvre rien quant à l'assassinat de la chaise à porteurs, si elle croit aux *malfaiteurs*, comme le journal semble l'indiquer, car j'ai entendu parler là-bas d'une bande de fous qui n'est peut-être pas aussi bien organisée et aussi inventive que celle de Châteauroux, mais qui existe à Boulogne comme elle existe dans toutes les provinces.

Mais, avant de parler de mes impressions dans les théâtres populaires de Londres, je désire raconter comment une de ces bandes fut punie par ses propres mains.

Dans une des petites villes de la Picardie, il y a douze ans, à Laon, six jeunes gens, sans passer de contrat, sans avoir prononcé de serments, se réunissaient tous les soirs, à dix heures, dans un appartement qui ne s'ouvrait à personne et qui était le plus singulier musée de l'Europe. On ne voyait accrochés aux murs que réverbères, enseignes, plats à barbe de cuivre ou d'étain, statues de bois qui servent à décorer la maison de divers artisans, tels que des saint Crépin, cordes à puits, volets de boutiques, cuves et tinettes, seaux de puits, etc., etc.

Ce musée avait été formé avec la peine qu'on a eue à retrouver les débris du naufrage du *Vengeur*. Chaque boutiquier aurait pu en réclamer un article. Cette collection, peut-être unique en France, avait plus d'une fois fait veiller le commissaire de police et ses agents. Des gardes nationaux provoquèrent des rondes hors de tour pour essayer de s'emparer des brigands qui semblaient avoir juré la ruine des boutiques. Mais les six jeunes coupables, qui semblaient des agneaux paisibles, connaissaient tous les préparatifs de défense, de transportation sur un autre point, et préparaient des *homélies locales* au rédacteur du journal de l'arrondissement.

Ayant usé à peu près toutes les enseignes, ayant barbouillé tous les monuments, ils s'en prirent aux voitures. Par une nuit neigeuse de janvier, les *six*, en rôdant, découvrirent, sur les remparts, un cabriolet de bourgeois qu'on laissait ordinairement en plein air, sans qu'il lui fût jamais rien arrivé de fâcheux.

Dans cette petite ville, il existe un endroit dit les *Cinq-Ruelles*, qui compte au nombre des sept merveilles du département. La province n'est pas difficile dans le choix de ses merveilles. Le seul merveilleux des Cinq-Ruelles était d'offrir cinq petites rues étroites formant dix coudes avec les caprices d'un zig-zag. Le malheureux cabriolet fut entraîné vers les Cinq-Ruelles. Après des travaux inouïs, on parvint à faire entrer la voiture dans la troisième ruelle, celle du milieu.

Il y a une providence pour les écervelés comme pour les ivrognes, rien ne les troubla dans leur entreprise difficile; ils avaient accompli un acte plus merveilleux à lui tout seul que les sept merveilles du département; car ils avaient fait entrer à force de génie la voiture dans le dédale de ruelles, mais il n'était pas plus possible à eux qu'à quiconque de l'en faire sortir.

La jeunesse trouve pour ces sortes de plaisanteries des enthousiasmes et des forces qui soulèveraient des montagnes.

L'un des six fit observer qu'il serait bon de garnir la voiture, c'est-à-dire de l'emplir de toutes sortes de pavés abandonnés, qui contribuèrent à faire des Cinq-Ruelles une espèce de citadelle inexpugnable, avec une telle barricade au milieu.

Après ces prodiges, les six, pleins de joie, allèrent se reposer. Le lendemain matin, l'un d'eux fit appeler son domestique ; il avait à faire une course dans une ferme des environs, et il lui commanda d'atteler vivement le cheval au cabriolet.

Une heure après, le domestique revint tout tremblant.

— Monsieur, la voiture est perdue.

— Comment ! perdue ?

— Je l'ai cherchée longtemps, mais je l'ai retrouvée.

— Eh bien, partons !

— Mais il vaudrait peut-être autant qu'elle ne fût pas retrouvée, car le diable ne la ferait pas sortir des Cinq-Ruelles.

Le maître pousse un cri, saute en l'air et s'écrie :

« Ah ! les Cinq-Ruelles ! »

Dans l'espèce d'ivresse qui monte au cerveau et qui enivre comme de la poudre quand on se livre à de pareilles excentricités, le jeune homme avait été un des plus ardents à fourrer *sa* voiture dans l'impasse.

XXX

MADAME CÉLESTE

L'Italie et les Perroquets contraires à Hoffmann. — Madame Céleste, ex-danseuse. — Etudes sur la pantomime anglaise. — *Harl'quin* et le gnome protecteur. — Paresse des mimes français : de la clownerie. — Le hareng hygiénique de Punch.

Il y a beaucoup de gens qui ont le bonheur de n'avoir jamais voyagé ; leurs occupations, leurs affaires, leur commerce, le manque d'argent s'y opposent. Et cependant ils pensent tous à un grand voyage : les uns rêvent la Chine, les autres l'Allemagne, ceux-ci l'Écosse, ceux-là l'Espagne. Ils n'y vont jamais et n'en sont pas moins heureux, jusqu'au jour où la mort vient frapper à leur porte et les avertit qu'il est temps de partir pour des pays moins connus.

Ce n'est guère le moment de penser à l'Allemagne ou à l'Écosse ; on oublie ses rêves passés pour entrer dans ce grand pays mélancolique dont aucun voyageur ne nous a laissé de description.

Hoffmann est mort ainsi, avec l'idée fixe d'aller en Italie, que jamais sa bourse ne lui avait permis d'espérer. C'est une des plus singulières idées du grand homme : être Allemand et penser à l'Italie, quitter Mozart et Beethoven pour aller entendre je ne sais quels Verdi de l'époque.

Hoffmann voyait l'Italie à travers Gozzi, son auteur favori, écrivain humouriste, dont la plus grande valeur est d'avoir servi d'engrais à l'auteur des *Contes fantastiques*.

L'Italie n'aurait pas plus alimenté le génie d'Hoffmann que le terrible perroquet ne remplaça le chat Murr. Il faut que la perte des personnes aimées soit bien poignante pour vous faire tomber dans des aberrations étranges.

« Vers le matin, mon pauvre chat mourut, écrit Hoffmann à Hitzig, et, depuis ce moment, ma femme et moi trouvons la maison toute déserte. Je me proposais d'aller ce matin chez Fiocati, acheter un perroquet pour ma femme, mais elle n'a pas voulu. » Je m'étais trompé ; Hoffmann n'avait eu que l'intention d'un perroquet ; mais rien que l'intention dénote d'immenses chagrins.

J'ai compris une seule fois le perroquet : c'est quand je l'ai vu chez M. Jules Janin, mordant les chapeaux des visiteurs et les picotant comme des échaudés. Cet oiseau qui ne raisonne pas, qui parle à tort et à travers, qui se répète, qui a l'air brillant par son plumage, qui est fort laid de forme, qui mord, qui est gourmand, qui est buveur, qui est bavard insipide et vieille femme; cet oiseau révélait plus qu'on ne pense le critique.

Mais chez Hoffmann!

J'aime encore mieux lui passer ses envies de voyager en Italie. Pour moi, je rêve la Hollande, que je regarde souvent dans des gravures de Brueghel; je rêve de voir ces ports de mer chinois, et je rêve de saluer tous les vieux maîtres néerlandais, dont on ne saurait se lasser. Plus j'en vois, plus j'en veux voir. Il y en a qui disent : Ce sont toujours les mêmes petits hommes à nez rouge, qui se tournent contre le mur pour satisfaire à des besoins que la justice de paix taxe de quinze francs d'amende; toujours de vieux fumeurs de pipe qui ne se gênent pas pour fourrer leur main sous le fichu des ménagères; toujours des buveurs qui s'en vont aussi, trop pleins de vin auprès des murs, délit que la ville de Paris ne punit pas encore; toujours de la batterie de cuisine.

Les Flamands seront toujours beaux et toujours intéressants à regarder, parce qu'ils sont sincères. La sincérité est l'eau de Jouvence des œuvres d'art. La nature qui ne change pas est toujours neuve.

C'est parce que j'ai rêvé toute ma vie la Hollande que je suis allé par hasard en Angleterre, dont je ne me souciais guère. Et il est peut-être bon d'annoncer dès à présent que je ne suis pas un guide dans les rues de Londres; je ne dirai pas combien de fois on sonne à une porte pour prouver ses titres de noblesse ou de domesticité; je ne rendrai pas compte des parlements; je ne donnerai aucune notion de la vie anglaise, car je n'ai rien vu de tout cela.

Chacun rapporte de ses voyages quelques notes intéressantes sur l'histoire, l'état des arts, les mœurs. Je ne me suis inquiété que médiocrement de ces particularités; j'estime d'ailleurs qu'il faut vivre un an dans une ville, la plus petite, pour arriver à la deviner.

Je ne suis pas un voyageur spontané.

Mais j'ai vu madame Céleste.

Madame Céleste est une Française; ainsi j'ai attrapé le plus violent mal de mer pour aller en Angleterre faire la connaissance d'une Française. Il m'eût été facile à Paris d'emporter cent lettres de recommandation pour différents personnages célèbres qu'on ne peut aborder sans lettre d'introduction; j'ai préféré continuer la vie parisienne, si facile, où on se présente tout seul et où on est si bien reçu quand on en vaut la peine.

Madame Céleste est la directrice du théâtre Adelphi, qui correspond à peu près à nos Funambules. La pantomime est autant en honneur à Adelphi qu'au boulevard du Temple, et les matelots anglais y apportent leurs grognements bruyants et enthousiastes.

Ce fut une danseuse célèbre que madame Céleste, dans son temps; elle brillait surtout dans les combats. Mais peu à peu l'embonpoint l'avertit de déposer la hache d'armes; le trop d'exercice amenait une santé considérable dans les jambes et les bras; en femme prudente, la danseuse avait fait des économies qui lui permirent d'acheter le théâtre, où elle gagne beaucoup d'argent. Il est vrai que jamais je n'ai vu à Paris un directeur plus actif, un metteur en scène plus intelligent; madame Céleste mène tout, dirige tout, les danses, la pantomime, les costumes, les machines.

Il y a un siècle à peu près, un Anglais original s'avisa de faire construire un théâtre de farces et de pantomimes; il y logeait, y mangeait, y couchait; il faisait les pièces, les soufflait, dirigeait les acteurs. L'Anglais resta *quarante ans* sans sortir de son théâtre, qui devint tellement à la mode que longtemps de grands dignitaires anglais firent des démarches avant de pouvoir pénétrer auprès de l'excentrique directeur.

L'entrée du petit théâtre de farces était aussi avidement sollicitée que l'entrée du foyer de la danse de l'Opéra. On invitait partout le directeur à de splendides fêtes ou dîners; il refusa toujours. Pour vaincre sa sauvagerie, il fut convenu, finalement, que le samedi de chaque semaine serait célébré par un grand repas dans le théâtre. Là seulement, sept des plus grands noms de l'Angleterre furent admis à ces soirées, où se traitait, avec le sérieux que comporte un pareil sujet, l'esthétique de la pantomime et des moyens qui peuvent contribuer à l'agrandir et la glorifier.

Madame Céleste n'est peut-être pas aussi grandement artiste que cet Anglais bizarre; mais elle se donne autant de mal. Elle aime son théâtre, adore la pantomime et la comprend.

Comme nous nous entendions avec madame Céleste! quelle aimable conversationniste! Avons-nous causé de l'art! Quand je me trouve en face de semblables personnes, il me prend de fortes envies de mariage.

Cependant, nous étions deux principes en présence, deux systèmes aussi absolus que le bien et le mal, l'école classique et l'école romantique, l'école romantique et l'école réaliste, le beau et le laid, les matérialistes et les spiritualistes : naturellement madame Céleste représentait l'école anglaise, moi l'école française.

La pantomime anglaise est luxuriante d'extravagance; j'ai fait tout mon possible pour amener la logique dans la pantomime française.

Nous étions donc deux adversaires; mais les détails nous rapprochaient en enthousiastes tous les deux de l'art aimé, nous nous pardonnions nos systèmes en ennemis généreux.

C'est à Adelphi que je vis jouer, dans la loge directoriale, le *Gnome protecteur*. Je n'ai pas compris grand'chose à la pièce, qui est incompréhensible; mais combien j'ai estimé les détails! Dès le prologue parut une jeune femme blonde qui représentait la déesse des eaux ; elle semblait avoir des yeux tout exprès, de grands yeux bleus noyés qui semblent heureux au fond de la mer. Elle chanta une charmante petite mélodie anglaise qui me parut approuver les amours d'Harlequin et de Colombine.

Il faut voir les transports de ces deux jeunes amants si brillants de jeunesse et de costume. Harlequin semblait n'avoir qu'une paillette sur le corps, tant son costume en était saupoudré ; agile, souple et ondoyant, il semblait un long et coquet poisson aux écailles scintillantes, nageant tranquillement.

Colombine avait le costume le plus coquettement voyant de théâtre : beaucoup de fard aux joues, de grands yeux noirs avec des cils aussi prononcés que ceux d'une femme de Constantinople : la bouche plutôt grande que petite, un nez plein de curiosité qui se redressait légèrement vers le cintre, tout le déhanché d'une danseuse espagnole.

Elle courait perpétuellement après Harlequin ! c'était la femme qui aime, qui veut que tout le monde le sache, et qui le dit :

— Harlequin ! criait-elle d'une singulière façon que la plume ne saurait rendre, car l'actrice semblait aspirer les deux premières syllabes *harl'*, pour appuyer coquettement sur le *quin*.

Et elle lui sautait au cou, l'emprisonnait dans ses bras et l'embrassait avec une ferveur inconnue aux actrices parisiennes. J'ai beaucoup envié le sort de cet *harl'quin*, malgré son museau noir.

L'amoureuse Colombine n'avait qu'une jarretière qui appelait autant l'attention que ces beaux bracelets d'or massif que certains peintres italiens ont attachés beaucoup plus haut que le genou, sur la chair orangée des belles courtisanes vénitiennes.

Harlequin paraissait attacher un grand prix à cette unique

jarretière ; il faisait les plus éloquentes déclarations tout le long de la pièce, et employait toutes les ruses d'un garçon de noce de village pour arracher le ruban.

— Harl'quin! criait alors d'un joli ton de reproche la Colombine.

Et pour lui montrer qu'elle comprenait ses transports, elle lui sautait encore au cou, mais ne laissait pas prendre la jarretière.

Le gnome n'était protecteur que sur l'affiche ; car il semblait mis au monde pour tracasser ceux qui l'entouraient. L'acteur qui jouait le gnome est un des plus remarquables mimes que j'aie jamais vus. Quand j'aurai dit qu'il avait un masque, on comprendra la difficulté d'être spirituel et grand comédien, la parole de la bouche étant interdite, ainsi que celle du visage.

La difficulté dans l'art ne prouve rien. L'homme qui a deux bras et qui s'en sert pour jouer du violon naturellement m'est plus sympathique que le musicien qui épaule son violon derrière son dos. Je plains les personnes qui s'enthousiasment pour une mauvaise peinture, parce qu'elle est signée par un peintre né sans bras.

Aussi, l'Anglais ne m'a-t-il pas intéressé parce qu'il était spirituel ayant un masque ; il m'a plu parce que, le masque faisant partie de son costume de gnome, j'ai retrouvé derrière ce masque un profond comédien.

Il est vrai que le masque était mobile ; il s'ouvrait vers la bouche et vers les yeux ; mais le mime ne se servait de ces deux précieuses ressources qu'avec beaucoup de modération. Il apportait dans ses jeux de physionomie de carton la haute prudence de Deburau père, qui, par un simple clignement de l'œil gauche, remuait la salle.

Le masque du gnome était vert pâle, avec des sourcils très-brillants et une petite flamme factice au bout du nez.

Si le mime ne pouvait se servir de sa figure, toutes les

expressions passaient dans les bras, et surtout dans les mains. Ce grand acteur, avec son costume rouge collant, son masque vert pâle à long nez brillant et sa perruque rousse, dont chaque poil effaré se dressait comme ceux d'un chat qui trouve un chien devant son assiette, avait des manières d'un comique imprévu très-distingué, que je ne peux mieux rendre qu'en conseillant de regarder les nombreux types de Méphistophélès lithographiés par Delacroix dans son *Faust*.

Les acteurs anglais et américains ont une qualité précieuse qui manque complétement aux meilleurs comédiens de Paris : la continuité du geste. Ils veulent être compris quand même, exagèrent le mouvement et le gardent.

Il est impossible de se tromper en voyant jouer un acteur de Paris ou de Londres; je ne parle pas de l'accent des deux nations, si différent; et pourtant l'accent du geste est aussi significatif. Un jour, je remarquai dans les figurants des Funambules un acteur à qui on avait confié un petit bout de rôle de nègre; le drôle était si comique, si saisissant (il n'avait pourtant qu'un parapluie à porter et que des coups de pied à recevoir), que je me dis qu'il y avait quelque chose de particulier dans ce corps.

Je demandai quelques renseignements; on me dit qu'il était Américain. Je l'élevai au grade de Polichinelle; il fut magnifique, inventa un cri cruel, remplit le théâtre de tapage. On l'appelait Derudder. Depuis, des régisseurs maladroits l'ont condamné à s'habiller en Arlequin. On mettait un comique brutal dans les habits d'un gracieux; autant vaudrait faire jouer à Odry les rôles de jeunes premiers en bottes vernies, la bouche en cœur.

Les directeurs de théâtres sont bien coupables de laisser commettre de pareils crimes; mais allez raisonner avec un directeur de théâtre !

Indépendamment de son talent de mime, l'acteur qui

jouait le rôle du gnome était clown. Je n'approuve pas la clownerie pure, et les pères qui font sauter leur famille en l'air m'inspirent assez de dégoût; mais j'aime dans la farce un acteur qui rompt un peu la monotonie de l'action par quelques souplesses divertissantes.

Le gnome recevait d'un brutal seigneur des quantités de coups d'épée; en sa qualité d'être surnaturel, aucun coup ne portait; l'épée lui traversait la poitrine, mais c'était tout comme si elle avait percé du brouillard. Le gnome, après avoir reçu ces bottes formidables, se mettait les poings sur les hanches, se dandinait, et ne paraissait guère plus contrarié qu'une jolie femme qui sourit à son miroir. Il reculait ainsi, en se déhanchant gracieusement, jusque vers le fond du théâtre, et, par un triple saut, revenait présenter sa poitrine au poignard avide du cruel tyran.

Le tyran était habillé de ce solennel costume d'Espagnol à crevés, invariablement couleur d'abricot, qui ne pourra pas plus disparaître de la scène que la maladie du corps de l'homme. Le tyran s'obstinait à vaincre son ennemi invisible; il jetait son épée et saisissait le gnome à bras-le-corps.

—Ton corps est souple, tyran! tu es rompu aux rudes fatigues de la guerre; tes poignets sont de fer comme ton cœur; tu n'en iras pas moins te promener les jambes en l'air, la tête en bas, appuyée sur la perruque hérissée du gnome!

Après divers combats merveilleux, le tyran se trouvait toujours honteusement vaincu, car il n'était pas fait à ces sortes de luttes; jamais il ne touchait terre, le gnome ignorant l'image figurée des poëtes qui aiment *faire mordre la poussière* à leurs héros. Le tyran se trouvait blessé d'avoir l'air de fuir, car les coups de pied du gnome ne s'adressaient jamais que par derrière. Faisant sans doute une trêve honorable, au tableau suivant on le voyait pair et compagnon avec le gnome qui apparaissait vêtu en bailli.

O vertueux baillis Florian! baillis ivrognes de l'Opéra-

Comique! baillis coureurs qui en contez à Colette! vous seriez réunis tous ensemble, comme les légitimistes, les orléanistes, les conservateurs et les réactionnaires, se réunissent, à un moment donné, pour protester contre ce bailli anglais, aussi terrible à vos yeux que monsieur Socialisme aux yeux de la rue de Poitiers!

Le gnome avait passé négligemment la robe noire de la magistrature; il était tombé sur la première grande perruque venue; il marchait avec une haute canne à pomme d'ivoire. Et il se disait le bailli.

Sous la perruque à boucles noires, trop étroite, on voyait apparaître les longs poils rouges du gnome, roides comme des brosses; les jambes rouges de l'être surnaturel, ses mains rouges aussi sortaient de la robe noire qui connaît des délits et des crimes du village, qui boit le vin du paysan, qui caresse les filles sous le menton. Et il se disait le bailli!

Était-ce la longue canne à pomme d'ivoire, accessoire traditionnel de tous les théâtres français, qui lui donnait cette insolence? On entend au loin le galoubet et le tambourin, autre tradition nuptiale. Les paysans et paysannes entrent en dansant; ils escortent la douce Colombine, pâle comme la neige, qui est forcée, par des parents avares, d'épouser le cruel tyran.

Le bailli range toute cette foule; il fait le majordome, le maître de cérémonies; drapé dans son manteau noir, il prend de grands airs. Eh quoi! le village ne paraît pas étonné de ce bailli étrange! Colombine elle-même, qui laisse serrer sa petite main dans les pattes rouges du gnome, ne s'inquiète pas de l'être mystérieux au visage vert, livide, avec une flamme au bout du nez, qui a une double chevelure, une hérissée et une peignée, une rouge violent et une noire lustrée.

Non, non, non, ce n'est pas là le bailli de Salency, le bailli *qui complimente,* le bailli basse-taille qui dit aux paysans :

« Chantez, chantez ensemble,
Et chantez tour à tour. »

Ce à quoi les paysans ne manquent pas de répondre :

« Chantons, chantons ensemble,
Et chantons tour à tour. »

Jamais les baillis français n'ont gratté avec leur index le bout de leur nez avec toute l'insistance du bailli-gnome ; mais cela se comprend : cette flamme brillante qu'il a au nez le brûle perpétuellement ; ce n'est pas un ornement futile, croyez-le, c'est un châtiment. Les supplices de Tantale, Prométhée, Sisyphe, expliquent cette flamme placée cruellement dans un tel endroit par un génie supérieur.

Punch aussi gratte perpétuellement son nez comique. (Voir la couverture symbolique du *Punch* anglais.) Mais que de joie, que de finesse et de raillerie moqueuse dans ce grattage !

Personne de la noce, je l'ai dit, ne reconnaît le faux bailli ; personne ne dévoile les mensonges de sa toilette. Lui-même ne s'en soucie guère. Il jette sa canne à pomme d'ivoire, emblème aussi important que la chaîne des huissiers. Sa toque le gêne ; il s'assied dessus et aplatit la plume. Quand le tyran veut s'asseoir sous le dais avec sa jeune fiancée, il trouve le gnome qui, oubliant son rôle de bailli, se livre sur les tapis brillants à des sauts de carpe exagérés, à des jeux d'anguille nerveuse. Mauvaise société que celle du bailli ! On le prie de signer le contrat, et sa signature est d'une suprême importance légale. Il se tord par derrière le dos du fauteuil et salit l'acte d'une signature grossière et insensée.

Il a trempé dans l'encrier sa griffe diabolique et signe avec son pied.

Et voilà ce qui fait l'importance de la pantomime et sa

grandeur, c'est que rien ne s'explique. Personne moins que moi n'est intéressé dans la question : toute mon œuvre funambulesque est logique à désespérer Aristote. Mais je sais comprendre les beautés de mes adversaires et je sais les louer. Ainsi, d'abord le gnome combat contre le tyran; rien n'est mieux exposé; dix minutes après, ils sont inséparables comme saint Antoine et son petit cochon. L'auteur ne l'explique pas. Le gnome s'habille en bailli; les invités de la noce sont censés ne pas le reconnaître; l'auteur ne l'explique pas encore. Au milieu de toutes ces indécisions, peut-être à cause de ces indécisions vagues et flottantes, le drame est complet et saisissant. Il y a bien peu de personnes à Paris qui comprennent ces sortes de mystères dramatiques, et qui ont l'amour sincère de ces muets spectacles. En tête, je citerai Théophile Gautier et Gérard de Nerval, qui m'ont si puissamment aidé dans mes efforts; et, à côté d'eux, mon ami Baudelaire, dont je veux citer un fragment inédit, tiré d'un livre sous presse depuis dix ans seulement : *De la Caricature, et généralement du comique dans les arts*. Ce qu'il a dit du Pierrot anglais, nul ne saurait mieux le dire, et je n'ai pas essayé de lutter avec lui :

« Le Pierrot anglais n'est pas le personnage pâle comme la lune, mystérieux comme le silence, souple et muet comme le serpent, droit et long comme la potence, auquel nous avait accoutumés Deburau. Le Pierrot anglais arrive comme la tempête, tombe comme un paquet, et quand il rit il fait trembler la salle. Ce rire ressemblait à un joyeux tonnerre. C'était un homme court et gros, ayant augmenté sa prestance par un costume chargé de rubans superposés, qui faisaient autour de sa personne l'office des plumes et du duvet autour des oiseaux ou de la fourrure autour des angoras. Pardessus la forme de son visage, il avait collé crûment, sans gradation, sans transition, deux énormes plaques de rouge pur. La bouche était agrandie par une prolongation simulée des lèvres, au moyen de deux bandes de carmin; de sorte que, quand il riait, la bouche avait l'air de s'ouvrir jusqu'aux oreilles. Quant au moral, le fond était le même que celui que nous connaissons : insouciance égoïstique et neutralité. *Indè*, accomplissement de toutes les fantaisies gourmandes et rapaces au détriment, tantôt de l'Arlequin, tantôt de Cassandre et de Léandre. Seulement, là où Deburau eût trempé le bout du doigt pour le lécher, il y plongeait les deux poings et les deux pieds, et toutes choses s'exprimaient ainsi dans cette singulière pièce avec emportement : c'était là le vertige de l'hyperbole. Pierrot passe auprès d'une femme qui lave le carreau de sa porte; après lui avoir dévalisé les poches, il veut faire passer dans les siennes l'éponge, le balai, le paquet et l'eau elle-même.

« Pour je ne sais quel méfait, Pierrot devait être finalement guillotiné. Pourquoi la guillotine au lieu de la potence, en pays anglais? Je l'ignore; sans doute pour amener ce que l'on va voir : l'instrument funèbre était donc amené sur les planches; après avoir lutté et hurlé comme un bœuf qui sent l'abattoir, Pierrot subissait enfin son destin. La tête se détachait du cou, cette grosse tête blanche et rouge, et roulait avec bruit devant le souffleur, montrant le disque saignant du cou et la vertèbre scindée. Mais voilà que subitement, ce torse raccourci, mû par la monomanie irrésistible du vol, se dressait, escamotait victorieusement sa propre tête, comme un jambon ou une bouteille de vin, et se la mettait dans sa poche. Avec une plume, tout cela est pâle et glacé; que peut la plume contre une pantomime?

« La pantomime est l'épuration de la comédie. C'en est la quintessence, c'est l'élément comique pur, dégagé et concentré. Aussi, avec le talent spécial des acteurs anglais pour l'hyperbole, toutes ces monstrueuses farces prenaient une réalité étrangement saisissante. »

Ce que le poëte a si bien exprimé en ces lignes, madame

Céleste n'aurait pu le dire en termes aussi éloquents; mais elle en avait tout le sentiment. Je lui donnai à lire mes *Feuilletons sur la pantomime anglaise*, qui relataient les désagréments survenus au théâtre Adelphi, à mon acteur favori d'alors, Paul Legrand. Il est bon de dire qu'en 1847 je ne connaissais pas les mimes anglais, et que, sans point de comparaison, j'étais trop décidé à donner l'avantage aux acteurs français. Madame Céleste ne m'eût pas soumis ses justes appréciations, que je serais revenu tout seul à la vérité, à savoir combien est grande la supériorité, en science mimique, de l'Angleterre sur la France.

Paul Legrand ne fut pas tout à fait chuté à Londres, par esprit de nationalité, mais par un certain sentiment de l'art.

Il entre donc en scène : étonnement des matelots anglais qui peuplent la salle. « Il ne ressemble guère à notre Pierrot. — Qu'il est maigre! — Qu'il est long! — Qu'il est pâle! » Telles sont les premières impressions du public, qui, après la première surprise, se dit : — Il est long, mais il est souple. Il va se traîner tout à l'heure comme Hamlet dans la scène des comédiens. Comme il va sauter; c'est une vraie plume! Et le public attendait toujours les dislocations de ce long corps pâle, qui cherchait des gestes spirituels de comédien, de fines intentions, sans se douter des désirs du public.

Et puis, le mime français respirait l'inquiétude de la salle. Où était ce public enthousiaste des Funambules, qui envoie, les belles dames des bouquets et des oranges, les gamins des pommes? Les Anglais attendaient le clown et ne trouvaient qu'un comédien intelligent, qui n'osait désarmer le public en lui envoyant un de ces pieds de nez si chéris du paradis des Funambules. L'acteur, habitué à de sympathiques indulgences, perd la tête en face d'un jury sérieux. Madame Céleste trouva le vrai mot pour peindre nos acteurs de pantomime.

— Ils sont trop paresseux, dit-elle, voulant rendre par

cette accusation capitale que la clownerie fait essentiellement partie de l'art mimique. Théophile Gautier était bien du même avis quand il conseillait à Paul, lors de ses débuts, d'étudier, *dans le silence du cabinet,* les mystères de la boxe et de la savate, exercices qui donnent de l'intelligence et de la souplesse aux membres.

Madame Céleste s'occupait des mille choses pratiques de son théâtre; ses préceptes resteront longtemps gravés dans mon esprit. Je ne peux écrire tous nos entretiens; mais la savante institutrice m'a fait cadeau d'une espèce de secret, de recette, qui pourrait se vendre bien cher aux danseuses célèbres et que je dévoile aux aveugles de la barrière de Fontainebleau, qui exercent leur métier de *rebouteur* en dépit de la Faculté de médecine.

Il est souvent arrivé qu'un danseur, en retombant sur ses pieds, ait le malheur d'attraper une foulure, une entorse ou tout autre désagrément, qui arrête les représentations d'un ouvrage important, fait nuisible aux auteurs et aux directeurs de théâtre. Le jour de la représentation des *Trois Filles à Cassandre,* pantomime bourgeoise, le Pierrot, Paul, fut pris d'une entorse qui le tint huit jours au lit. Aux Funambules, cet accident vient du plancher, qui est divisé en tant de trappes, qu'il semble un jeu de patience propre à exercer d'aimables enfants à la géographie.

— Mais, généralement, me disait madame Céleste, les chutes proviennent de la mauvaise position du pied, qui, ne se présentant pas directement vers la terre, lorsque le corps retombe, tourne, plie et succombe sous le poids qu'il reçoit.

— Vous pouvez en croire une ancienne danseuse, ajoutait-elle; la plante du pied est la seule base du danseur; il doit se servir de tous les doigts de ses pieds comme d'autant de branches dont l'écartement sur le sol augmentant l'espace de son appui, affermit et maintient son corps dans l'équilibre convenu.

La directrice appelait cela *mordre* les planches. Elle prétendait que les danseuses qui ne mordaient pas le parquet avec leurs cinq doigts perdaient leur pied. Le pied s'arrondissait, variait sans cesse et de côté, du petit doigt au pouce, du pouce au petit doigt. Madame Céleste, autant que la majesté de ses formes le lui permettait, cherchait à exécuter ses théories, et je pus comprendre l'espèce de roulis occasionné par la forme convexe que l'extrémité du pied prend dans cette position et qui s'oppose à toute stabilité.

— Les chevilles chancellent et se déplacent, disait madame Céleste, quand la masse tombe d'une certaine hauteur et ne trouve pas dans sa base un point fixe capable de la recevoir et de terminer sa chute; toutes les articulations sont blessées de ces ébranlements. C'est alors, continua l'intelligente artiste, que les danseurs comprennent le danger; ils font de vains efforts pour trouver une position ferme, et ils attrapent une entorse.

— Ne croyez-vous pas, dis-je à madame Céleste, que ces accidents viennent non-seulement de la maladresse, mais encore de la faiblesse des muscles?

— Souvent cela arrive, dit-elle; aussi le fameux faiseur de ballets Noverre recommandait-il aux danseuses une vie pure et honnête. Mais qu'il est difficile de faire comprendre cela à des gens qui n'ont pas l'amour de l'art! Enfin, l'entorse est attrapée, il faut la guérir immédiatement. Un de nos acteurs a trouvé le remède.

— Vraiment, vous avez un remède, quand la médecine et la chirurgie sont également impuissantes à guérir le mal?

— Dans le temps, dit madame Céleste, j'ai bien souffert d'une foulure. Un bain de pied, à l'eau glacée, des compresses d'eau-de-vie camphrée, du repos, le fameux mot de la médecine, voilà tout ce que mon docteur me conseillait. Comprenez-vous ma position! Six semaines dans mon lit, essayant tous les matins de nouvelles frictions, et sachant qu'une autre danseuse jouait mon rôle et était applaudie tous les soirs. C'était affreux!

— Oh! je connais ces souffrances, dis-je; j'étais parti pour faire un tour dans les montagnes d'Auvergne, je me prends le pied dans une de ces maudites pierres qui abondent par là à tel point, que je crois que c'est là le pays où Deucalion semait ses pierres. Ce sont des nids à entorses; j'en rencontre une formidable. On appelle les médecins, qui me conseillent également de me reposer. Il y a dans la ville du Puy des religieuses, maîtresses d'école, qu'on appelle en patois *des roubiaques*; elles se mêlent un peu de médecine naturelle et passent pour très-fortes dans la guérison des entorses. La roubiaque me tire la jambe dans tous les sens; un moment j'ai cru que j'étais bossu et qu'on me mettait dans une machine orthopédique! Eh bien, roubiaque et médecin ont échoué devant l'entorse.

— A une répétition, dit madame Céleste, le Punch se trouva le pied pris dans un cossoir; nous appelons cossoir les rainures étroites dans lesquelles glissent les coulisses. Il jette un cri : « Oh! » et il tombe sur le plancher, pâle et émotionné. On va chercher une voiture, et on l'emmène. Comment faire? Toute la pièce était écrite pour le Punch. Le remplacer, je ne pouvais y songer; il était adoré du public. A cinq heures du soir, j'allais annoncer relâche lorsque je vois arriver le Punch tout aussi gai qu'à l'ordinaire, et il me salue par un saut énorme :

— Et l'entorse? mon ami.

— Je la nourris, dit-il.

En effet, sa jambe était un peu plus grosse qu'à l'ordinaire.

— Et tu pourras jouer ce soir?

— Sans doute, me dit-il.

— Qui est-ce qui t'a guéri aussi vite, mon pauvre garçon?

A cela, il me répond en relevant son pantalon, son bas, et en déliant des bandelettes qui cachaient, vous ne devineriez jamais, la singulière emplâtre du Punch.

— Oh! je ne devinerai rien.

— C'était un hareng.

— Un hareng! m'écriai-je.

— Oui, dit madame Céleste, un hareng frais fendu par le milieu dans la longueur, et qu'il s'était appliqué vif sur la peau.

— Un singulier remède, dis-je.

— Il paraît que ce remède est très-employé par les Américains, et je vous conseille de l'indiquer à vos mimes des Funambules.

— Mais jamais mes célèbres danseuses ne consentiront à s'appliquer un hareng autour du mollet.

— Bah! dit madame Céleste, six semaines au lit, c'est dur, un hareng n'a rien de bien méchant; d'ailleurs, vous avez vu miss Fleming, la Colombine, une femme qui a l'air si vaporeux dans ses rôles de fée, voilà ce qu'elle a dit en admirant la guérison du Punch : « Puisque ce hareng fait tant d'effet à l'extérieur, il doit être encore plus actif à l'intérieur; pour prévenir les entorses, j'ai envie de manger tous les matins un hareng. »

XXXI

LETTRE A GÉRARD DE NERVAL

Près d'arriver à la fin de ma tâche, je suis pris, mon cher Gérard, d'une certaine terreur. Malgré ma déclaration de *contes cousus de fil blanc*, le public me pardonnera-t-il ces interminables histoires de Pierrot, d'Arlequin et de Colombine? Et la critique !!! Cette même critique qui me demandait déjà au précédent volume, des *Contes d'été* : « Qu'est-ce que cela prouve? » J'avoue que je ne remettrai ce livre à mes meilleurs amis qu'avec crainte. Nous savons à peine ce qu'est le public, ce qu'il pense, où il demeure, et rarement nous sommes à même de le rencontrer. Les directeurs de journaux, de revues, les libraires parlent perpétuellement du *public*, et ne le connaissent pas mieux que nous. Où sont leurs balances, leurs poids et mesures, pour assurer combien il faut d'onces de bon sens, de demi-onces d'esprit et de grains de fantaisie pour réussir auprès du public?

En général, ce sont les demi-intelligences, celles qui ne sont pas du métier ou qui s'y frottent seulement, qui nous menacent des colères du public. Je me rappelle l'indignation que causait parmi certaines gens votre *Abbé de Bucquoy* quand il parut en feuilleton. Vos fameux voyages humouristico-bibliographiques dans notre beau pays du Soissonnais effrayaient ces gens qui aiment à avoir à la fin du feuilleton un « *poignard suspendu* » sur la tête du héros et la *suite à demain*. Je viens de lire les *Filles du feu*, ce beau livre que vous m'avez donné. Quoique connaissant déjà une grande partie des Nouvelles, j'ai relu le livre d'un bout à l'autre en une nuit, et il m'a laissé une impression tendre et douce comme quand j'entends une chanson populaire. Le fameux *Abbé de Bucquoy* gagne à être relu : nulle part dans vos œuvres ne se trouve mieux accusé cet esprit fin, si français, si délicat, fils du dix-huitième siècle, dont on retrouve les racines un peu dans Diderot, davantage dans Jean-Jacques et toujours dans l'amour de la nature. J'étais depuis longtemps indécis de publier mes souvenirs des Funambules : l'*Abbé de Bucquoy* m'a décidé. Tant pis pour la méthode : les livres un peu aventureux ont bien leurs charmes; tous ces petits papiers, ces contes, ces pantomimes, que j'ai enfilés les uns au bout des autres, je les ai écrits avec croyance à leur date, là est ma seule justification. Vous l'avez très-bien dit un jour.

« Hégel, qu'il faut toujours citer en matière d'esthétique, a longuement prouvé que dans l'art rien n'est frivole. C'est vous-même peut-être, ô lecteur, qui êtes frivole, en abandonnant aux enfants cet humble spectacle des marionnettes (*puppen-spiel*), qui joua un si grand rôle dans l'enfance de Gœthe, et qui a occupé les plus sublimes esprits de l'Allemagne et de l'école allemande-française. Rien n'est petit dans la science ni dans la philosophie, — tout aussi dans l'art se tient, sans la moindre solution de continuité, depuis le dernier pantin dont les quatre membres obéissent à la traction d'une ficelle, jusqu'au Prométhée d'Eschyle, ou, si vous voulez même, jusqu'aux héros cosmogoniques du théâtre des Indous. Bien des savants ne sont parvenus à l'Académie des Inscriptions qu'après avoir entassé des volumes de recherches sur le Polichinelle des Osques ou sur l'origine du *Hellequin* ou *Erlequin*, — qui, selon M. Paulin Pâris, serait définitivement le même que le *Erl-Konig* (roi des aulnes) des pays du Nord.

« Vous pouvez bien penser qu'il y aura un jour des savants qui seront largement rétribués et classés parmi les littérateurs *sérieux*, pour des travaux rétrospectifs sur le théâtre de Séraphin, ou le Café des Aveugles; on publiera un commentaire sur le *Pont cassé*, aux frais de l'Imprimerie royale ; on discutera le sens du fameux vers :

Voici le cadran solaire,

en démontrant qu'à cette époque les pendules n'étaient pas inventées. On distinguera dans cet autre vers :

Les canards l'ont bien passée !

quelque allusion à la politique ou à la presse quotidienne.

« Pourquoi donc ne chercherions-nous pas d'avance à éclairer ces ténèbres de l'avenir? »

Il y en a beaucoup qui ne voient dans Arlequin et Colombine que deux simples danseurs : s'ils s'en amusent, cela suffit à la récréation de leurs yeux ; mais peut-être ne prête-t-on pas assez d'attention à cet aimable groupe qui fuit sous les ombrages, qui voit à tous moments le bâton de Cassandre levé sur sa tête, qui est toujours jeune, toujours souple, toujours aimant, jamais malade, Arlequin et Colombine !

Il faut avoir aimé pour comprendre Arlequin et Colombine, et avoir aimé à leur façon ! Pression de mains, tuteur jaloux, rares et purs baisers, l'esprit naïf, l'amour des fleurs et de la danse, telle est l'existence de ces deux êtres muets, qui ne dissertent jamais de l'amour, qui se parlent par les yeux, qui ne prennent de la vie que le plaisir et la joie.

Arlequin est né en Italie, et l'Angleterre le comprend ; il est sorti des mœurs élégantes et faciles de Venise, et les matelots de Londres s'enthousiasment sur sa subtilité, ses regards de flamme et ses doux serrements de main.

Il fait à peine jour : le soleil envoie ses premiers rayons, l'herbe étincelle encore de sa parure de rosée, et voilà qu'au bout de l'horizon arrive l'aimable Arlequin, qui s'est arraché de sa couche à l'aurore. Il se détire les bras, ploie son corps pour rendre la souplesse à ses membres, et se glisse comme un lézard sous le balcon de Colombine. Qu'il est jeune et qu'il est beau ! Comme les paillettes de son habit scintillent aux premiers rayons du soleil !

De sa batte, il frappe aux volets du balcon où à travers les grilles on aperçoit Colombine, qui se lève encore souriante de son dernier rêve d'amour. Il n'y a pas de balcon trop haut, ni de barreaux assez étroits pour empêcher les deux amoureux de se regarder tendrement, de s'envoyer de doux baisers : la main de Colombine est si petite qu'elle défie les barreaux les plus étroits ; c'est une main qui passerait à travers le trou d'une aiguille. Ses doigts sont fins, allongés, blancs, l'ongle est couleur de rose ; il se tient entre ces deux mains une conversation mystérieuse, pleine d'un charme puissant. Les doigts s'interrogent l'un après l'autre, s'embrassent, se joignent, se croisent, se quittent, se reprennent, se parlent et se répondent... Les deux M se croisent, se pressent ; ce sont de petits chemins creux, des sinuosités, des vallées et des montagnes, des gorges profondes, des chemins brûlants comme un cratère. Aussitôt les mains touchées, le combat commence par des caresses douces, des frôlements d'épiderme, des touchers de papillons ; puis des étreintes d'étau à broyer la jolie main de Colombine... Tout à coup, Arlequin saisit de ses deux mains les mains de Colombine ; il n'est pas satisfait d'en avoir fait une pâte rose, de l'avoir broyée et de la voir reprendre haleine, il est maître du dessus et du dessous, maître de cette chair tendre, veinée d'azur, il la presse contre ses lèvres, il l'appuie contre son cœur.

— Humph ! humph ! humph !

C'est le grognement du vieux Cassandre, que son catarrhe tient éveillé, et qui se doute plutôt qu'il n'a entendu cette tendre conversation.

La main disparaît, Arlequin fuit comme une hirondelle. Le temps est venu d'ouvrir la maison ; les oiseaux chantent dans les arbres, le gazon a bu la rosée, le matin est venu ; Colombine sort de la maison de son tuteur ; elle ne trouve pas Arlequin, mais un gros bouquet de roses sauvages qu'il a caché dans un tronc de saule. Elle était entrée en sautillant gaiement sur la pointe des pieds ; elle respirait avec bonheur l'air frais du matin ; elle disait bonjour à la rivière tranquille, aux nuages bleus, aux oiseaux et aux arbres, et le bouquet l'a rendue sensible et l'a fait asseoir sur le banc. Ce ne sont que des roses sauvages qui semblent toutes sœurs, et elle interroge chaque rose comme si chacune d'elles avait conservé le sentiment qui passait dans le cœur d'Arlequin en la cueillant. A quoi pense-t-elle? Elle ne saurait le dire; mais la gaieté s'est envolée pour faire place à la tendresse.

Colombine met le bouquet à son sein et danse comme on danse à dix-huit ans, sans s'inquiéter pourquoi, sans penser au lendemain. Elle a un corsage de velours noir et une jupe couleur cerise; dans les cheveux se balancent de petites fleurs mêlées à des rubans gais. Comme elle court pour son plaisir dans la campagne, sa jupe est courte et ne risque pas de s'accrocher aux buissons.

Mais elle se sent prise par la taille, ses joues s'empourprent, ses yeux se baissent, Colombine a reconnu Arlequin, qui l'a surprise sans bruit, et qui appuie ses lèvres sur son cou, à l'endroit où les cheveux rebelles échappent au peigne et frisent en boucles mutines.

N'en demandez pas davantage à Arlequin et à Colombine; légers et amoureux comme des oiseaux, ils sautillent pendant la pantomime ainsi que des moineaux du Palais-Royal.

Un chercheur de système avait trouvé que l'habit changeant d'Arlequin était le symbole de l'amour volage; cela est faux, les ignorants de notre époque ont adopté le symbole parce qu'il explique tout, qu'il donne l'air profond aux niais, et qu'il est facile à trouver. Nos pères n'y mettaient pas tant de malice. Arlequin a toujours aimé Colombine et il en a toujours été aimé; sa flamme pure est perpétuellement couronnée d'un mariage sérieux, consacré par la baguette de la fée, sur un autel où brûlent des flammes de Bengale.

Les acteurs n'ont pas assez conscience du beau rôle de jeunesse qu'ils cachent sous leur museau noir : l'Arlequin des Funambules est un fainéant, et la Colombine trop souvent lourde et de mauvaise humeur. Miss Howel et son camarade Homach nous ont apporté de Londres la véritable tradition. Qu'il était beau, cet Anglais, avec son sang rose qu'on apercevait au défaut du masque! Et combien m'a fait rêver la Colombine, avec ses contorsions charmantes, ses cambrures adressées au public, sa danse extatique et son sourire blond!

Un grand acteur ne vous a-t-il pas toujours semblé déplorable dans une troupe? J'aime mieux une bande de dix acteurs médiocres que neuf acteurs médiocres et un grand acteur. Sans parler de son orgueil, dont l'envergure est énorme, le grand acteur éteint tous les efforts de ses camarades; il aime à sa personne des repoussoirs tout autant que les jolies femmes pleines d'amitié pour leurs amies grêlées.

A Deburau père, on pouvait tout pardonner; il était plus que grand comédien, il était créateur. Avec autant de raison que Louis XIV, il pouvait dire : « Les Funambules, c'est moi ! » Mais ces soleils de l'art dramatique sont si rares qu'on doit les regarder comme des exceptions dont l'exemple n'est pas à suivre.

A part quatre ou cinq acteurs qu'on ne sait pas mettre dans leur jour, les autres mimes des Funambules ne sont pas à la hauteur voulue! L'enthousiasme s'est perdu, ce noble enthousiasme qui faisait remarquer à l'habitué des Funambules jusqu'au dernier des figurants.

Quelle curiosité m'inspirait un *voyou* ramassé sur le boulevard du Temple! Il commençait par aider le machiniste dans ses changements à vue; de là, il arrivait aux honneurs de la figuration. On comprenait son orgueil quand Deburau lui parlait ou lui donnait un coup de pied; il ramassait à la fin du tableau, avec subtilité, les accessoires, tels que chaises, tables, perruques, assiettes cassées, qui ne doivent pas figurer dans le changement à vue suivant. Enfin, il s'était habitué aux planches, il apportait le sérieux voulu, il n'était plus embarrassé de ses bras, il était déniaisé. Un jour, l'administration le mettait à la tête de la figuration, le voilà chef d'attaque; puis on lui confiait un bout de rôle *parlé*, et il finissait par faire tout à fait partie de la troupe, récompense légitime due à des efforts consciencieux.

Mais aujourd'hui cela ne va pas et tient des révolutions perpétuelles de la troupe. Douze acteurs suffisent pour la pantomime, mais ne les changez jamais! Que des affinités, que des habitudes, qu'une longue expérience, amènent un accord et un ensemble sans lesquels la pantomime ne peut marcher.

Ne pensez-vous pas que l'onomatopée serait d'un bon effet dans la pantomime? Déjà le Pierrot emploie à de rares intervalles un petit cri qui enthousiasme la salle; le bavardage continuel de Polichinelle, cette singulière chanson de fer-blanc, produit une sensation étrange : chaque coup de pied reçu par Cassandre devrait se traduire par une plainte énorme; et la Colombine, dans ses éternelles amours avec Arlequin, pourrait employer une note douce, une intonation câline, un de ces mots émus d'une femme qui s'abandonne.

Voilà ce qui confondrait les admirateurs de la parole dans la pantomime ! Langue merveilleuse et sauvage, combinaison des accents de l'animal et de l'homme, lariflas des bords du Gange, hiéroglyphes mystiques et gutturaux, vous rempliriez l'âme de transports inconnus !

Cependant un grand danger est à craindre, l'acteur abusera de l'onomatopée, au lieu qu'en principe elle doit être employée avec la plus scrupuleuse prudence ; mais je réponds que dans le manuscrit de l'auteur l'onomatopée sera notée à de certains endroits dramatiques ou comiques. Et quand je parle des mimes, je parle d'acteurs soumis et dévoués, sous le joug d'une législation draconienne, qui doivent apporter dans leur art la même servilité que les cors russes ne donnant qu'une note avec la précision d'un violon agile.

Il y a des personnes qui comprennent peu ces sortes de spectacles. « Les pantomimes m'ont toujours plus ému qu'égayé, me disait Vacquerie. Je n'ai jamais regardé sans une appréhension involontaire ces muets qui vont et viennent en se parlant par gestes. A la longue, ce silence m'inquiète, comme la nuit, qui est le silence du sommeil. »

J'ai assez longtemps vécu avec les comédiens des Funambules, et je cherchais à me rendre compte si, en effet, cette habitude de parler sans voix n'apportait pas quelque désordre dans leur organisation; cependant je ne remarquais rien; me laissant aller aux charmes de l'intuition, je présumais qu'étant forcément discrets, les mimes pouvaient être des narrateurs remarquables. Hélas! mon cher Gérard, ils emploient une orthographe particulière, de même qu'ils ont une manière de s'exprimer à eux. Régisseurs, directeurs, Pierrot, Arlequin, Colombine, ont chacun sa méthode épistolaire.

Voilà l'orthographe de la régie : « Monsieur, j'ai l'honneur de vous prévenir que j'ai remis votre pantomime à la *sencure*. » Lettre du Pierrot : « J'ai reçu votre *aimibl* invitation, il y a *longtans* que je *dèzire* me *trouvé* avec vous, si toute *foi* cela vous est *agrable*. » Style de la Colombine : « Vien se soir au cpequetacl tu me fera plésirre. »

Toutes ces pièces, je les conserve précieusement, ainsi que le reçu suivant d'une pantomime qui a été peut-être jouée quatre cents fois, et qui a été payée *quarante francs*, et encore avec des réserves terribles de la part de la direction.

Les personnes qui ne croiraient pas à ma sincérité peuvent se présenter chez l'éditeur du présent volume, qui s'empressera de mettre sous leurs yeux la correspondance intime ou dramatique des Funambules, ainsi que le reçu, dont voici un *fac-simile* exact.

Je soussigné reconnais avoir reçu de l'Administration du Théâtre des Funambules
somme de QUARENTE FRANC
ur le prix convenu d'une pemtomime intitulé pierrot en afrique

e je lui cède en toute propriété et sans aucune réserve; lui faisant également l'abandon
s droits ordinairement attribués aux Auteurs dramatiques, tels que entrées person-
lles, billets d'auteur, etc., etc.

Paris, le 12 août 1842

CHARLES.

Il ne me reste plus qu'à vous dire, mon cher Gérard, comment je quittai le théâtre. Le baron Taylor m'avait commandé une petite pantomime pour une fête de bienfaisance dans les galeries Bonne-Nouvelle. Il fut convenu que les Funambules nous fourniraient les deux Pierrots, Cassandre, Arlequin, Polichinelle, Colombine et la Fée. Là-dessus, je rédigeai le livre suivant :

PROLOGUE

LA FÉE.

Les amours d'Arlequin et de Colombine sont le prétexte de la pièce nouvelle.

Polichinelle est le rival d'Arlequin.

Arlequin est le rival de Polichinelle,

Des combats sans fin vont s'engager pour obtenir la main de Colombine.

Ici est le lieu du combat.

Rien ne sera caché, ni leurs vices ni leurs vertus.

Tous nos personnages vivent en plein soleil.

Vous les verrez manger et boire sur la place publique.

Vous les entendrez discuter leurs plus chers intérêts dans la langue qui leur est particulière.

Ainsi parla la Fée, et, sur un signe de sa baguette, entre Cassandre.

« Celui-ci, dit la Fée, est Cassandre, le plus vertueux des mortels, aimant trop l'argent. La fatalité veut que ce péché capital lui soit constamment reproché sous les apparences de nombreux coups de bâton. »

La Fée les appelle tous l'un après l'autre et les peint d'un trait :

« Mademoiselle Colombine, fille de Cassandre, le plus vertueux des mortels. Aimable personne, qui aime à rire et à danser ; elle est peut-être un peu légère, mais elle se corrigera en ménage. »

Après Colombine vient Arlequin.

« Arlequin, jeune et beau, dit la Fée, cherche à mériter la main de mademoiselle Colombine. La suite de l'ouvrage montrera s'il en est digne. »

Polichinelle paraît.

« Voici le gai Polichinelle ; il est encore endormi, mais il n'aura pas l'œil ouvert qu'il sera ivre. C'est de la faute de sa nourrice qui lui a donné à teter le goulot d'une bouteille. Il est joueur comme les cartes, et tranche par ses manières bruyantes avec l'amabilité de son rival Arlequin. »

Sur un signe de la Fée, les deux Pierrots s'avancent.

« Vous reconnaissez les deux gentils Pierrots : sans eux la pièce boite et ne marche qu'avec des béquilles. Je ne vous ferai pas leur éloge, tous ceux qui sont ici en pensent plus de bien que je ne saurais en dire. Mais je vous préviens que l'un est domestique d'Arlequin, l'autre domestique de Polichinelle. Ils ont apporté leur sac de malices, et ils ne vous montreront que les plus jolies. »

Pendant ce discours, Arlequin, les Pierrots, Colombine, Cassandre et Polichinelle sont restés calmes et immobiles. Ils semblent de bois, le sang ne coule pas dans leurs veines ! Mystère et sommeil ! mort apparente ! léthargie et insensibilité ! Ils n'attendent plus que les conjurations de la pythonisse en robe à paillettes d'or. Mais l'oracle va sortir par la bouche de la Fée sous la forme d'une prose imagée.

« Éternels coups de bâton !

« Immortels coups de pied qui remplacez la parole !

« Ne restez jamais une minute endormis.

« Qu'une pluie de soufflets résonne comme les cloches !

« Que la batte d'Arlequin s'éveille !

« Que ces éléments de comique puissant qui n'a pas de fin remplissent aujourd'hui les esprits d'une folle gaieté. »

———

A peine la Fée a-t-elle fini de parler, qu'un trémoussement s'empare de tous les membres de chacun de ces êtres. Cassandre est assommé dès le premier mot. Colombine danse sans prendre garde aux accidents soufferts par son père ; Arlequin gambade ; Polichinelle crie de toutes ses forces avec sa voix de fer-blanc, et les soufflets sont renvoyés comme par des raquettes. C'est ainsi que les personnages de la pantomime annoncent leur vitalité ; et aussitôt les mauvais instincts dressent la tête.

———

Sainte Poltronnerie,
Sainte Gourmandise,
Sainte Avarice,
Sainte Bouteille,
Sainte Légèreté,
Ayez pitié de Pierrot, de Polichinelle, de mademoiselle Colombine et de Cassandre, le plus vertueux des mortels !

———

Cassandre ne veut marier sa fille qu'à un épouseur qui apporte une grosse dot. Arlequin n'a pour dot que son amour, son masque noir et son joli costume qui scintille comme les étoiles. Cassandre trouve qu'une pièce cent sous sonne mieux que la plus tendre déclaration d'amour ; d'ailleurs, il ne comprend pas qu'avec une bourse aussi plate que celle d'Arlequin on s'avise d'entretenir des domestiques à gages, comme Pierrot, un être qui a un robuste appétit.

———

Mais l'appétit de Pierrot ne coûte pas bien cher à Arlequin ; si la gueule de Pierrot est toujours enfarinée, c'est aux dépens des voisins, aux dépens des étalages, aux dépens des garçons qui passent la corbeille sur la tête, de la nourriture dans la corbeille, et qui n'ont pas traversé la place publique que la corbeille s'est vidée dans l'estomac de Pierrot. Pierrot ne revient pas cher à Arlequin ; il se nourrit juste comme les chiens qui entrent chez le boucher et qui emportent un gigot en évitant le comptoir.

———

Au contraire, comme je l'ai montré dans *Pierrot marquis*, Polichinelle a des trésors considérables cachés dans ses bosses. Ses bosses ne sont pas des bosses, mais bien des sacs d'écus qu'il dissimulait sous les apparences d'une infirmité. Polichinelle aime mieux passer pour contrefait que de dépenser son argent. Dans ce pays-là, l'argent fait oublier toutes sortes de maladies ; quand Polichinelle secoue ses écus dans sa poche, Cassandre le trouve plus droit qu'un I. Il peut entrer ivre et zigzaguer comme des éclairs sur des nuages sombres, Cassandre dit qu'il se tient on ne peut mieux en société ; sa voix de fer-blanc lui paraît aussi douce que la chanson du rossignol, tant est grande la puissance de l'argent aux yeux d'un père avare.

———

Mais mademoiselle Colombine ne voit pas les choses du même œil ; elle dit que des bosses servent évidemment à préserver le nez de Polichinelle quand il tombe, mais que ce sont des bosses. Elle ajoute que deux bosses enlèvent l'esprit que Polichinelle pourrait avoir, car ce n'est plus un bossu, mais deux bossus. Elle aimerait mieux entendre toute sa vie la monotone chanson des grillons et rester fille, que cette voix bruyante et métallique de Polichinelle. Elle ajoute qu'il sent le vin à dix pas, et qu'elle aimerait mieux épouser un tonneau. Cassandre est bien forcé d'entendre les louanges d'Arlequin, si tendre, si doux, si complaisant, qui n'a jamais manqué d'apporter un bouquet chaque matin, aussitôt que le jour paraît. Et comme il danse! Toutes les filles sont jalouses de Colombine! A cela Cassandre répond que Polichinelle ne danse pas mal non plus.

Tout le monde se moque de lui, son domestique Pierrot le premier, dit Colombine. Que penser d'un homme qui ne sait pas inspirer de respect à son domestique? A tout moment, Polichinelle est battu, volé, ravagé par Pierrot. S'il sort de chez lui, il ne manque pas de trouver à sa porte Pierrot qui le fera rouler à terre. — Ne vas-tu pas défendre le domestique d'Arlequin! s'écrie Cassandre. — Non, dit Colombine, ils ne valent pas mieux l'un que l'autre; ils s'entendent pour voler leurs maîtres, et pour faire mille tours pendables à ceux qui approchent de leurs maîtres. Quand ils sont à bout de faire des tours aux autres, ils s'en font à eux-mêmes pour s'entretenir la main.

La semaine passée, Pierrot, le domestique d'Arlequin, avait volé au marché le panier d'une cuisinière pendant qu'elle marchandait un poisson. Il s'était caché dans un coin de la place, afin de mieux gloutonner toute la nourriture du panier. C'était considérable : un fort pâté, plusieurs bouteilles d'un vin généreux, un poulet rôti tout chaud, sortant du four du rôtisseur, des gâteaux délicats qu'on attendait pour la fin du repas. Pierrot, le domestique de Polichinelle, arrivait de son côté avec une maraude au moins égale. En achetant un goujon frit, il avait escamoté un saumon; la nuit, il avait percé un trou dans la bosse de Polichinelle, et il en était coulé quelques vieilles pièces d'or. Ces pièces d'or s'étaient changées en mille gourmandises, et il entrait aussi avec un plein panier rempli de victuailles. Au lieu de festoyer ensemble, au lieu de partager en frères, les deux domestiques se jalousèrent, reniflèrent les fumets de chacun des paniers, et ne cherchèrent plus qu'à tâcher de s'approprier l'un le panier de l'autre, l'autre le panier de l'un. Qu'arriva-t-il? Leurs friponneries se combattirent, et Arlequin profita des discussions provoquées par la gueule pour s'approprier les repas des deux méchants drôles.

Quand Pierrot, Arlequin, Polichinelle et Cassandre se sont livrés pendant une heure à des extravagances, à des courses inusitées dans la société bourgeoise, à des combats qui seraient mal vus chez M. de Potmartin, la fée entre. La parole lui a été donnée pour constater son essence supérieure:

— Colombine et Arlequin, dit-elle, vos noces vont commencer.

C'est ainsi que finit la pièce.

Aussitôt la toile baissée, ce sera à recommencer.

Polichinelle boira comme un trou.

Cassandre recevra des coups de bâton.

Arlequin continuera à poursuivre Colombine.

Les Pierrots vont mettre de côté leur masque blanc pour le reprendre ce soir.

Demain, après-demain, dans huit jours, dans six mois, dans cinquante ans, on jouera toujours la même pantomime sous d'autres titres; les coups de pied ne varieront pas d'une semelle; les soufflets résonneront à l'oreille du spectateur attendri. Il n'y aura que les bâtons usés sur les épaules de Cassandre qu'on remplacera par d'autres bâtons.

Ne pensez pas à l'auteur, mais n'oubliez pas la compagnie des acteurs, qui s'est donné beaucoup de mal pour vous faire jouir d'un moment d'allégresse.

J'avais compté sans la coalition : les acteurs se révoltèrent contre moi; les Pierrots se jalousaient entre eux; la Colombine déclara que son rôle était trop long; l'Arlequin, qui était un maître de danse, prétendit que j'insultais les acteurs et le théâtre en faisant dire à la Fée que les pantomimes étaient toujours les mêmes depuis le commencement du monde.

Je m'enfuis de cette caverne, effrayé des propos de la bande, et, depuis, je n'y ai plus remis les pieds.

XXXII

LES PROPOS AMOUREUX

Il en est beaucoup qui sourient, même qui se moquent du jeune homme amoureux, et de ses adorations cent fois répétées, et de son bavardage touchant les qualités de celle qu'il aime. Ce sont des indifférents ou des sceptiques. Est-il rien au contraire de plus intéressant que d'écouter cet éternel jeune homme qui, depuis le commencement du monde, chante la même litanie d'amour avec des variations toujours neuves? Il me semble que j'entends ces tendres symphonies de Mozart où le thème est composé d'une simple mélodie tout à fait courte. Mais Mozart reprend sa mélodie, il la renverse, il la retourne; de mélancolique, il la rend gaie; elle était simple comme bonjour, elle devient spirituelle comme Figaro; c'était tout à l'heure la douce lueur d'une lampe, la voilà changée en feu d'artifice; de l'état tendre elle passe à l'état passionné, du calme à la tourmente. C'est toujours la même phrase, malgré ses travestissements, et on ne se lasserait pas de l'entendre, si Mozart ne s'en lassait le premier.

L'amour ressemble beaucoup à ces thèmes favoris de Mozart; il est simple, et il sera toujours neuf, car chaque homme et chaque femme y apportent des variations perpétuelles qui font que les poëtes, les romanciers et les dramaturges seront toujours au delà des créations les plus étranges en mettant en scène l'amour sincère, qu'il palpite dans les jeunes cœurs de *Roméo et Juliette,* dans les forêts vierges de l'Inde chez *Vasantasena,* ou qu'il déchire le cœur du *Misanthrope* en égouttant de l'absinthe dans chaque plaie.

Les moralistes, les physiologistes, les faiseurs de pensées et de maximes n'apprennent pas grand'chose sur l'amour; le *Fait* est bien autrement instructif et significatif; aussi le roman, qui vit plutôt de faits que d'observations physiologiques, semble-t-il avoir été inventé pour expliquer l'amour, le rendre palpable, l'agrandir et le développer. Une femme distinguée me disait : « Qu'importe que quelques individus se soient brûlé la cervelle en se laissant prendre à la conclusion de *Werther?* Quand on a créé les chemins de fer. il y a eu beaucoup d'accidents, les chemins de fer n'en sont-ils pas moins un progrès immense; *Werther* a été un progrès. »

Voilà pourquoi j'aime à écouter un jeune homme ou une jeune femme me faire leur confidence, je suis sûr d'avance de lire un beau livre, et je comprends les vieillards qui aiment à entendre la jeunesse parler d'amour ; c'est un rayon de soleil de printemps qui vient réchauffer leurs vieux cœurs fatigués.

Ce que j'ai à raconter ne rentre ni dans le roman, ni dans la nouvelle, ni dans le conte ; ce sont de simples récits que j'ai entendus de côté et d'autre, que je peux me permettre d'imprimer sans indiscrétion, car le narrateur l'a dû dire avant ou après moi à cinquante personnes. Les amoureux sont si bavards !

Henry B... m'accrocha un jour dans la rue :
« Je sors de chez le docteur Soulacroix, me dit-il, quel homme ! Il m'a rendu triste pour au moins huit jours. Je vous déteste, vous autres réalistes, qui n'étudiez que les misères de la vie et qui prenez plaisir à étaler les guenilles de l'humanité. Ce docteur Soulacroix est encore un réaliste, et de la pire espèce. Le connais-tu ? — Non, lui dis-je. — Eh bien, en deux mots, c'est un homme de cinquante ans qui ne voit que le mal dans la société et qui, s'appuyant sur cette doctrine, arrive presque toujours à pronostiquer juste. — Alors, dis-je à Henri, si cet homme te chagrine, il ne faut pas le voir. — J'avais besoin de lui, et il m'a dit ce que je voulais savoir. — Ce n'est donc pas un être inutile, puisqu'il t'a rendu service. — Aujourd'hui, je suis content de l'avoir vu, quoiqu'il m'ait rendu triste ; mais il n'en est pas moins cause de tout ce qui est arrivé. Écoute bien mon histoire, et tu verras si le docteur Soulacroix a eu raison : Je demeurais dans une maison bourgeoise qui se composait d'un mari, d'une femme et d'un enfant. Le mari avait trente-six ans, la femme vingt-huit et l'enfant six. Ils étaient mariés depuis huit ans et vivaient moitié tranquillement, moitié ennuyeusement, sans grande affection de part ni d'autre, mais sans ces combats intérieurs de ménage qui sont pires que des coups. Il y avait deux ans que mon père m'avait mis en pension dans cette maison, espérant que je ferais plus tranquillement mes études de médecine, vivant presque en famille. Il n'avait pas consenti à me laisser seul dans le quartier Latin, où les jeunes gens ont trop de liberté et trop d'occasions de débauches. Comme j'aime beaucoup mon père, j'obéis ; d'ailleurs, la vie des étudiants

n'a pas grand charme pour moi. Je veux devenir un médecin sérieux. Si je croyais n'étudier que pour donner des consultations en province, m'enterrer loin de Paris avec quelques observations d'hôpitaux, j'abandonnerais immédiatement la médecine; mais tout est à découvrir, j'ai des découvertes plein mon cerveau, je le sens, je n'ose le dire encore, parce que mes amis en riraient. Crois-le, tu verras si je ne deviens pas un jour un médecin illustre! J'ai eu le bonheur d'étudier en province sous un vieillard intelligent, chirurgien d'un hôpital, et qui m'aimait beaucoup. « Mon ami, me disait-il, souvenez-vous que nous ne savons rien à l'heure qu'il est, mais nos fils peuvent savoir beaucoup. Si jamais vous allez à Paris, ne perdez pas une minute, étudiez jour et nuit; suivez tous les cours, ne manquez pas de les résumer aussitôt d'après vos notes; allez à l'hôpital et disséquez le plus que vous pourrez. »

« Heureusement pour moi, j'avais jeté mon feu en province. Il y a des grisettes partout, et je les connaissais aussi bien que si j'avais fait dix ans d'études à la Chaumière. C'est bien ce qui inquiétait mon père, qui ne voulut me laisser étudier à Paris qu'à la condition que je demeurerais chez une de ses connaissances, le mari dont je t'ai parlé. Quand au bout de trois mois j'eus reconnu que les estaminets de Paris ne différaient guère de ceux de la province, peut-être y buvait-on plus de bière! quand j'eus remarqué que les femmes des bals publics étaient moins fraîches qu'en province, et que la seule différence venait de ce qu'on les appelait *madame* au lieu de *mademoiselle*, je me remis au travail avec acharnement; et ce qui m'a poussé le plus dans les études sérieuses a été principalement votre connaissance. En y réfléchissant, je me dis: « Voilà des jeunes gens poëtes, peintres, musiciens, qui ne se contentent pas de comprendre ce qui a été fait avant eux, ils veulent faire autre chose. » Cet orgueil n'existe pas assez parmi les étudiants en médecine:

ils se contentent d'être de bons interprètes de la science connue, mais ils ne cherchent pas. Cela vient sans doute de la méthode d'enseigner de l'Académie, qui reçoit avec enthousiasme un jeune docteur qui sait à merveille tout ce qui est contenu dans les livres des académiciens, et qui n'en demande pas davantage. Une fois qu'il a développé les principes d'une maladie décrite par monsieur son professeur, il est un *savantissimus doctor* ; il peut la traiter de trente-six manières différentes, soit d'après le célèbre monsieur un tel, l'illustre monsieur tel autre, pourvu toutefois que ces messieurs soient de l'Académie ; car hors de l'Académie, à ce que prétendent les académiciens, il n'y a pas un médecin qui vaille un flacon de laudanum. Ce que j'ai perdu de temps à reconnaître que l'Académie n'avait pas toujours raison a été immense. Il m'a fallu étudier tous leurs livres les uns après les autres, écouter les professeurs à leurs cours, les suivre dans les hôpitaux ; la tradition est peut-être plus compliquée en médecine qu'en une autre science, quoique cependant le temps approche où des esprits audacieux mettront le feu aux traditions en favorisant les études sur nature, en prouvant quel amas de sottises inutiles il y a dans certains livres qu'on ne lira plus jamais.

« Je m'occupai un peu de tout, de magnétisme entre autres choses, que je ne voulais pas nier sur la foi de mes professeurs. Je me proposai d'étudier le système de Lavater, surtout celui de Gall, lorsque la personne chez qui je demeurais me promit de me faire connaître un médecin qui avait un talent surprenant de physionomiste. Ce médecin était venu une seule fois chez mon hôte, à une soirée, et avait dit des choses surprenantes à quelques personnes qui lui avaient fait tâter leurs bosses. Il ne faisait cela du reste que par distraction, y apportant beaucoup de réserve et atténuant le plus qu'il pouvait la crudité de ses observations. J'allai donc avec mon ami chez le docteur Soulacroix, qui me reçut on ne peut plus poliment. « Monsieur sera un bon médecin, me dit-il peu après mon arrivée. Beaucoup d'observation, du jugement, mais trop de nerfs. » Je regardai l'ami qui m'avait introduit comme pour lui demander si on avait prévenu le docteur Soulacroix de mon arrivée. De son côté, mon ami paraissait surpris. Un certain silence régna entre nous trois. « Pardon, monsieur, dis-je au docteur, est-ce qu'on vous avait dit que j'étudiais la médecine? — Du tout, me dit-il; mais chaque profession a son masque, auquel bien peu peuvent échapper. Vous êtes jeune, vous avez le masque du médecin, donc vous serez bon médecin. La curiosité qu'inspire le cadavre longuement étudié ne ressemble pas à la curiosité qu'excite une danseuse ou un joueur de flûte, et je remarque dans vos yeux le calme et l'attention froide que demande le cadavre ; vous serez un jour un bon médecin, monsieur. » Là-dessus nous causâmes médecine, et je trouvai que le docteur Soulacroix, malgré des habitudes originales et des systèmes singuliers, avait expérimenté la science plutôt encore en théorie qu'en pratique. Je le quittai, fort enchanté d'avoir fait sa connaissance, et lui demandai la permission de venir lui rendre visite.

« — C'est un drôle de corps, me dit M. Vatinel en revenant ; je l'ai souvent engagé à venir nous voir, mais il est tellement occupé, tellement demandé partout, qu'on ne l'a que rarement. » J'étais heureux d'avoir rencontré le docteur Soulacroix pour m'initier à la science de Gall ; j'avais entrevu dans son salon une grande rangée de masques fort curieux, et, avant d'étudier une science par les livres, il est bon d'en entendre parler par un homme compétent, sans les arides préliminaires qui quelquefois dégoûtent le commençant. Je retournai donc un matin chez le docteur, qui me fit les honneurs de son musée avec une parole pleine de charme ; je l'étudiai pendant qu'il parlait. Quoique très-poli, très-doucereux, très-flatteur, il y avait un fonds de curiosité cruelle chez le docteur que je ne pouvais analyser. Il m'inspirait une sorte de terreur, ainsi que certains êtres mystérieux, sans que je pusse me rendre compte de cette sensation. C'était un homme très-fort, carré des épaules, âgé déjà de cinquante ans, et qui ne voulait pas devenir vieux, quoique son dos se voûtât. De temps en temps il lui échappait des colères de vingt ans qu'il tempérait aussitôt par des paroles attendries. Il parlait de la société avec le plus souverain mépris, et, d'une voix pleine de sanglots, me disait : « Chère âme, tu souffriras beaucoup dans le monde ! » Il me tutoya à la seconde visite. « Bonne nature ! que tu es sensible et généreux ! » Je voulus me récrier. Il m'imposa silence. « Je ne m'étonne pas, dit-il, que madame Vatinel t'aime. »

« Je le regardai en face fixement, étonné, ne sachant si je devais éclater de rire, me demandant si la folie ne venait pas de s'emparer du docteur Soulacroix. Il abaissa ma cravate et continua, sans faire attention à ma surprise : « Un joli cou ! blanc et bien fait ! Elle s'y connaît, cette madame Vatinel... Ah ! les femmes !... elle t'aime, mon garçon. — Moi ! m'écriai-je. — Ne fais pas l'innocent, me dit-il. Et il sonna. « Marguerite, donnez-moi à déjeuner. Chère âme, me dit-il en manière de congé, ne manque pas de revenir ; je serai toujours heureux de te voir. » Et il me reconduisit jusqu'à sa porte.

« Le docteur aurait pu me donner un coup de pied à la place d'une poignée de main, que j'aurais été incapable de m'en offenser. En une demi-heure, il m'avait plongé dans le plus grand trouble que j'aie éprouvé ; ses singulières théories sur la phrénologie, sa tête à elle seule plus étrange que son musée, son tutoiement, ses manières bizarres, et surtout la révélation de l'amour de madame Vatinel pour moi, me bouleversaient à tel point, que j'entrai immédiatement dans les Tuileries pour rafraîchir mes idées dans l'endroit le plus désert. Il y avait deux ans que je demeurais chez l'ami de mon père, M. Vatinel, et jamais je n'avais fait attention à sa femme. Mes repas pris, je remontais à ma petite chambre, à un étage au-dessus, et à l'exception de trois ou quatre soirées que je passais avec mes hôtes, de quelques théâtres où nous n'allions que les jours d'immense succès, j'étais pour ainsi dire un simple pensionnaire, n'ayant jamais causé amicalement avec madame Vatinel. C'était une grande personne, froide, réservée, et qui s'occupait, depuis que je la connaissais, d'élever un petit garçon un peu chétif et pâle, comme beaucoup d'enfants parisiens. « Elle m'aime, pensais-je. Et comment le docteur le sait-il? Il y a trois ans qu'il n'est venu dans la maison ; je n'y étais pas encore ; il a vu madame Vatinel une seule fois. Comment est-ce possible? » Alors j'appelai à moi mes souvenirs de deux ans, analysant si je trouvais dans la conduite de madame Vatinel le moindre signe aimable en ma faveur, et je ne trouvai rien. J'analysai trait par trait la figure de cette femme, cherchant si quelque chose de caractéristique pouvait confirmer les doctrines physiognomoniques du docteur Soulacroix ; le seul indice que je trouvai furent des lèvres un peu charnues, mais qui étaient combattues par d'autres symptômes de froideur.

« Les hommes se plaignent perpétuellement de la coquetterie des femmes qui sont exposées à mille flatteries par jour, et entendent toujours avec un nouveau plaisir les compliments les plus fades. Mais quel est l'homme sincère qui n'avouera pas que les mêmes compliments le chatouillent aussi agréablement qu'une femme? Tout en riant de la façon brutale avec laquelle le docteur Soulacroix m'avait annoncé l'amour de madame Vatinel, j'étais remué par cette confidence. Je n'avais pas aimé jusque-là; de dix-huit à vingt-trois ans je ne connus de l'amour que l'échange de deux fantaisies; pendant deux ans, le travail m'avait envahi complétement, et je ne pensais ni à la femme ni aux fem-

28

mes. Je ne me rappelle plus aujourd'hui les milliers de raisonnements qui se combattaient dans mon cerveau pendant que je marchais à grands pas sous les arbres ; tout ce que je sais, c'est que le docteur avait jeté dans moi un hameçon dont les deux pointes étaient entrées si profondément qu'on n'aurait pu les retirer qu'en me causant une sensation douloureuse.

« — Ah ! monsieur Henry, vous êtes en retard, » me dit madame Vatinel qui me fit apercevoir que mes pensées avaient prolongé ma promenade d'une demi-heure. Quelle chose bizarre ! je crus entendre sa voix pour la première fois de ma vie ; elle était douce et bien posée, et je n'avais pas remarqué son timbre depuis deux ans que j'étais dans la maison. Pendant que le mari découpait à table, je regardai longuement sa femme, cherchant dans ses traits un rapport avec ce que m'avait dit le docteur. Madame Vatinel était occupée à faire manger son fils, et ne paraissait pas me remarquer. Le docteur est fou, pensais-je, ou il a voulu se moquer de moi. Quelque temps après, ma serviette tomba à terre, en la ramassant je touchai, sans le vouloir, le pied de madame Vatinel, et je retirai ma main, il me sembla qu'elle brûlait. En m'asseyant je vis une rougeur subite gagner tout le visage de la femme de mon hôte. Elle toussa pour se donner une contenance. « Qu'est-ce que tu as ? dit le mari. — J'étrangle, dit-elle. — Il faut manger une petite croûte de pain, » dit M. Vatinel.

« Ce moyen bourgeois ne fit que redoubler la rougeur de la maîtresse de la maison, et elle parla à son fils pour cacher son trouble. « Monsieur Henry, me dit-elle, il y a bien longtemps que nous ne sommes allés au spectacle. » Le mari répondit, suivant son habitude, d'un ton que je cherchai à trouver grognon, qu'il n'y avait pas de spectacle intéressant, qu'il faisait froid au dehors, qu'il était trop tard, que nous serions mal placés ; toutes les raisons d'un mari qui ne veut pas mener sa femme au spectacle. Je vis M. Vatinel sous un jour nouveau, tant il est vrai que l'idée fixe s'emparant de nous change les objets de forme. Je trouvai le mari ridicule, mal complaisant, égoïste, et même tyran domestique ; en même temps que je me dessinai dans l'esprit une vision ridicule, la femme se changeait en un doux fantôme aux formes attrayantes. D'un côté étaient toutes les beautés ; de l'autre, toutes les laideurs de la vie : la femme et le mari. J'étais sous le joug des paroles du docteur Soulacroix qui tintaient dans ma tête comme si j'avais porté deux petites cloches en guise de boucles d'oreilles. Et cependant je me disais : « Faut-il être jeune pour se laisser prendre à quelques mots d'un vieillard maniaque !

Je mis beaucoup d'adresse à réfuter l'opinion du mari touchant le froid, l'heure avancée et les mauvaises pièces qu'on jouait alors, et madame Vatinel parut me savoir gré de ma conduite, car elle me récompensa par un doux sourire que je regardai comme plein de tendresse. Nous allâmes à l'Opéra ; j'étais sur le devant de la loge avec madame Vatinel, le mari ayant jugé à propos de s'installer dans le fond de la loge pour pouvoir faire un petit somme tranquille vers le troisième acte de la pièce. Ce qu'on jouait, je n'en sais trop rien, la musique, que je ne sens pas d'ordinaire vivement, me pénétra et m'emporta dans des nuages roses et tranquilles, doux comme un paradis. A travers ces brumes gaies, j'entrevoyais le profil de madame Vatinel qui se dessinait sur le fond rouge de la loge avec une netteté un peu pâle. Entre le premier et le deuxième acte : « Venez-vous fumer un cigare ? me dit le mari. — Je vous remercie, » lui dis-je. Le refus du cigare me constata un amour violent dans sa naissance, car l'habitude de fumer a pris maintenant de telles proportions, que certains fumeurs seraient malades si, après leur dîner, ils ne donnaient pas à l'estomac cette espèce de travail. Le mari sortit et nous laissa dans la loge, attribuant à ma curiosité le désir de rester pendant l'entr'acte. J'étais rempli de discours jusqu'à la gorge, cependant je ne pus dire un mot à madame Vatinel. Aussi, embarrassée la première de mon silence, elle me dit: « Vous êtes resté par politesse, monsieur Henry, il ne faudrait pas vous gêner. — Non, madame, je suis enchanté d'être auprès de vous. » L'entretien tomba après ces mots, et M. Vatinel se moqua de moi. « Si c'est pour ne rien dire que vous restez, Henry, il valait mieux venir fumer. »

« Cette soirée sur laquelle je comptais n'amena rien d'extraordinaire, à l'exception d'une nuit blanche que je passai, roulant dans ma tête mille choses, mille faits, mille observations contradictoires. Madame Vatinel ne portait sur sa figure aucun signe distinctif qui prouvât son amour, et si, à ce moment de la nuit, j'eusse pu me trouver en présence du docteur Soulacroix, je crois que je l'aurais traité rudement en paroles. On ne se moque pas ainsi des jeunes gens, parce qu'on a des cheveux gris, et qu'on ne croit plus à rien. Mais si le docteur était un maniaque, pourquoi m'étais-je laissé prendre à ses paroles? N'y avait-il pas une sorte de fatuité, d'orgueil, de sot amour-propre à croire que je pouvais inspirer quelque passion à une femme tranquille jusque-là? Car j'en avais la conviction, madame Vatinel ne trompa jamais son mari; cela ressortait de sa manière d'agir, de son tempérament, de sa conduite, et de mille détails que je pus observer en deux ans. Elle sortait rarement seule, recevait peu de monde, et manifestait dans toutes choses une certaine apathie qui devait la tenir dans la fidélité conjugale.

« En étudiant quelques jours, je me résignai à faire taire en moi le commencement de fièvre que le docteur Soulacroix m'avait donné, et je reconnus que toute la vie de madame Vatinel était basée sur son enfant qu'elle aimait par-dessus tout, à qui elle prodiguait d'incessantes caresses; je me dis alors que cette femme comprenait peut-être la passion, mais qu'elle l'avait détournée et changée en sentiment maternel. Que lui importait l'égoïsme bourgeois de son mari? Elle était payée bien assez par les innocentes caresses d'un joli enfant chétif sur lequel elle veillait comme une poule veille son poussin qui commence à sautiller.

« Il n'avait fallu cependant que quelques paroles du docteur Soulacroix pour déranger momentanément ma vie. Je ne travaillais plus comme par le passé, une femme était perpétuellement entre la science et moi. Au cours, je n'entendais pas le professeur, je le voyais gesticuler, ouvrir la bouche, mais il me semblait qu'il me parlait de madame Vatinel; les lèvres étaient encore plus rebelles à mon intelligence que la parole : j'étais, pour ainsi dire, sourd et aveugle à toute autre chose qu'à la femme de mon hôte. Cette situation ne pouvait durer, et je me révoltai contre moi-même, tâchant d'appeler la volonté à mon secours: si les vacances étaient arrivées, je serais parti avec un certain chagrin, et cependant avec plaisir, car il fallait chasser par un moyen énergique l'image de madame Vatinel, qui s'était gravée dans mon esprit comme un portrait sur une plaque de daguerréotype; mais je ne pouvais retourner, à cette époque, en province, sans avoir pris mon inscription de fin d'année. Qu'aurais-je dit à mon père qui n'entendait pas raison en ces matières? Un autre moyen consistait à fuir la maison de madame Vatinel, au moins quelque temps; mais, sans oser me l'avouer, une force puissante me clouait dans cette maison, et j'attendais avec une curiosité pleine d'anxiété un dénoûment à la situation dans laquelle je me trouvais.

« J'eus l'idée de revoir le docteur Soulacroix pour l'accabler de reproches; mais c'était lui montrer l'effet produit par ses paroles, c'était donner quelque prétexte à l'esprit malicieux du vieillard, et je résistai à la curiosité qui me poussait vers la demeure du médecin phrénologue. D'ailleurs une observation vint donner un nouveau cours à mes idées. Un soir, après dîner, j'étais resté chez mon hôte, causant au coin du feu avec lui et sa femme, je ne sais à quel propos elle lui dit : « Mon ami, » et l'embrassa sur la joue en se penchant vers lui. Les caresses publiques entre gens mariés et même entre amants m'ont toujours révolté; il y a dans ces manifestations extérieures quelque chose qui fait ressembler les gens assez peu délicats pour se les prodiguer aux animaux des rues. Je suis naturellement embarrassé de ma contenance devant des marques d'amour qui n'ont pas plus de raison de commencer que de finir; aussi la rougeur me monta au front, et je me mis à tisonner avec acharnement un gros morceau de charbon de terre, espérant que la coloration qui me viendrait du foyer ferait oublier celle que la pudeur m'avait envoyée aux joues.

« Ce soir-là je sortis indigné contre la femme qui osait donner en public des échantillons de ses caresses, et au fond de mon indignation il entrait certainement du dépit, car les paroles du docteur Soulacroix me revinrent peu à peu à l'esprit et me montrèrent une femme qui ne voyait pas encore le mari envelopper l'homme, c'est-à-dire un être froid, ennuyé du mariage et ne pensant qu'à une certaine tranquillité de foyer. Mon amour-propre irrité me peignit la femme sous un tout autre aspect, j'allai jusqu'à la traiter mentalement de courtisane, uniquement ce motif qu'elle avait embrassé son mari devant moi. Je me crus guéri et j'eus un moment de satisfaction encore en me disant que le lendemain je retournerais à mes travaux. Effectivement, je suivis les cours comme par le passé, pouvant dès lors entendre la voix du professeur; cependant j'avais une espèce de jaunisse dans le cœur, et la vie ne me paraissait plus aussi gaie que par le passé.

« A la fin d'un autre dîner, je fus témoin de nouvelles caresses de la part de la femme; elle avait passé ses doigts dans les cheveux de son mari et lui faisait de petits enfantillages amoureux. Elle ne se gênait pas de moi ; cette fois je ne rougis pas, mais j'attendis avec impatience une nouvelle caresse qui ne vint pas. Un doute était entré dans mon esprit : tout cela est faux. J'ai l'amour de la sincérité poussé à un tel degré, que tout ce qui ne doit pas rester sur terre et qui est conservé par la main de l'homme me fait horreur. Moi qui dissèque des cadavres chaque jour et qui n'y trouve aucune répulsion, parce que je sens que j'accomplis un devoir utile, je suis effrayé quand j'entre au musée d'histoire naturelle du Jardin des Plantes. Ces animaux empaillés avec des yeux de verre toujours fixes, ces mouvements perpétuellement roides, ces poses éternelles m'irritent, parce qu'elles sont aussi loin de la nature qu'un marquis de Marivaux l'est d'un paysan. Ce n'est pas vrai, c'est de la convention, et j'ai le malheur, dans la vie, de connaître tout ce qui est de convention.

« Je n'aimerai jamais les femmes qui mettent du blanc, même le plus petit grain, parce que ce mensonge me trottera perpétuellement dans la tête. Or les caresses de madame Vatinel me semblaient des caresses feintes. Pourquoi feint-elle des caresses qu'elle ne sent pas en elle? C'est autour de cette question que se groupèrent, comme derrière un grand tambour-major, une armée de réponses, musique en tête, avec leurs généraux, leurs capitaines et leurs soldats. Elle avait donc besoin d'endormir son mari dans la tranquillité. Tout en détestant cette femme, qui ne semblait faire aucune attention à moi, je vis reparaître avec quelque défiance les paroles du docteur Soulacroix, qui pouvait bien n'être ni un prophète imposteur, ni un sarcastique personnage. Ma vie fut encore dérangée une fois, et je compris alors quelle force et quelle dépense de temps voulait une existence de don Juan.

« L'enfant tomba malade, et sa maladie prit un caractère

assez grave pour forcer madame Vatinel à passer les nuits auprès de lui : je m'offris à la remplacer, et elle accepta, à la condition seulement que je veillerais deux nuits par semaine. Le mari, je dois vous le dire, montra une certaine insouciance pendant la maladie de son fils; quant à madame Vatinel, elle fut pleine de dévouement ; même quand je passais les nuits, deux ou trois fois elle apparaissait vêtue de sa robe de chambre qu'elle ne quittait pas afin d'être sur pied au premier cri. Son caractère m'apparut alors meilleur que je ne le croyais ; elle était tout angoisses pour son fils qui était d'une santé chétive et pour lequel les médecins recommandaient d'immenses ménagements pendant la vie. Je crus souvent l'enfant à la mort ! La pauvre femme pleurait comme si l'on emportait sa vie. Au bout d'un mois, la maladie s'éteignit graduellement et une heureuse convalescence chassa les craintes de la mère. Veillant toujours à la santé de l'enfant, employant ce que je savais en médecine à ce que les prescriptions fussent bien exécutées, je quittai peu madame Vatinel. J'acquis une sympathique confiance, elle me raconta sa vie depuis son mariage ; elle était pauvre, et son mari l'avait épousée pour sa beauté ; mais il s'était bien vite lassé du mariage, et une douce amitié, à défaut d'amour, n'existait même pas entre les époux.

« Quoique convalescent, l'enfant avait besoin d'autant de soins que pendant sa maladie. Je continuai de temps en temps à veiller auprès de lui, mais j'étais récompensé par l'amitié que me montrait madame Vatinel; à l'entendre, j'avais sauvé l'enfant, et elle ne saurait jamais me montrer assez de reconnaissance. Je traitai, comme vous pensez, le mari avec tout le mépris que m'inspirait sa conduite pendant la maladie de l'enfant. Enfin nous nous entendions, nous changions de conversation quand M. Vatinel entrait ; nous paraissions déjà complices.

« Le docteur Soulacroix se trouva avoir raison. J'ai aimé

passionnément cette femme, comme on aime la première fois de sa vie, et je passai dans cette maison deux mois gros de bonheur, oubliant tous mes travaux, mon père, l'avenir, trouvant dans le charme des sens des bonheurs si doux dans le présent et si amers quand on s'y laisse entraîner. M. Vatinel entra un matin dans ma chambre, avec un certain air plus ennuyé que d'habitude : « Ma femme est enceinte, » me dit-il à brûle pourpoint. J'étais couché et je ramenai une partie de la couverture sur ma figure, tant ce début me terrassa. L'heure matinale à laquelle il était entré, sa physionomie, me firent croire que tout était découvert : « Ceci me gêne beaucoup pour vous, » me dit-il. J'eus le courage de le regarder en face et de lui demander pourquoi : « C'est que, dit-il, je vais prendre dès demain une servante de plus et que j'aurai besoin de votre chambre, mon cher Henri. » Alors je respirai. « J'ai écrit à votre père et je lui annonce la grossesse de ma femme en lui disant que je me vois obligé, à mon grand regret, de ne plus pouvoir vous loger chez nous. »

« Je fus heureux de cette nouvelle, car il se mêlait un sentiment cruel à ma passion. Habiter sous le même toit qu'un homme qu'on trompe, lui serrer la main tous les jours, lui dire « mon cher, » sont des supplices pour les gens sincères. Les femmes ne comprennent pas grand'chose à ces délicatesses, mais je fus enchanté que M. Vatinel me donnât mon congé. Je n'eus que le temps de louer une chambre et je revins rapidement, espérant trouver madame Vatinel et lui demander en secret la manière dont je pourrais la rencontrer. « Ne me parlez pas, dit-elle, il est très-jaloux, prenez garde. » Le mari rentrait immédiatement, et il est de fait qu'il ne quitta plus sa femme d'un moment jusqu'à mon déménagement.

« Je souffrais et j'avais des impatiences, car si je quittais ainsi celle que j'aimais, comment faire pour la revoir? J'annonçai que j'allais demeurer à l'hôtel César, sur la place de l'École-de-Médecine, espérant qu'elle viendrait me retrouver; mais je passai huit jours à demander à la maîtresse d'hôtel : « Une dame est-elle venue? » toujours on me répondait non. J'allai pour rendre une visite à M. Vatinel : après deux ans de séjour intime, il m'était bien permis de ne pas abandonner d'aussi anciennes connaissances. Ils étaient sortis, le lendemain encore, ainsi que le surlendemain. Je finis par rencontrer le mari et la femme; M. Vatinel était toujours le même, mais sa femme me sembla froide, et ce n'était pas la crainte de son mari qui l'empêchait de répondre par un simple coup d'œil aux angoisses qu'elle pouvait lire dans mes yeux. J'étais décontenancé par un semblable accueil : je paraissais un simple étranger pour madame Vatinel ; le son de sa voix était froid et elle affectait de ne dire que des paroles indifférentes comme à un homme qu'on reçoit pour la première fois. C'était : « Travaillez-vous beaucoup, monsieur? Ou : la médecine est une belle profession, mais je n'aimerais pas que mon fils s'y livrât. » Je sortis exaspéré, me demandant ce qui avait pu se passer dans l'esprit de la femme que j'aimais tant; jamais nous n'avions eu le moindre nuage entre nous. M. Vatinel n'était pas jaloux, cela se voyait à son air, à ses regards, à ses paroles; il m'engageait à venir souvent le voir; il s'était plaint même de ne pas m'avoir revu depuis huit jours. La froideur inexpliquée d'une femme qui vient de dire : *Je t'aime*, est capable de rendre fou. Je me perdais en raisonnements, je cherchais à me rappeler les moindres paroles de notre dernière entrevue, et rien n'apportait de clarté dans mes idées. Je rentrai chez moi dans un état pénible, creusant mon cerveau à analyser comment l'amour peut se rompre tout à coup chez la femme et lui laisser le cœur aussi vide que si l'on y avait ajusté un petit robinet et que l'amour eût coulé comme l'eau d'une fontaine. J'admettais déjà difficilement que l'amour eût une fin, mais je voulais savoir le pourquoi du cas particulier dans lequel je jouais un si triste rôle. C'était comme ces maladies inconnues que nous voyons emporter un sujet sans que nous puissions y porter remède.

« En un mois, je souffris comme je ne souffrirai de ma vie : j'étais devenu maigre à faire pitié ; les projets les plus contraires se dressaient dans mon esprit. Tantôt je voulais courir chez M. Vatinel et me présenter dans le triste état où m'avait réduit l'amour ; tantôt je formais le projet cruel d'aller chez le mari et, en présence de sa femme, de lui dire : « Je vous ai trompé, monsieur, votre femme est coupable. » Tantôt je regardais comme la plus douce faveur de m'entendre dire par *elle* pourquoi elle ne m'aimait plus. Le pourquoi, la raison de sa froideur, et je me serais retiré heureux, en comparaison de mes souffrances.

« M. Vatinel entra un jour chez moi au milieu de mes réflexions et s'étonna de me voir changé ; je répondis que j'avais fait une maladie. » Il faut vous distraire, me dit-il, vous travaillez trop, venez donc dîner à la maison sans façon ; je suis sûr que madame Vatinel sera enchantée de vous voir... » Il ajouta qu'elle lui parlait souvent de moi et qu'elle avait conservé beaucoup de reconnaissance pour les soins que j'avais donnés à son enfant. Ces simples mots me firent respirer à pleine poitrine ; je me sentis redevenir l'homme heureux de deux mois auparavant. C'était elle certainement qui, inquiète de ne plus me voir, envoyait son mari me chercher. En ce moment je lui pardonnai tout ce qu'elle m'avait fait souffrir, et je trouvai des raisons à sa froideur. Sa grossesse inattendue l'avait fait songer à la prudence, de là son air glacial, ses manières froides pour mieux tromper son mari.

« Madame Vatinel me reçut avec beaucoup de politesses, en apparence amicales ; mais ses yeux étaient toujours glacés quand elle me regardait ; ces yeux-là ne renfermaient ni souvenirs, ni promesses, ni espérances; ils étaient froids comme un miroir d'acier. Le mari était sorti, je pris la main de sa femme, et je crois qu'un cadavre eût mieux répondu à la pression désespérée, à la passion qui courait impétueuse dans chacun de mes doigts. « Eugénie! » lui dis-je avec un ton de voix que je ne saurais retrouver, tant il était plein d'angoisses et d'amour. Elle dégagea sa main et me dit: « Monsieur, oublions un moment d'erreur. »

« Cette phrase me fait froid quand je la répète, tant elle est composée de mots convenus, tant elle a été répétée, tant elle est académique et méprisable. Oublier un moment d'erreur. Ah! je l'ai disséquée bien des fois, et je n'ai trouvé au fond que mensonge et hypocrisie, trois mensonges dans trois mots. *Oublier!* quand le souvenir s'attache à chacune de nos facultés, à chacun de nos sens. *Un moment!* Elle appelait un moment de bonheur deux mois pendant lesquels nous ne faisions qu'une âme. *Erreur...* Ah! je ne veux plus discuter ces mots qui m'irritent et qu'on ne trouve que dans le grand dictionnaire des femmes. Cependant sur le moment l'effet de cette phrase fut magique; c'était une douche glacée qui me tombait sur la tête; ma tête retomba sur ma poitrine, écrasée sous le poids de cette fausseté, et il fallut la rentrée de M. Vatinel pour me remettre sur pied.

« Je sortis plein de mépris pour cette femme, dont je n'avais pas encore la clef. C'est ce matin seulement que je sais tout. Ah! le docteur Soulacroix est un savant homme; il m'a fait une cruelle opération, mais enfin il a réussi. Je lui ai tout raconté; il a ri, il a pleuré en coupant mes récits de plaintes, de sanglots: « Pauvre enfant! » s'écria-t-il. Ne m'a-t-il pas appelé géniteur! « Ah! docteur, c'en est trop, » lui ai-je dit. Il se mit à hausser les épaules en allant du côté de la bibliothèque. « Tu ne connais pas le Code, bonne âme; il faut connaître les cinq Codes dans la vie, les étudier, les commenter et être aussi fort que si tu allais passer un examen de droit. Ce que la médecine ne te fera pas toujours comprendre dans la vie, tu trouveras de nouvelles lumières dans le droit. Cette femme n'avait rien quand elle a épousé son mari; M. Vatinel, qui est défiant, ne lui a rien reconnu en dot; pense un peu, cher ange, si le mari mourait aujourd'hui, la femme se trouverait sur le pavé. L'enfant est chétif, il peut mourir d'un jour à l'autre. Cette femme-là a un grand instinct de la physiologie. M. Vatinel a eu, dans le commencement de son mariage, un enfant malingre, et il ne pouvait pas en avoir d'autre... La constitution du mari est déplorable; il est chétif, tu le connais mieux que moi; l'art de la sculpture nous démontre qu'un moulage, d'après une figure déjà effacée, donne un relief éteint... Madame Vatinel t'a aimé parce que tu étais jeune... question médicale; mais, bonne âme, tu trouveras dans le Code la question légale. »

XXXIII

DE LA BOHÈME

A cette époque, on pressentait déjà ce que nous deviendrions un jour; on voulait nous classer; mais le *réalisme* n'était pas inventé. Quoique les *Scènes de la bohème* de Murger n'eussent pas encore été représentées, nous fûmes déclarés *bohèmes*. Le mot ne voulait rien dire; car tous ceux qui ont débuté dans les arts et les lettres, sans fortune, ont passé par une vie difficile, mais honorable. Un critique, quoique bienveillant, me déclara *roi de la bohème*. Je pressentais le danger, et je lui répondis la lettre suivante :

DE LA BOHÈME LITTÉRAIRE

« Ah! la bohème littéraire, quelle corde grave et mélancolique vous avez touchée là, monsieur! Ces deux mots semblent pleins de jeunesse, de soleil et d'insouciance; ils cachent une vieillesse terrible, des jours de brouillard continuel — et l'hôpital.

« Il y a à Paris, dites-vous, une réunion de jeunes esprits
« hardis et insolents, nourris de bonnes lettres, qui *vivent*
« *de soleil et de poésie*. C'est la tradition des trouvères con-
« tinuée jusqu'à nous. De tous temps cette *bohème littéraire*
« a existé. Piron en fut et Lesage aussi, et bien d'autres
« dont les noms ne mourront jamais. C'est chose délicieuse,
« je vous assure, que le gazouillement de cette nichée de
« poëtes. Rien n'égale l'abandon de ces gais bohémiens ré-
« citant *tensons* et *syrventes*, et dédaignant d'écrire les fol-
« les rimes qu'ils jettent au vent. Ils n'ont nul souci du
« présent, *nulle inquiétude de l'avenir*, et sont en cela,
« comme en tout, fidèles à la tradition. »

« Voulez-vous me permettre de discuter avec vous quelques mots de cette citation? En 1846, il arriva qu'une douzaine de jeunes gens se trouvèrent réunis dans un petit journal.

« Ces douze jeunes gens ne se connaissaient pas; ils n'avaient entre eux que peu d'amitié, pas de camaraderie; il n'y en avait pas deux qui s'entendissent en politique; un faible lien de *romantisme* les faisait se réunir contre un vieillard, leur maître et rédacteur en chef, qui leur conseillait d'étudier Rivarol et Chamfort.

« Après trois ans de travaux, les douze jeunes gens se séparèrent et ne se revirent jamais que sur le boulevard. Tous nous avions pris en horreur, en haine, le *petit journal* où nous étions entrés avec tant d'ardeur. Nous avions reconnu le vide et le triste de cet esprit de mots si agréable à ceux qui lisent ces malices le matin en déjeunant.

« Nous sommes sortis du *petit journal* parce que nous étions honnêtes. Qu'on ne croie pas que le peu que nous gagnions soit entré pour quelque chose dans cette résolution. Pour moi, j'écris *pour rien* toutes les fois que je crois dire la vérité; j'ai toujours refusé d'écrire contre mes opinions, quand même l'argent éborgnerait mes yeux.

« Jamais de concessions à personne! De grandes haines, et de grandes admirations! De grandes douleurs, mais de grandes joies!

« Avec de tels principes, on ne fait pas fortune. Les quelques-uns des nôtres qui sont restés fidèles à ces principes tout particuliers, ceux-là vivent de peu, mais tranquilles et indépendants. Ils ne vont pas dans les salons littéraires ou politiques, parce qu'on y ment et qu'il faut mettre des *sourdines* à ses opinions.

« Mais quand ils se rencontrent par hasard, c'est une fête.

« Rien de moins bohémien, rien de moins accidenté que leur vie. Cependant, comme nous parlons *vrai*, un homme habitué aux fréquentations du monde perdrait la tête en nous entendant causer. De longs rapports nous permettent de sauter les prologues et épilogues d'une discussion et d'arriver tout de suite à des formules brèves et impérieuses. Aussi finirons-nous un jour par ne plus parler qu'entre cinq.

« *La bohème*, je vais vous dire ce que c'est. Elle se compose d'une bande d'individus, étranges littérateurs, vantards et menteurs, qu'on voit partout, qu'on rencontre partout, mais qui n'écrivent pas cent lignes par an. Ceux-là affichent hautement leurs titres de *bohèmes*; roulant sur le pavé de Paris depuis douze ans, ils forcent les relations d'hommes et de journaux et ne sont pas incapables de faire insérer des bouts d'articles et de réclames quelque part. Mais leur vie est pénible.

« Vous comprendrez, monsieur, pourquoi je n'accepte pas la *royauté* ou la *présidence* d'un tel groupe ; tout homme qui vit entièrement de sa plume n'est pas un *bohème*. Ce mot si glorieux quand il s'applique à tous les poëtes pauvres des siècles passés, ce mot de *bohème*, accepté et reçu dans la nouvelle langue, est forgé de paresse, d'ignorance et de mœurs douteuses. »

XXXIV

SUITE DES PROPOS AMOUREUX

Au mois d'août dernier Antoine me racontait ceci :

« Tu sais que mon père perdit tout d'un coup sa fortune et m'annonça brusquement cette nouvelle qui allait changer complétement mon sort. J'avais jusque-là été habitué à vivre indépendant, dépensant huit à dix mille francs par an ; ce fut pour moi un coup de marteau. Que faire dans Paris, moi, habitué à un certain luxe, aimant les arts, ne sachant me refuser aucun plaisir, adorant une femme de théâtre qui faisait semblant de m'aimer ?... Je restai anéanti sur le moment, et, quand le courage me revint un peu, je pensai à mille réformes essentielles dans mon logement, dans ma toilette et dans ma table ; continuer de vivre comme par le passé était seulement possible pendant un ou deux ans, à l'aide de mon crédit, mais c'était tomber dans la dette, un gouffre qu'on ne comble jamais. Je passai des journées à faire des calculs et des additions, car je voulais arriver à une vie honnête avec douze cents francs par an. Un de mes amis m'aida dans les plans de réforme, c'était un charmant garçon qui avait passé par tous les degrés de la vie parisienne la plus pénible, et qui, à force de courage et de travail, s'était créé une existence honorable. Il me donna tout d'abord le conseil de ne pas rester plus longtemps dans mon logement : « Rien ne t'attristera, me dit-il, comme ton riche mobilier, ton salon avec ses curiosités, ta chambre à coucher élégante. Il faut couper dans le vif et avoir le courage de vendre tout. Laisse-moi faire. » Combien je dois à cet ami qui se montra aussi cruel qu'un chirurgien sur le moment, mais qui me guérit! Un matin, il arriva avec des marchands de meubles et traita sans pitié de tout le mobilier ; il ne laissa pas un chiffon. Quand je réclamai pour mon lit, pour un tableau, pour un fauteuil, il me disait : « Mon cher, un homme ruiné, et qui veut refaire sa vie, ne doit pas songer au passé : que rien dans ton nouveau logement ne rappelle ton ancienne aisance, autrement tu tomberais dans l'amertume, tu aurais des jours de regrets : je veux que tu changes complétement de peau et que tu me promettes de penser à l'avenir, jamais au passé. Ton lit est trop beau pour ton nouveau logement, on s'enfonce trop dans tes fauteuils, tout cela porte à la paresse et tu n'as plus le moyen d'être paresseux. Tu vas partir d'ici sans qu'on soupçonne ton changement de fortune, tu n'auras pas à rougir devant tes concierges. Le plus difficile est de rompre avec cette créature; mais tu dis qu'elle ne t'aime pas. Sois homme huit jours, au bout de huit jours tu seras étonné combien la vie simple a de charmes. » Mon ami prêchait d'exemple ; il n'était pas moraliste ennuyeux, au contraire, il avait passé par tous les orages de la vie parisienne, et il avait pu s'en retirer à temps en conservant une grande simplicité dans les mœurs.

« Il me conduisit dans une maison de la rue Montmartre, dont l'entrée était propre et où il m'avait loué un appartement de cent francs par an. Je riais en chemin de cet *appartement* dont je me faisais une idée bizarre. Dire à un homme qui a eu dix mille livres de rentes qu'il va habiter un logement de cent francs par an, c'est se moquer de lui. Nous autres, tant que nous sommes riches, nous ne savons rien de la vraie vie. Nous connaissons le boulevard des Italiens, le café de Paris, l'Opéra, les Italiens, et tout ce qui se passe en dehors nous étonne. Mais mon ami était malin comme une grisette; la nécessité lui avait fait connaître le Paris à bon marché dans sa jeunesse, et il se serait trouvé richissime avec huit cents francs de rente. Il est bien certain qu'il ne faut pas avoir de folles passions, cependant il en avait eu. « J'ai beaucoup aimé, me disait-il; seulement, là où les autres dépensent de l'argent, je dépensais du temps, et on m'aimait plus pour le temps dépensé que si j'avais apporté des trésors. » Il me conseillait de me promener le soir dans la rue Saint-Denis ou la rue Saint-Martin, c'était là seulement, à l'entendre, qu'il existait encore un peu d'amour. Une grisette qui travaille toute la semaine douze heures par jour, est heureuse d'aimer le dimanche; elle est trop occupée pour penser à mal, et, si elle trompe, elle trompe moins que les autres femmes.

« Mais j'avais renoncé aux femmes pour le moment, tel n'était pas mon but. Je rêvais une place de quinze cents francs, qui me permettrait de faire des économies. A trente ans, je devais recommencer une vie qu'il est si facile de mener à dix-huit ans. Cela m'eût rempli d'amertume si j'avais été seul, mais le dévouement de mon ami me fit passer par-dessus ma fortune perdue. Je fus tout surpris, en montant l'escalier de mon nouveau logement, de ne pas trouver fatigants les six étages qui conduisaient à ma chambre. Tout vous frappe dans ces moments : la portière, à qui mon ami avait donné seulement trois francs de denier à Dieu, au lieu de me recevoir en homme pauvre, me salua poliment. C'était une femme d'une trentaine d'années, pâle et souffrante, qui donnait à manger à une enfant de quatre ans. Au lieu de ces portiers insolents qui ne rêvent que de lever un tribut sur les locataires, je rencontrai une femme intéressante, dont la figure annonçait plus d'un chagrin.

« La maison était tenue avec une grande propreté, l'escalier frotté jusqu'à ma porte. En entrant, je fus plus charmé que si j'entrais dans un palais : on eût dit une petite chapelle, tant l'ameublement était doux et blanc. Les murs avaient été recrépis nouvellement à la chaux; des rideaux blancs cachaient à moitié un lit de fer. D'autres rideaux blancs pendaient également à la fenêtre, qui laissait passer un jour gai et vif. Une petite cheminée en bois noir bien verni faisait contraste avec les murs blancs, et le seul mobilier était une table et deux chaises de bois blanc. Je ne pus retenir un cri d'admiration. « Oh! que c'est joli! » dis-je à mon ami en lui pressant les mains.

« Trouver tout d'un coup dans Paris une chambre ainsi meublée, c'est un rêve charmant, c'est la cellule du moine sans le couvent, c'est la pureté à la place de la débauche. « Comme on doit travailler paisiblement ici! pensais-je, et que l'homme va souvent chercher loin le bonheur! » Quelle délicatesse de la part de mon ami, qui avait trouvé le seul moyen de me rendre heureux! Il ne dit pas un mot et ouvrit la fenêtre. On voyait un bout de la butte Montmartre et trois petits arbres grêles qui ressemblaient un peu à des balayettes; n'importe, c'était encore la campagne. Jamais je ne me suis senti aussi heureux qu'en entrant dans cette chambre; j'avais oublié la perte de ma fortune, je me sentais un homme plein de courage, de force et d'activité. J'aurais porté des paquets sur le dos dans Paris pour pouvoir me reposer le soir dans mon lit blanc. Il faut avoir vécu dans le luxe parisien, avoir été entouré des objets de mauvais goût que la mode impose, pour comprendre le charme de cette jolie chambre aux rideaux blancs. Rien n'aurait pu me remonter le moral à cette époque; mon ami était un bien grand médecin.

« Mon projet alors était de vivre de copies, car je ne voulais pas entrer dans une administration, je tenais à ma liberté, et une maison de commerce m'avait déjà fait quelques ouvertures pour mettre au net des livres de commerce dont les écritures étaient en retard de près d'un an. Avec mon éducation de collége, c'était ce que je pouvais faire de mieux. Mon ami, du reste, veillait sur moi; au milieu de toutes mes connaissances, il était le seul à qui j'avais confié la vérité de ma situation. Il m'écouta, ne me fit pas grande morale, me montra ce qui restait à faire à un honnête homme, et je vous ai dit comment il s'était conduit. Ayant donc pris possession de mon logement, je consacrai le reste de la journée à faire différents achats : plumes, papier, encre et les cinquante petits objets dont on a besoin quand on emménage.

« Je passai la soirée à écrire à mon père une longue lettre, dans laquelle je lui annonçai ma nouvelle vie, mes plans de réforme et la voie sérieuse dans laquelle j'allais entrer. La vente de mon mobilier avait produit deux mille et quelques cents francs. J'envoyai mille francs à mon père, et je vous jure que jamais je n'ai été aussi heureux de ma vie. Lorsque je vivais dans le luxe et le plaisir, il m'arrivait rarement de penser à mon père; si quelquefois son souvenir me traversait le cerveau, j'étais souvent trois mois sans lui écrire. En été, j'allais passer quinze jours auprès de lui, autant pour me délasser de la vie parisienne que pour le voir. Je ne pensai réellement à mon père que quand sa ruine entraîna la mienne, et je me chagrinai plus encore pour lui que pour moi. J'étais jeune, je pouvais recommencer ma vie; mais lui qui avait été habitué à vivre entouré d'ouvriers, c'était son plaisir; lui qui restait en province, montrant sa misère à tous, au lieu de la cacher comme je pouvais le faire à Paris!

« Cette longue lettre me prit trois heures, car je cherchai

sans phrases à faire passer dans l'esprit de mon père la tranquillité que je trouvais en moi, et je me couchai pour la première fois, depuis ma jeunesse, l'esprit content. Vers les six heures du matin, je fus réveillé par un chant pur et jeune qui tenait autant de l'oiseau que de la jeune fille. Je crus d'abord que je rêvais et j'ouvris mes yeux tout grands. Le chant continuait avec un timbre si clair, que jamais je n'en avais entendu de pareil. Il faut se reporter à ses jours de jeunesse pour retrouver une impression d'une telle fraîcheur : les cloches qui annoncent les œufs rouges et le jour de Pâques, les fanfares d'une musique de cavalerie qui arrive en province par un beau soleil, les carillons du jour de l'an, ces petits plaisirs qui paraissent si grands, ces premières sensations qui ne s'effacent jamais, me revinrent dans l'esprit et me rappelèrent mes dix premières années si heureuses. C'était une voix gaie et capricieuse, éclatante de jeunesse, qui descendait par ma cheminée. J'aurais habité un chenil avec plaisir à la condition d'entendre cette voix toute la journée. J'écoutai attentivement ce joli ramage, car on ne peut appeler une chanson des caprices sans paroles qui sortaient du gosier de la jeune fille. Elle était jeune et non mariée évidemment. Cette circonstance de la voix descendant par la cheminée me donna à penser qu'il y avait encore un étage au-dessus du mien.

« J'avais une voisine.

« La voisine ! n'est-ce pas ce qu'il y a de plus joli dans la vie de jeune homme ? c'est presque une famille. Toute la fraîcheur et la gaieté contenues dans ce mot de *voisine* échappent aux gens riches qui se saluent à peine en se rencontrant sur l'escalier. Jamais je n'avais eu de voisine dans mes anciens logements, ou je ne les avais pas remarquées. Me levant à midi, et ne rentrant qu'à deux heures du matin, je ne songeais guère à ceux qui demeuraient à côté de moi. Il faut, pour comprendre une voisine, ne pas quitter sa chambre, être interrompu dans ses occupations par le bruit qu'elle fait à côté de vous ou au-dessus de votre tête.

« Je me levai doucement et j'allai ouvrir ma porte afin de me rendre compte qu'il existait un septième étage ; mais le bruit que je fis en faisant tourner la clef dans la serrure arrêta immédiatement la chanteuse, ce qui me causa un vif déplaisir. Je n'en remarquai pas moins un escalier de meunier ajouté après coup, dont les marches, presque perpendiculaires au sol, se perdaient dans l'ombre d'un corridor étroit et devaient mener à une mansarde. Ma voisine n'était pas riche bien certainement; à en juger par la modicité du prix de mon logement, le sien ne devait coûter qu'une soixantaine de francs par an. Je me représentai sa chambre en étudiant la mienne, dont les angles formaient déjà un certain coude vers le plafond et dont la continuation promettait à l'étage supérieur une mansarde avec les caprices imposés par la toiture.

« J'étais déjà puni de ma curiosité, puisque le chant avait cessé, non pas que j'eusse eu l'intention de voir la figure de la chanteuse, et je me promis bien, si la chanson reprenait dans la journée de retenir mon souffle, afin de ne pas effaroucher ma voisine. Je me mis au travail, et j'oubliai, dans l'application de ma tenue de livres, la jeune fille. De la journée je n'entendis plus rien et je me couchai avec un petit regret d'avoir ouvert ma porte le matin. Le lendemain, à six heures précises, au moment où le soleil s'avançait par ma fenêtre et formait un angle sur le mur, la jolie voix recommença comme la veille, peut-être plus pure encore que la veille. Il me semblait voir la folle gaieté d'un chien qui suit son maître à cheval et qui fait mille tours capricieux dans la campagne. Il n'entrait pas dans ces mélodies de souvenirs d'airs connus ni de ces grandes musiques prétentieuses d'opéras; c'était avec ses tournures parisiennes quelque chose de naïf, comme les airs que sifflent les garçons de charrue. Le sentiment, la mélancolie n'avaient pas plus de part dans les roucoulades de la jeune fille que le rossignol n'en met dans son gosier; c'étaient des sons francs, simples et gais comme une fleur. Le bonheur, la santé, le travail, la jeunesse, formaient la base de ces chansons.

« Combien je pensai à mon ami et combien je le remerciai de m'avoir trouvé cette chambre où je vivais si heureux et où j'étais réveillé par un si doux réveille-matin ! car jamais la voix ne manqua à six heures ; elle arrivait avec le soleil. « Ma voisine doit être bien jolie, pensais-je ; si elle était laide, on se serait moqué d'elle, on le lui aurait dit et il en resterait quelque tristesse dans son caractère ; ses chants s'en ressentiraient également. Quant à la jeunesse, elle a dix-sept ans, le timbre de sa voix l'indique assez. » Et je m'en faisais une image particulière dans laquelle je portais toute mon attention sur le cou. Combien devait être délicate et fine l'enveloppe de ce gosier par où le son sortait si pur et si frais ! Je me figurais un cou un peu élancé, délicat, ni trop long ni trop court, qui portait une petite tête spirituelle, rieuse ; des lèvres roses, une fossette au menton et deux autres aux joues, des cheveux pas trop noirs, châtains, les yeux un peu petits, mais pétillants de gaieté et de jeunesse. Les habits, je n'avais pas besoin de les voir pour être certain de leur coupe et de leur couleur : un petit bonnet à rubans, plutôt sur le derrière que sur le milieu de la tête; la robe en toile, à carreaux écossais pas trop larges ; un fichu de soie de brillantes couleurs, qui laisse voir la naissance du cou et la blancheur de la poitrine ; les mains alertes avec l'index vertueux, picoté par les aiguilles et offrant un endroit aussi dur qu'une râpe à sucre. L'ameublement n'aurait pas coûté cinq minutes d'enregistrement à un huissier : il devait se composer d'un pot de fleurs, d'un lit de sangle, d'un grand balai, d'un petit plat de fer-blanc, d'une bouilloire, d'une marmite en terre et d'un saladier en osier.

« Je n'eus pas grand mérite à deviner la batterie de cuisine; le matin, après la chanson qui durait jusqu'à huit heures, sur le petit palier en haut de l'échelle de meunier, je savais quand ma voisine allumait son réchaud, car il arrivait jusqu'à ma porte des senteurs de légumes frais, quand elle levait le couvercle de la marmite ; quelquefois c'était un grésillement de beurre frissonnant dans un plat de ferblanc, et j'entendais le petit coup sec que produisent deux œufs choqués l'un contre l'autre. J'étais arrivé à une grande finesse d'ouïe; caché derrière ma porte, j'entendais tout ce qui se passait au-dessus de moi, jusqu'au sifflement produit dans l'air par le saladier d'osier qu'on secoue. Ma voisine sautait plutôt qu'elle ne descendait les marches de l'escalier ; elle faisait moins de bruit qu'un oiseau passant d'une branche à une autre. Les moindres événements prenaient d'énormes proportions dans ma vie tranquille. Je sus le jour où elle avait mis des souliers neufs, à un certain *couinement* qui est la chanson du cuir neuf.

« Un matin, je dis à la portière : « — Qui est-ce qui chante donc ainsi au-dessus de ma tête? — C'est une ouvrière, monsieur; je lui dirai de se taire. » Je me sauvai, effrayé de cette réponse, en colère contre moi d'avoir cherché à pénétrer dans l'existence de ma voisine. « Elle va lui dire de ne plus chanter, pensais-je, mon plus grand bonheur, et c'est moi qui en serai la cause. » J'entendais le dialogue entre la jeune fille et la portière : « Mademoiselle, le monsieur d'en dessous se plaint que vous l'empêchez de dormir le matin, tâchez donc de chanter moins fort. » Peut-être menaçait-on ma voisine du *propriétaire*, terrible titre qui en impose tant aux locataires des mansardes. Que va penser de moi cette jeune fille? Elle me prendra pour un homme ennuyé, peut-être âgé, qui souffre des plaisirs de la jeunesse et les regarde d'un œil chagrin. Je marchai dans Paris sans trop savoir où me portaient mes idées amères; je me trouvai dans la position d'un homme qui s'écrie l'été: « Quel diable de soleil ! » et qui, à partir de cette parole, ne voit plus revenir le soleil. L'ombre, et pis que l'ombre, des brouillards perpétuels remplissent son esprit. Qu'un mot est imprudent quand on ne songe pas vivement à le corriger par un autre mot. Pourquoi n'avais-je pas dit à la portière : « Au contraire, madame, la gaieté de ma voisine me plaît beaucoup, et vous seriez bien aimable de le lui dire. »

« Je rebroussai chemin pour aller porter cette réponse à la portière; mais je fus arrêté immédiatement par cette idée : on croira que c'est une déclaration indirecte à ma voisine, un moyen adroit d'entrer en connaissance, et je rougirai de paraître vouloir employer une honnête personne comme cette portière à se charger d'un tel message. D'ailleurs, j'étais sorti depuis deux heures déjà; ma voisine était rentrée ou descendue, et sans doute elle avait reçu l'avertissement de ne plus chanter.

« Est-ce que j'aimerais cette jeune fille que je n'ai jamais vue? Cette question me remua violemment. Il y avait si longtemps que je n'avais aimé purement; à peine, en fouillant dans mes souvenirs, apercevais-je une jeune fille qui faisait sa première communion en même temps que moi et qui était restée depuis vingt ans dans ma tête avec ses habits blancs et sa candeur de dix ans. J'avais souri une fois en la regardant, et elle me rendit mon sourire ; telle était la seule fraîcheur qui coulait et se perdait au milieu de mes impures amours de vingt à trente ans. Les sept ou huit femmes que j'ai aimées ne m'ont laissé que des tristesses et des amertumes; il est vrai que c'étaient des femmes artistes, des femmes de théâtre, et que l'art empoisonne ses prêtres. Qu'il doit être doux d'aimer une jeune fille naïve qui ne sait rien ni du théâtre ni du roman, qui a des impressions fraîches et naturelles au milieu de Paris! Je n'avais pas besoin d'aller rue Saint-Denis, comme me l'avait recommandé mon ami, à la chasse à la grisette; j'avais un trésor sous la main... Toutes ces réflexions dansaient dans ma tête et prolongèrent ma promenade que j'avais menée jusqu'à la place de la Bastille sans m'en apercevoir. En rentrant, je forçai le pas afin de ne pas connaître de ma portière le résultat de ses paroles à ma voisine. Je passai une mauvaise nuit, agité et préoccupé, car, à six heures du matin, mon sort allait se décider. Si la jeune fille ne chantait pas, j'étais perdu. Quoique mon sommeil eût été un peu fiévreux, à cinq heures du matin j'étais réveillé, jamais heure ne me parut si longue. Justement, le soleil ne se montra pas ce jour-là ; de gros nuages tristes reflétaient la situation de mon esprit, et par extraordinaire la nature semblait complice de ma situation, ce qui me parut du plus mauvais augure.

« Tout d'un coup la voix éclata plus joyeuse que par le passé, les modulations étaient plus capricieuses, le son avait plus de force. Je sautai en bas de mon lit; si la jeune fille avait été en face de moi, je me serais mis à ses genoux et je lui aurais dit : « Merci! » Que ces petits bonheurs sont grands, et combien ils paraîtront ridicules à beaucoup de gens! Cette voix a cependant été le plus grand bonheur de ma vie, peut-être parce qu'il a été le plus pur. La voix chantait toujours, et j'y découvrais des sentiments inconnus; peut-être y avait-il un peu d'ironie pour le *monsieur* du dessous. Par moments, je pensais que je poussais un peu loin mon analyse musicale; je me forgeais sans doute des idées, car il était possible que la portière n'eût rien dit à la voisine. Et elle continuait à chanter comme par le passé, pour se distraire, et sans y apporter d'idées moqueuses. Le plaisir dont on se croit privé pour jamais est si grand quand il revient, qu'il double de puissance; c'est ce qui fait que les amants aiment tant à se fâcher pour se raccommoder.

« Je devins sérieusement amoureux de ma voisine et

j'attendais ses entrées et ses sorties avec impatience ; par un caprice singulier, je ne voulais pas la voir, trop heureux du portrait que je m'étais fait en moi. Elle est jeune, elle est jolie, elle est sage. C'était surtout sa sagesse qui m'étonnait : pas le plus petit amant ! Car supposer un amant au dehors, c'était impossible ; elle sortait peu, sans doute pour reporter son ouvrage, et jamais je n'avais entendu quatre pas dans l'escalier. Le plafond n'était pas assez épais pour que je n'entendisse pas un homme marcher dans sa chambre. Par la cheminée, j'entendais tout ce qui pouvait se dire dans la mansarde ; j'étais tranquille de ce côté. Mais quelle singulière existence que celle de cette enfant seule, vivant tranquillement dans une petite chambre au septième étage et ne rentrant pas plus tard les dimanches que les jours ouvriers ! Elle n'allait même pas au bal ; c'était une orpheline. Qui est-ce donc qui avait pu l'élever dans des principes aussi sages ? Voilà pourtant le Paris qu'on appelle corrompu et où on rencontre encore des grisettes vertueuses !

« Comment faire pour la voir, la rencontrer, lui parler ? Je peux tenir ma porte entr'ouverte et attendre qu'elle descende ; aussitôt je sors, je me trouve face à face avec elle sur le palier qui est si étroit, je lui dirai bonjour, entre voisins cela est permis. Je descends avec elle les escaliers ; nécessairement dans la rue je vais de son côté ; nous causons, je lui parle de sa jolie voix et je demande la permission d'aller quelquefois lui rendre visite. Non, cela ne vaut rien, j'emploierai le moyen des allumettes, un moyen bien vieux, qui a toujours réussi et qui existera toujours quand un jeune homme demeure à côté d'une jeune fille. Rien n'est plus naturel au sixième étage : « Mademoiselle, auriez-vous la complaisance de me faire cadeau d'une allumette ? — Certainement, monsieur. — Je vous demande pardon de vous avoir dérangée, mademoiselle, mais nous demeurons si haut qu'il est dur de descendre six étages pour acheter des allumettes. — Tout à votre service, monsieur. » Il faut être niais pour s'en aller aussitôt le cadeau de l'allumette, on trouve le logement de sa voisine très-gai, l'air du premier étage en descendant du ciel est toujours si pur ; si la voisine est couturière, il est rare qu'un garçon seul n'ait pas quelques petits points à raccommoder à la doublure de son habit, un bouton à rattacher... Les paroles diplomatiques échangées, on fait des compliments ; jamais une femme ne se blesse d'un compliment.

« Décidément, pensais-je, j'irai demander des allumettes.

« Tout d'un coup il s'éleva une voix en moi, qui n'était autre que ma conscience qui se réveillait. Elle avait l'air chagrin et bon qui lui est habituel, car je l'ai habituée à voir plus d'une méchante action ; elle en pleure silencieusement, mais le lendemain elle revient avec sa douceur et me tient rarement rancune du passé. Ma conscience me montra une jeune fille qui dormait tranquillement, les lèvres entr'ouvertes laissant passer un sourire, sa tête était appuyée sur son bras; elle rêvait de fleurs, d'arbres, de fontaines. Le jour venait lentement d'abord avec son manteau gris-perle couvert de rosée ; dans le lointain un trait aurore se dessinait à l'horizon, les oiseaux secouaient leurs ailes, se réveillaient et commençaient leurs chants du matin. La mansarde se teintait peu à peu des couleurs de l'horizon, la jolie dormeuse faisait un léger mouvement dans son lit, ouvrait les yeux tout grands et se mettait immédiatement à chanter tout en faisant son petit ménage. « Voilà l'enfant, me disait ma conscience, que tu veux connaître, aimer, séduire. Te sens-tu la vertu d'un attachement solennel pour la vie? Alors monte à la mansarde. Mais ne serait-ce pas une fantaisie d'un moment, un caprice d'une minute? Reste chez toi, contente-toi de cette jolie voix qui te réveille tous les matins et qui t'égaye l'esprit pour la journée. Séduire cette jeune fille, c'est lui faire perdre la voix : elle ne chantera plus aussitôt qu'elle craindra de réveiller quelqu'un à côté d'elle ; en connaissant l'amour, elle perdra la gaieté. Sois honnête envers cette jeune fille, et tu trouveras dans ses chansons matinales un charme d'autant plus grand que tu seras heureux de ta bonne action. »

« Ma conscience parlait mieux que beaucoup de prédicateurs ; elle ne parlait pas longtemps, mais ce qu'elle disait me touchait, car elle n'employait que des discours simples et sentis. Je poussai un soupir, et mes yeux tombèrent sur un gros paquet d'allumettes que j'avais acheté la veille. « Je n'ai pas besoin d'allumettes, » me dis-je. En ce moment j'entendis ma voisine qui fermait sa porte à clef. « Maintenant que me voilà fort, pensais-je, je peux bien la regarder. » Et j'ouvris ma porte précipitamment, comptant que je me trouverais forcément en face d'elle; mais elle avait déjà franchi un étage, et je ne vis que sa robe qui flottait à travers les barres de l'escalier, une robe à pois bleus un peu foncés sur un fond clair ! Je rentrai dans ma chambre avec cette jolie robe en tête. Quelquefois il passait devant ma fenêtre des petits morceaux d'étoffe de soie qui descendaient lentement en tournoyant et se dirigeaient vers le toit voisin suivant la direction du vent. Je restais souvent un quart d'heure à suivre dans l'air ces petits bouts de rubans que ma voisine jetait sans doute pour ne pas salir sa chambre, et je rêvais à mille incidents qui me la rappelaient sans cesse au souvenir. Cependant je passai huit bons jours tranquille à partir de l'avertissement de ma conscience, et il n'y avait que les allumettes qui me troublaient chaque soir lorsque je les frottais contre le mur pour allumer ma bougie. « Si cependant, me disais-je, j'avais un jour réellement besoin d'allumettes, cela peut arriver, le paquet s'usera, je ne penserai pas à en acheter, est-ce que je n'aurai pas le droit d'en emprunter à ma voisine ? »

« Et tout en disant cela je m'apercevais que je prenais

30.

deux allumettes au lieu d'une, que sans le moindre prétexte je tenais des allumettes à la main, enfin que je les prodiguais. A ce commerce, le paquet s'usa promptement, et un soir, je me trouvai sans moyen d'avoir de la clarté. Je cherchai inutilement, longtemps sur ma table si je ne trouverais pas une allumette égarée, et sérieusement je me fâchai contre moi-même. « Ah! qu'il est ennuyeux de descendre six étages, m'écriai-je, luttant le plus que je pouvais. Ne pourrais-je pas entrer chez ma voisine poliment et lui demander ce petit service naturellement? Parce que tant de gens se servent de ce moyen, est-ce une raison pour que j'en abuse? Aussitôt que ma voisine m'aura donné quelques allumettes, je la remercie et je descends; je ne lui dirai pas un mot de galanterie. »

« J'étais assis à moitié sur mon lit en raisonnant de la sorte, et la conscience vint à mon secours sans trop se montrer, car je me réveillai tout d'un coup habillé et étendu sur mon lit; il faisait une nuit obscure, on n'entendait plus dans la rue Montmartre qu'un cabriolet en retard qui roulait solitaire, sans craindre d'accrocher d'autres voitures. Il devait être une heure du matin.

« Je renonçai de moi-même au moyen des allumettes, et je passai une quinzaine assez tranquille, me réveillant aux premiers accents de ma voisine; j'avais toujours son image devant les yeux, une image capricieuse que j'avais dessinée. « Si j'y pense encore un mois, me dis-je, c'est que je serai sérieusement amoureux; alors je ne connais plus de conscience, et je me déclare. L'amour ne s'inquiète pas de l'avenir ; il est pur quand il est sincère. D'ailleurs ma voisine finira par rencontrer un homme qui certainement ne me vaudra pas, qui n'aura pas de conscience... » Je pensai alors que j'avais un peu gratté du violon dans ma jeunesse, et comme mes soirées se passaient sans grande distraction, je résolus au premier jour d'acheter un violon. « Ma voisine sera bien étonnée, pensais-je, quand elle se mettra à roucouler le matin, d'entendre un violon lui répondre. Cela lui fera oublier les paroles de la portière. »

« Un jour, un 8 de juillet, je me le rappelle avec exactitude, car c'était le jour du terme, je sortis pour acheter un violon. J'entrai chez différents luthiers, mais on voulait me vendre trop cher ; alors je courus les marchands d'habits qui ont toujours un violon à côté d'un manteau et d'une clarinette ; mais aux uns, il manquait des cordes, aux autres du son, à d'autres tout. Je finis par m'arranger avec un brocanteur d'un violon de sept francs, qui n'était pas d'une mauvaise forme, et dont la couleur me séduisit. Il avait du son pour plus de vingt francs, et je rentrai chez moi tout joyeux, riant en dedans de la surprise de ma voisine le lendemain matin.

« — Eh bien, monsieur, me dit la portière, la petite ne vous réveillera plus. »

« Je sentis un cours extraordinaire à mon sang, et je devais être très-pâle.

« — Qu'y a-t-il de nouveau ? dis-je.

« — Mademoiselle s'est piquée de ce que je lui ai dit, rapport à ce que vous m'aviez dit, elle a donné congé. Vous pouvez dormir tranquille, elle a déménagé ce matin. »

XXXV

MON TESTAMENT

Il y a, à la barrière Montparnasse, un cabaret : *A la Girafe*, perdu dans un cul-de-sac. L'enseigne, avec sa sauvage peinture, se détache sur le ciel bleu ; au fond sont des arbres verts, qui ne cachent pas entièrement la plaine. Ce cul-de-sac est très-gai ; une fruitière y tient son étalage de légumes printaniers.

A la Girafe vont les croque-morts après la besogne.

Je ne demande qu'une chose aux acteurs des Funambules après ma mort : il serait décent qu'ils suivissent le convoi de l'auteur.

Et, puisqu'à Paris c'est l'habitude de boire en souvenir du défunt (une assez bonne coutume), j'aurai veillé à ce qu'un festin soit dressé dans la plus belle salle de la Girafe.

Deux choses m'auront fort diverti dans la vie de jeunesse : les croque-morts et les mimes des Funambules. Je veux que les acteurs et les croque-morts retrouvent dans la bouteille une bonne partie de ma joie enfouie. Les acteurs des Funambules auront soin, avant le repas, de revêtir leurs habits de théâtre, les croque-morts n'auront pas à changer.

Et je vois ma douce Colombine, qui a devant elle un grand broc. Qu'elle chante, qu'elle danse, mais qu'elle ne laisse pas une larme de vin dans le broc!

Pierrot ne doit pas craindre de tacher ses habits blancs de vin bleu ; au contraire, si une grande traînée violacée partait des deux lèvres pour courir vers l'oreille, mon âme serait contente de l'honneur qu'il aurait fait au *petit bleu* de la Girafe. C'est à ce repas que brillera Polichinelle; avant la soupe, ma dernière volonté est qu'il chante un de ces airs cruels si extraordinaires, qu'une longue *pratique* seule peut amener à bonne fin. Je l'engage à ôter sa voix de fer-blanc, qui contrarierait la gibelotte à son passage.

Pour la dame à l'*hache*, personne réservée et décente, il serait d'un bon effet qu'elle apportât un de ces petits sabres de combat, courts, solides et trapus, dont le modèle n'existe plus qu'aux Funambules. On découpera la gibelotte au sabre.

Combien j'ai aimé cette naïveté culinaire de Colombine, cette ignorance en l'art de découper, qui fit que, étant priée de servir un *caneton* rôti, elle l'enveloppa dans du papier, déposa le caneton par terre et le découpa à coup de talon. Cette action, qui n'est pas d'un exemple à suivre, était si simple, si indienne, si imprévue, — et le petit pied de la Colombine était pris dans un si charmant soulier de coutil gris, que le petit canard rôti ne se plaignit pas trop vivement d'une pareille meutrissure de ses membres.

FIN

TABLE ANALYTIQUE

DRESSÉE PAR M. ****

Un de mes amis, qui est arrivé malheureusement trop tard pour revoir les épreuves, m'a envoyé certaines observations, un peu dures, il est vrai, mais dont je donnerai quelques citations, afin d'enlever l'aridité ordinaire des tables. Il n'est pas besoin de dire que mon ami a l'esprit un peu chagrin et trop porté à la Méthode.

Préface.	. . . .	v
Chapitre	I. Trucs et Cascades. — Ce chapitre ne serait-il pas placé plus convenablement dans un Manuel de la pantomime?.	5
—	II. Pierrot valet de la Mort. — Même observation : c'était une histoire du théâtre des Funambules, avec moins de personnalité, qu'il eût été bon d'écrire.	7
—	III. Opinions de Gérard de Nerval a ce sujet. — Si tous les auteurs dramatiques employaient ce moyen, il ne leur serait pas difficile de remplir de gros volumes.	15

Chapitre	IV. Le Chien des musiciens. — Tu as fait des contes meilleurs.	17
—	V. Tout ce qui touche a la mort est d'une gaieté folle. — Quelques mots raisonnables au début.	51
—	VI. La Morgue. — Tu pouvais montrer le danger du romantisme outré sans reproduire cette folie.	59
—	VII. Pierrot pendu, analysé par Théophile Gautier. — Voir l'observation du chapitre III	61
—	VIII. Mon Portrait. — Amour-propre sans égal. . .	72
—	IX. De la manie de parler de soi-même. — Chateaubriand dit que le *moi* se fait remarquer chez tous les auteurs qui, persécutés des hommes, ont passé leur vie loin d'eux. Tu n'en es pas là.	75
—	X. La tragédie des Gras et des Maigres. — Pourquoi *Pieter Brueghel* au lieu de Pierre Breughel?. Est-ce pour ne pas faire comme les autres?. .	75
—	XI. Des écoles diverses de pantomime — Bon pour le Manuel.	8
—	XII. Pierrot marquis, expliqué par M. Éd. Thierry. — Tu aurais dû suivre les idées de cet excellent feuilleton et te faire tout à fait auteur de la foire, sauf à publier des livres à l'âge raisonnable où l'homme a amassé des trésors de faits et d'observations	89
—	XIII. Le réalisme montre ses cornes. — Puisque tu regardes le *réalisme* comme une vérité absolue, n'en parle pas avec légèreté.	99
—	XIV. Histoire de Madame d'Aigrizelles. — Les coloristes en littérature n'appellent-ils pas ce genre *gris?*	105
—	XV. Des Décors. — Renvoyé au Manuel.	161
—	XVI. La Pantomime a Londres. — Convenable pour une histoire de cet art.	165

TABLE ANALYTIQUE. 361

Chapitre	XVII. A Henry Murger. — Est-il nécessaire que le public entre dans ces détails de jeunesse littéraire? D'autant plus, ce chapitre manque d'esprit et de gaieté.	175
—	XVIII. Madame Polichinelle. — Comme au chapitre II.	182
—	XIX. La légende de saint Verni. — Ceci devrait faire partie d'un volume de sensations et d'histoires de voyages.	187
—	XX. La Reine des carottes. — Voir le chapitre XVIII.	194
—	XXI. Le comédien Trianon. — Cette nouvelle te lave de bien des pages inutiles; la vie court jusque dans les points et virgules.	206
—	XXII. Les trois filles a Cassandre. — J'espérais être au bout de tes analyses.	247
—	XXIII. De la Musique. — Manuel, le Manuel.	255
—	XXIV. Des Accessoires. — Idem.	259
—	XXV. Portrait de Schann'. — Le portrait gravé ne rend pas la gaieté dont il est question dans le chapitre.	261
—	XXVI. J'aime la Colombine, et je dis tout. — Si tu veux être respecté, commence par te respecter toi-même.	262
—	XXVII. Amère tristesse. — Tu te donnes bien inutilement pour un coureur de cabarets.	263
—	XXVIII. Lettre a Colombine. — L'actrice a-t-elle été corrigée?	264
—	XXIX. Voyage a Londres.	274
—	XXX. Madame Céleste. — Une nouvelle édition devra faire diviser ce livre en quatre parties: contes, voyages, histoire du théâtre des Funambules, Manuel de la pantomime. — Madame Céleste appartient au Manuel.	285

Chapitre XXXI. Lettre a Gérard de Nerval. — La lumière s'est faite trop tard dans ton esprit inquiet. 302

— XXXII. Les Propos amoureux. — Lis l'observation du chapitre xiv. 318

— XXXIII. La Bohème. 357

— XXXIV. Suite des Propos amoureux. — Si une trentaine de pages est suffisante pour faire le succès d'un livre, ce chapitre xxxv, joint au *Comédien Trianon*, pourra faire oublier aux lecteur sérieux les trois cents feuillets qui ne sont guère à leur place. 360

— XXXV. Mon Testament. Ami, malgré la sincérité de ton livre, garde-toi jamais d'en publier un pareil. 375

www.ingramcontent.com/pod-product-compliance
Lightning Source LLC
Chambersburg PA
CBHW070848170426
43202CB00012B/1998